CORRESPONDANCE

INÉDITE.

IMPRIMERIE DE H. FOURNIER,
RUE DE SEINE. N. 14.

CORRESPONDANCE

INÉDITE

DE GRIMM

ET

DE DIDEROT,

ET RECUEIL

DE LETTRES, POÉSIES, MORCEAUX ET FRAGMENS

RETRANCHÉS PAR LA

CENSURE IMPÉRIALE

EN 1812 ET 1813.

PARIS,

H. FOURNIER Jᵉ, LIBRAIRE,

RUE DE SEINE, N. 14.

M DCCC XXIX.

TABLE

DES MATIÈRES.

FIN DE LA TABLE.

PRÉFACE.

Nous remplissons un double devoir envers le public, en lui restituant plusieurs pièces intéressantes, dont une autorité inquiète et arbitraire avait interdit la publication, et en lui offrant le complément d'une Correspondance généralement considérée comme l'une des mines les plus riches à exploiter pour l'histoire littéraire, philosophique et politique du dix-huitième siècle.

La première partie de cette Correspondance devait être originairement publiée en sept volumes. Un grand nombre de lettres et d'articles ayant été supprimés par la censure impériale, les éditeurs ont été forcés de se réduire à six volumes, et de retrancher ainsi, avec les morceaux supprimés, beaucoup d'autres articles et documens qui n'avaient pas moins d'intérêt que ceux que l'on avait conservés, mais qui n'auraient pas suffi pour former un septième volume.

C'est de ces divers matériaux réunis, que se compose le volume de supplément que nous publions aujourd'hui.

Il suffira de lire la table des matières pour distinguer, à la seule inspection des titres, les sujets dont la discussion devait sembler redoutable à un gouvernement absolu et tyrannique.

Ne devaient-ils pas frémir du titre seul *des Commissions extraordinaires en matière criminelle*, tous ceux qui étaient poursuivis par le souvenir du duc d'Enghien et des fossés de Vincennes?

Celui qui avait lancé tant de décrets contraires à la liberté du commerce et de l'industrie, pouvait-il souffrir que l'on répandît des lumières sur les inconvéniens et les abus *des Lois prohibitives?*

A plus forte raison devait-il être offusqué de tout ce qui pouvait tendre à régler l'autorité d'un monarque, à l'accorder avec les principes d'une sage liberté, et par conséquent à jeter, même indirectement, la plus légère défaveur sur l'usurpation, l'esprit de conquête, les armées trop nombreuses, etc. C'est ce qui a dû faire rejeter les articles sur *le Testament du cardinal Alberoni, l'éducation des princes, l'économie politique et la législation, le Testament du cardinal de Richelieu*, etc.

Toutes les nations et tous les gouvernemens de l'Europe n'ayant jamais été, à ses yeux, que des instrumens propres à être mis en jeu au gré de sa politique ambitieuse, on ne doit pas être surpris que ses agens aient proscrit toutes les vues, tous les moyens qui avaient pour but d'accroître la prospérité, et surtout d'assurer l'indépendance des peuples et des souverains, qu'il considérait comme ses vassaux. C'est à cette défiance ombrageuse que doit être attribuée la suppression des articles sur le *gouvernement de la Pologne*, sur celui de *la Suède*, etc.

Enfin, son avidité de louanges, et sa jalousie de

toute illustration, devaient suffire pour soustraire à la publicité le *Sermon philosophique*, l'une des pièces les plus importantes de ce volume, et dont une partie est consacrée à l'éloge de tous les princes dont le baron de Grimm était correspondant.

Ce *Sermon philosophique* nous a paru, sous d'autres rapports, une pièce éminemment historique.

Comme parodie burlesque des discours et exhortations catholiques, cette pièce est médiocrement plaisante, mais elle jette beaucoup de lumières sur les philosophes du dix-huitième siècle, considérés comme secte. On a vu dans les volumes précédemment publiés que tous les *fidèles* rassemblés dans les *synodes philosophiques* se qualifiaient de *frères*, et se distribuaient les travaux qui devaient concourir à l'achèvement du *grand œuvre*. Les *frères* Diderot, d'Alembert, Helvétius, d'Holbach et Grimm, étaient en première ligne; puis venaient les *frères* Marmontel, Thomas, Morellet, etc. On y comptait même des *sœurs*, à la tête desquelles étaient sœur Lespinasse et sœur Necker, de laquelle on vantait fort le zèle, en décriant beaucoup son cuisinier. On y voit encore que la *mère* Geoffrin, chez laquelle se tenait fréquemment un des synodes, y fut longtemps l'objet de la vénération des fidèles, mais que cette excellente femme fut rayée de la légende du moment où elle interdit, dans son logis, les argumentations philosophiques, qui l'avaient trop éclairée sur le but auquel on tendait.

Il est un autre rapport sous lequel ce Sermon

philosophique nous paraît un document nécessaire
à l'histoire. Personne n'ignore que la correspondance de Grimm était adressée à plusieurs princes
souverains du Nord; mais leur nombre et le nom
de chacun d'eux n'étaient pas exactement connus.
Cette pièce ne laisse rien à désirer à cet égard.
Quant aux flatteries dont cette nomenclature est
assaisonnée, si l'histoire n'en tient point de
compte, elles serviront au moins à fortifier l'opinion que le baron de Grimm et ses *frères* ont constamment donnée de leur profonde et savante politique.

Parmi les articles de littérature, de critique et
de philosophie, qui forment, avec les articles supprimés, le complément de ce volume, nous espérons que l'on distinguera les lettres sur l'*architecture ancienne et moderne*, sur l'*art théâtral*, sur les
économistes, sur le *compositeur Monsigny* et sur la
musique française; la *correspondance d'un officier-
général*, écrite sous les drapeaux et au bivouac; un
commentaire de vers burlesques, composé par une
femme, dans la juste mesure où n'a pas su rester
le docteur Mathanasius[1], petite production aussi
remplie de grace et d'esprit, que le *Chef-d'œuvre
d'un inconnu* est fécond en érudition pédantesque
et nauséabonde; enfin plusieurs autres articles in-
édits, dont la désignation serait superflue, et qui
nous ont paru offrir une variété aussi agréable
qu'instructive.

---

[1]. Saint-Hyacinthe, qui a publié, sous le nom de Mathanasius, le *Chef-
d'œuvre d'un inconnu*, en 2 vol.

Les volumes précédemment publiés ont fait suffisamment apprécier les qualités éminentes des deux
correspondans des princes du Nord. Dans tout ce
qui a rapport aux sciences, à la littérature, aux
arts, à l'économie politique, quelquefois même à
la législation, rien n'égale la profondeur de leur
jugement, la sagacité de leur esprit, la finesse de
leur goût, l'étendue et la justesse de leurs vues. On
remarque même, jusque dans leurs sophismes les
plus hardis, et dans leurs nombreuses inconséquences, une foule d'aperçus ingénieux et piquans,
qui, à leur insu, tournent au profit de la vérité.

Mais on sait aussi que ces hommes, si supérieurs
dans leurs jugemens sur toutes les productions de
l'intelligence humaine, se sont constamment montrés, non-seulement détracteurs téméraires, mais
ennemis violens et opiniâtres de toute religion et
de tout culte. Toute la Correspondance déjà publiée
en offre d'incontestables preuves. L'athéisme et le
matérialisme y sont professés sans réserve et sans
pudeur dans plusieurs articles, qui ont été à l'abri
des rigueurs de la censure. Et, en effet, que pou-
vait-on redouter pour la religion de déclamations
usées et de dissertations froidement sophistiques,
lorsque les pamphlets même de Voltaire n'excitent
plus que la satiété et l'ennui? Le triomphe éclatant
de la religion chrétienne, après un siècle d'incrédulité, et vingt-cinq années des plus cruelles persécutions, n'est-il pas la plus éloquente et la plus
complète réfutation des fausses doctrines du dix-
huitième siècle? Que signifient toutes les argumen-

tations des athées et des matérialistes, après que leurs disciples, devenus les plus sanguinaires et les plus atroces des tyrans, ont proclamé l'Être Suprême et l'immortalité de l'ame? Que signifient les attaques contre l'autorité pontificale, lorsqu'elle est relevée et replacée sur ses antiques fondemens par le concours de tous les souverains de l'Europe, de ces mêmes princes, si divisés d'intérêts et de croyances, et si long-temps endoctrinés par leurs correspondans, prédicateurs en titre des synodes philosophiques?

Nous avons pensé que c'eût été attacher trop d'importance à des opinions décréditées, que d'écarter de ce recueil les articles qui en portent l'empreinte. La religion a vaincu des ennemis bien autrement redoutables que Grimm et Diderot, et non-seulement nous croyons que leurs écrits ne sont plus d'aucun danger, mais nous sommes persuadés que les inconséquences nombreuses et palpables qu'ils renferment, ne peuvent qu'accélérer le triomphe de la vérité.

« Le genre humain ne peut rester dans l'état où il se trouve. Il s'agite, il est en travail, il a honte de lui-même, et cherche à remonter contre le torrent des erreurs, après s'y être abandonné avec l'aveuglement systématique de l'orgueil. »

L'opinion générale a confirmé ces réflexions, publiées, il y a déjà long-temps, par un grand écrivain [1]. Les tristes doctrines de l'athéisme et du ma-

---

1. L'auteur des *Considérations sur la France.*

térialisme sont universellement réprouvées par le bon sens, et même par la mode et le bon goût. Le système de Locke et de Condillac a perdu son crédit, et *les extravagances du sensualisme* ont été signalées par de jeunes professeurs [1] dont la clarté et la solidité des principes n'égalent peut-être pas encore la science, le talent, la bonne foi et l'amour de la vérité. Mais c'est déjà un grand bienfait dont on leur est redevable, que d'avoir préservé les jeunes intelligences de la contagion du matérialisme, et de les avoir rendues avides de sentimens et de pensées propres à relever la dignité de l'homme. Ce triomphe du *spiritualisme* peut nous faire espérer celui d'une philosophie nouvelle, qui naîtra, selon les vœux du grand écrivain que nous venons de citer, « de l'alliance intime de la religion avec la science. »

Loin de nous toutefois la pensée de nous ériger en régulateurs ou réformateurs des jugemens et des opinions, dont personne plus que nous ne respecte la liberté. Nous sommes restés constamment fidèles à la loi que nous nous sommes imposée en publiant la première partie de cette Correspondance, dans la préface de laquelle la règle de nos travaux se trouve expliquée de la manière suivante :

« Sans nous établir les juges des opinions, nous n'avons cherché, ni à affaiblir, ni à combattre celles même dont l'expérience nous a démontré la fausseté et la dangereuse exagération ; mais nous avons dû

---

[1] MM. Cousin, Guizot et Villemain.

quelquefois avertir dans une note que ces opinions
n'étaient point les nôtres, et que nous ne les donnions
au public que pour faire juger le siècle où elles ont
été soutenues avec une trop funeste exaltation.»

———

Les premiers éditeurs de la Correspondance
avaient supprimé des analyses de pièces insigni-
fiantes ou trop connues, et nous les avons imités en
cela. Des phrases rayées par la censure, et qui nous
ont paru sans aucun intérêt ainsi détachées des
articles auxquels elles appartiennent, se trouvent
maintenant rétablies dans la nouvelle édition de la
Correspondance, d'accord entre nous et les éditeurs de la nouvelle édition de Grimm en 15 volumes in-8°.

CORRESPONDANCE

LITTÉRAIRE, INÉDITE.

SUR LE TESTAMENT POLITIQUE DU CARDINAL ALBERONI.

A Paris, ce 15 octobre 1754.

Un Suisse qui demeure à Lausanne, qui, à ce qu'il nous apprend, est dans son septième lustre, et qui (ce qu'il ne dit pas) a eu autrefois des aventures en Saxe pour plusieurs plaisanteries hasardées sans beaucoup de retenue sur M. le comte de Bruhl; ce Suisse, inconnu jusqu'alors dans la république des lettres, nous donna, il y a plus d'un an, le *Testament politique du cardinal Alberoni*, qui eut beaucoup de succès, malgré l'obscurité de l'éditeur, et malgré la prévention qu'on a naturellement contre ces sortes de titres, si souvent mal employés, et contre l'authenticité de ces sortes d'ouvrages. La question, si ce Testament contenait réellement les idées et le système du cardinal Alberoni, devint ici inutile. Les uns, qui avaient un peu étudié les vues de ce grand politique, n'en doutaient point; les autres étaient peu inquiets du nom de l'auteur : il leur suffit de trouver dans cet ouvrage beaucoup d'esprit, beaucoup de vues profondes, et ils pardonnaient volontiers au génie de l'auteur cette étonnante facilité avec

I

laquelle il élevait et renversait des forêts de systèmes....
Notre Suisse vient de donner un nouvel ouvrage intitulé *Histoire politique du siècle*, où se voit développée
la conduite de toutes les cours d'un traité à l'autre,
depuis la paix de Westphalie jusqu'à la dernière paix
d'Aix-là-Chapelle, en deux parties in-12. Cet ouvrage
peut avoir le mérite de la clarté, de la précision et de la
justesse, et tous les avantages d'un livre commode pour
instruire et pour former le jugement, sans soutenir pour
cela le parallèle avec le *Testament du cardinal Alberoni*. Nous allons examiner un peu le portrait de
Louis XIV, qui se trouve à la fin du premier volume, et
qui en fait le morceau le plus important... Mais avant
que d'entrer en discussion avec notre Suisse, disons un
mot de sa préface dans laquelle il répond aux critiques
du *Testament politique du cardinal Alberoni*.

On sait que M. de Voltaire ne croit point à ces dernières volontés des hommes d'état. Il avait autrefois
attaqué vivement le *Testament politique du cardinal de
Richelieu*; en y relevant un grand nombre d'absurdités, il s'était flatté de prouver que ce ministre n'y
pouvait pas avoir de part, et il s'était tiré de cette querelle avec beaucoup d'avantages, malgré une foule de
brochures qui sont heureusement oubliées depuis long-
temps, et malgré la dissertation tant vantée de M. de
Foncemagne, et qui n'avait d'autre mérite que d'avoir
combattu les opinions d'un grand homme avec la modération et les égards convenables. Le *Testament du
cardinal Alberoni* n'a pas échappé aux traits de M. de
Voltaire. Il en a fait l'examen dans une brochure qui,
pour l'honneur de l'humanité et de la littérature, n'au-

rait jamais dû voir le jour. Je parle du *Supplément au Siècle de Louis XIV*. Cet examen est fait avec trop de précipitation et de légèreté, la plupart des coups ne portent pas, et sont par là même peu redoutables; mais on y trouve les graces et les agrémens qui caractérisent tout ce qui sort de la plume de cet écrivain inimitable. Notre Suisse avait donc une belle défense à faire, si, en soutenant la bonté de sa cause par la force de ses raisons, il avait su imiter la sagesse de M. de Foncemagne. Mais l'amour-propre blessé l'a emporté sur la raison, et la préface ressemble à tant d'autres écrits de cette nature qu'une vanité aveugle fait publier contre les adversaires, et qui ne font tort qu'à leurs auteurs. Tout ce qu'on peut dire en faveur de notre Suisse, c'est que le ton dur qui règne dans sa préface est peut-être moins l'effet de sa mauvaise humeur, ou d'une impolitesse naturelle, qui, quoi qu'en disent nos cyniques, est un vice du cœur, que l'ouvrage de l'ignorance des usages du monde et du ton de la bonne compagnie. La seule bonne plaisanterie que j'aie trouvée dans ce morceau, est la comparaison de M. de Voltaire avec le cardinal de Retz. Aussi souvent que de nouveaux intérêts obligeaient ce prélat à changer de langage, ou qu'il avait à se justifier du mauvais succès de quelque manœuvre, il avait quelque apophthegme ancien tout prêt à être accommodé à ses vues, et débité d'un ton sententieux. « L'histoire, dit M. de Voltaire, doit imiter les jugemens de l'Égypte, qui ne décidaient du mérite des citoyens que lorsqu'ils n'étaient plus. » « Voilà bien, dit notre auteur, le cardinal de Retz qui donne une maxime de l'antiquité à vérifier aux conseillers des enquêtes du palais. » L'éditeur du *Testament du cardinal Alberoni* n'est pas partout heureux dans la défense de son héros. Suivant le cardinal, l'empereur Charles VII, sans États et sans armée, aurait dû mettre au ban de l'Empire la reine de Hongrie et ses adhérens. M. de Voltaire dit à cela, dans son style, que quand on rend un pareil arrêt il faut avoir cent mille huissiers aguerris pour le signifier. Tout ce que notre auteur réplique à cela est mal raisonné et faux pour les faits. L'empereur Joseph, par exemple, si j'ai la mémoire fidèle, ne proscrivit l'électeur de Bavière et son frère, qu'après la bataille de Hochstet... « Si Charles VII eût hasardé un pareil arrêt, dit M. de Voltaire, il se serait rendu ridicule;» et moi je dis, «Il aurait achevé de se rendre odieux dans l'Empire, et se serait exposé peut-être à des chagrins plus humilians que celui d'avoir perdu ses États ; car, sans faire souvenir notre auteur que depuis l'exemple de l'empereur Joseph qu'il cite, l'Empire a pris de nouveaux arrangemens pour empêcher son chef de frapper de ces coups d'autorité si dangereux pour la liberté du corps germanique, tout le monde sait que la reine de Hongrie avait tous les cœurs et tous les vœux pour elle. La situation touchante d'une femme opprimée de tous côtés, tenant dans ses bras son enfant, et le montrant à ses peuples, avait fait oublier en un clin d'œil tous les anciens torts de la maison d'Autriche, sa hauteur, et son penchant au despotime. Le public de Paris même s'intéressait au sort de cette princesse, et faisait des vœux pour la prospérité de ses armes. Tel est l'empire du malheur et de la commisération, ce sentiment primitif que la nature a inspiré à l'homme et à qui tous les autres cèdent. Bien loin donc de parler de ban et de proscriptions, si j'avais eu à faire les déclarations de la maison de Bavière, je les aurais remplies d'éloges pour la personne et pour les vertus de cette auguste princesse, que des circonstances malheureuses m'obligeaient à combattre, et j'aurais appuyé sur les seuls droits et les titres, pour le moins très-spécieux de la maison de Bavière, la fatale nécessité des mesures qu'on avait prises pour les faire valoir. Toutes ces excursions sur l'inflexibilité et l'obstination de la reine, étaient misérables et puériles ; car la déclamation est encore plus ridicule entre les souverains que parmi les philosophes ; et le moyen le plus sûr de se concilier les esprits, est de rendre justice à tout le monde et d'avoir l'air de générosité avec ses ennemis.....» En vain notre auteur oppose à M. de Voltaire la maxime : qu'on doit recourir à l'autorité quand la force manque ; cette maxime, surtout énoncée de cette manière, est fausse et absurde. C'est-à-dire qu'on a vu quelquefois des hommes d'un grand génie, pressés de tous côtés, et à deux doigts de leur perte, frapper de ces coups d'autorité et d'éclat que la grandeur de leurs idées leur inspirait, et que le courage et la fermeté de leur ame leur apprenaient à soutenir. Or érigez en maxime ce que le génie fait faire à ceux qu'il éclaire de son flambeau céleste, et bientôt vous verrez devenir petit et misérable dans les hommes ordinaires, ce que vous admiriez comme grand et beau dans les enfans privilégiés de la nature. S'il était question de faire des maximes, je dirais bien plus simplement aux princes qui doivent occuper le public et fixer son atten-

tion : « Ayez du génie : ne soyez pas un homme ordinaire;
mais comme le génie ne se commande pas, tout ce que
nous pouvons faire, est de crier bien haut et sans relâche, afin qu'on nous entende : « Princes, soyez justes
« et bons, et vous serez l'amour de vos peuples et la
« gloire de l'humanité. Votre situation supplée à
« tout, elle vous offre mille occasions et mille moyens
« par jour de faire le bien. Avec la justesse dans les
« idées, et l'amour des hommes dans le cœur, un prince
« ne saurait manquer d'être un grand monarque....»
Venons au portrait de Louis XIV, dont le mérite a été
tant exalté par les uns et tant contesté par les autres. Je
remarque, en général, un défaut dans nos faiseurs de
portraits (je ne parle pas de ceux qui ne savent qu'entasser des phrases, et dont les portraits ressemblent aux
pastelles des peintres, où les plus belles couleurs sont
dispersées au hasard et sans dessein, mais ceux de nos
historiens qui savent manier le pinceau), ont presque
tous la fureur de peindre ou en beau ou en laid ; cependant la vérité est le plus souvent entre ces deux
extrémités. Notre auteur, par exemple, a pris à tâche
de représenter Louis XIV en beau ; il commence par
distinguer en lui le conquérant et le prince : cela est
bien. Il abandonne le conquérant, cela est adroit. Le
conquérant a assez de qualités brillantes pour se faire
pardonner ses écarts. Mais toutes les qualités de
Louis XIV, comme prince, sont, au gré de notre auteur, autant de vertus dignes de notre encens, et les
faiblesses et les défauts, des taches légères qu'on ne
lui doit pas imputer. Voilà où l'amour de la vérité
commence à murmurer. Il y a loin de l'indulgence à

excuser un défaut, à la louange. La mauvaise éducation de Louis XIV peut mériter qu'on lui passe quelques défauts; mais elle ne peut jamais lui servir d'éloge des vertus qu'il n'avait pas.

Tous les hommes, et les princes plus que les autres, sont exposés plus ou moins aux dangers d'une mauvaise éducation, et à ses funestes effets; mais le plus grand homme est celui sur lequel elle a le moins de pouvoir et qui a le moins souvent besoin d'indulgence. Je voudrais donc que nos historiens eussent pour la vérité seule cette prévention avec laquelle ils s'affectionnent pour leurs héros, moins, je crois, pour rendre justice à qui il appartient, que pour se faire honneur de leur choix. En suivant mes conseils, ils établiraient leur réputation beaucoup plus solidement, et celle de leurs héros aussi. On n'aurait jamais si fort attaqué les qualités personnelles de Louis XIV si les flatteurs ne les avaient si ridiculement exagérées, s'ils avaient su le louer sans outrager les autres puissances de l'Europe. Quand je lis à la porte Saint-Denis : *Emendatis Belgis*, pour avoir corrigé les Hollandais, je ne puis m'empêcher de mésestimer un prince qui souffre que ses sujets le traitent en pédagogue d'un peuple libre; et cet arc, élevé après la fameuse expédition de Hollande, bien loin d'être un monument de la gloire de Louis XIV, la ternit à mes yeux. Il ne faut donc pas que notre Suisse vienne me dire que la vanité et l'orgueil de Louis XIV n'étaient pas des défauts en lui, mais l'ouvrage de ses flatteurs. Il faut dire tout au contraire que ce goût démesuré pour la louange et pour la flatterie, qui, quelque ingénieuse qu'elle soit, ne va jamais sans bassesse, était un défaut terrible dans le caractère de Louis XIV; qu'il est même tout-à-fait opposé à l'amour de la gloire qui anime les grands hommes; et puis il faut chercher dans les autres qualités de ce monarque de quoi lui faire mériter de l'indulgence pour celle-là.... Au reste, le parlement de Paris ne sera nullement content de notre auteur. Ce n'est pas qu'il n'ait à peu près raison dans ce qu'il dit sur l'autorité et les droits de cette cour; mais il va sans doute trop loin en soutenant que l'abaissement des parlemens est nécessaire à la constitution du royaume. Tout ce qui mène directement au despotisme, bien loin d'être nécessaire à la conservation de quelque État que ce soit, lui est tout au contraire diamétralement opposé; et quand même le droit des parlemens d'arrêter le roi par leurs remontrances serait encore plus vague et plus contesté qu'il n'est, il serait toujours à désirer, pour la vraie gloire du roi et le vrai bien de l'État, que ce droit subsistât. Ce n'est pas qu'au fond les conseillers au parlement soient plus animés par l'amour du bien public que les ministres du roi; mais comme malheureusement l'empire de la vertu n'est pas assez fort pour nous porter au bien sans autre intérêt, tout ce qu'on peut désirer pour le salut d'un État, c'est que les intérêts des différens ordres qui le composent soient si bien croisés, qu'ils puissent se contenir réciproquement dans leurs bornes, et que les passions des uns mettent des entraves nécessaires aux passions des autres....

DE L'ÉCOLE MILITAIRE.

À Paris, ce 1er avril 1755.

IL a paru cet hiver une lettre d'un ancien lieutenant-colonel, sur *l'Ecole militaire*, qui ne me fera pas changer d'opinion sur la nature et l'utilité de cet établissement. A en croire la brochure de ce prétendu vieux militaire, l'école militaire est, de tous les établissemens de France, le plus beau, le plus grand, le plus avantageux. Si j'en crois la raison, qui vaut bien le suffrage d'un lieutenant-colonel, quelque ancien qu'il puisse être, l'Ecole militaire n'est rien de tout cela; c'est un établissement très-somptueux dont les avantages ne seront jamais en proportion avec les sommes immenses qu'en coûteront l'entreprise et l'entretien. Il est bien singulier que, dans un siècle aussi éclairé que le nôtre, on songe encore à enfermer les jeunes gens dans de vastes bâtimens, à leur donner une éducation à laquelle la pédanterie préside, et qui ne peut convenir tout au plus qu'aux moines, de tous les hommes les plus inutiles et les plus nuisibles à la société... Il est vrai que dans l'École militaire on joindra à la pédanterie des collèges les exercices nécessaires à ceux qui se destinent au métier des armes. Mais quel sera l'avantage qui résultera de tout cela? L'éducation des cinq cents gentils-hommes qui formeront cette école, se fera tant bien que mal, et coûtera au roi et à l'État des millions. A la première guerre, la moitié de ces jeunes gens périront, et nos millions avec eux..... Ne serait-il pas bien plus beau de songer à donner une éducation convenable à toute la noblesse du royaume à la fois et à tous les jeunes gens qui entrent dans le service. Pourquoi ne songe-t-on pas à occuper le jeune officier qui mène dans la garnison une vie insipide et oisive? Continuellement exercé dans toutes les parties de son art, et par une gradation avantageuse à tous, suivant laquelle celui qui serait plus habile montrerait à celui qui serait moins avancé, l'officier, que la vie de garnison rend aujourd'hui si maussade et, si insupportable, deviendrait bientôt instruit, capable, et même aimable. Il est vrai que, suivant cet arrangement, nous ne verrions pas à Paris un beau et vaste bâtiment avec l'inscription : *École militaire ;* mais l'exécution de mon projet épargnerait au roi quelques millions, et au lieu de cinq cents particuliers qui, au sortir de cette école, oublieront bien vite dans la garnison ce qu'il a coûté tant d'argent au roi de leur faire apprendre, toute la noblesse du royaume aurait part aux soins du monarque, et serait élevée convenablement; et l'oisiveté, si pernicieuse aux hommes de tous les états, serait proscrite de toutes les garnisons. Les ingénieurs dispersés dans toutes les places de guerre semblent n'attendre que le signal et les ordres du roi pour instruire le jeune officier. Combien cela coûterait peu d'argent, et combien cela serait utile dans tous les sens! Ainsi les anciens lieutenans-colonels auront beau faire des brochures en faveur de l'Ecole militaire, et faire leur cour aux protecteurs de cette entreprise par des éloges fades et qui font mal au cœur, il n'y a pas apparence que les philosophes et les gens sensés qui pensent soient jamais enthousiastes de ce vain et somptueux établissement.

SUR LES ROMANS DE CRÉBILLON FILS.

A Paris, ce 15 avril 1755.

LA plume de M. de Crébillon fils devient très-féconde; sans se laisser le temps d'achever son roman *Ah quel conte!* et de nous en donner la dernière partie qui est restée en arrière, voici un nouvel ouvrage de cet homme célèbre, intitulé : *la Nuit et le Moment*, ou *les Matines de Cythère*. Il est vrai que cette production est beaucoup plus ancienne que les derniers ouvrages que M. de Crébillon nous a donnés. *Les Matines de Cythère* ont été composées immédiatement après *les Egaremens et le Sopha*, et ont eu jusqu'à ce moment une grande réputation à Paris, où l'auteur les avait lues à plusieurs personnes et dans plusieurs cercles. Il me semble que l'impression a diminué de beaucoup le cas qu'on en faisait ; tant on a raison de se défier des succès domestiques et clandestins, et de ne compter sur un ouvrage que lorsqu'il aura soutenu le grand jour. Vous jugerez de la bonté de ces *Matines de Cythère* par l'idée que je vais en donner. M. de Crébillon leur a donné la forme de dialogue, de toutes les formes la plus difficile. Le talent de dialoguer est si rare, qu'on ne peut guère compter, parmi les modernes, que le grand Corneille et Richardson, auteur de *Clarisse*, qui l'aient possédé dans un degré éminent. Pour le dialogue des *Matines de Cythère*, il faut convenir qu'il est mal entendu et faux d'un bout à l'autre. La scène se passe à la campagne, chez Cidalise. Le soir, lorsque la compagnie qui y est s'est séparée, Clitandre entre chez Cidalise en robe de chambre. Elle est prête à se mettre au lit, et fort surprise de voir Clitandre chez elle; elle lui croyait un rendez-vous avec une des femmes qui étaient pour lors chez elle. Ces propos engagent la conversation, qui se réduit à ces refrains tant rebattus : Vous avez vécu avec madame une telle, ou, Vous avez eu une telle autre...... Clitandre observe bientôt à Cidalise qu'il ne saurait lui faire de ces confidences-là devant sa femme de chambre. On la renvoie. Clitandre commence le récit de ses bonnes fortunes, ou sa confession générale, qui n'a rien de piquant ni d'intéressant. Ce sujet, à force d'avoir été rebattu, est devenu d'une insipidité insupportable. Bientôt Cidalise remarque que Clitandre est transi de froid. Cela n'est pas étonnant : en automne les nuits sont fraîches, et Clitandre n'a pour tout vêtement qu'une robe de chambre de tafetas très-légère. Cidalise est un peu scandalisée de cette découverte : elle en fait des reproches à Clitandre qui lui propose de lui permettre de partager son lit, afin de pouvoir continuer son récit sans risquer de mourir de froid. Il promet la plus grande et la plus sévère sagesse. Cette proposition est absolument rejetée, comme bien vous pouvez penser. Clitandre, sans hésiter, s'établit d'autorité dans le lit de Cidalise, la retient, continue son récit, et devient bientôt amant heureux et aimé. Il manque à ce dialogue deux qualités essentielles qui auraient pu le rendre

agréable : la volupté et la vérité. On ne remédie pas à
ces défauts. Les momens les plus intéressans de ce roman sont dénués de ce charme séducteur que la volupté
répand sur les tableaux qu'elle crayonne. Et ces momens une fois passés, il était maladroit à l'auteur de
faire recommencer un récit d'aventures fastidieuses
qui n'ont rien d'amusant ni même de supportable. Le
défaut de vérité, qui est encore plus impardonnable,
vient, sans difficultés, de ce que Clitandre et Cidalise
sont absolument sans caractère ; on ignore absolument
à quelle espèce de gens on a affaire. Tout est vague,
indéterminé et par conséquent faux. On ne voit pas
pourquoi ce qui arrive arriva, parce que le contraire
pourrait arriver avec tout autant de vraisemblance. Le
poète et le romancier qui mettent dans leurs productions
des gens sans caractère, ressemblent à ces mauvais
peintres qui mettent dans leurs tableaux des figures
sans expression et sans physionomie. J'ai bien besoin
de voir des figures indifférentes, quand même elles seraient bien dessinées ! C'est leur caractère, leur ame,
leur façon d'être et de s'affecter, que je veux voir dans
leurs yeux, dans leur maintien, dans leurs mouvemens,
dans leurs gestes, dans leurs actions, dans leurs accens
et dans leurs inflexions. Voilà une règle générale pour
le peintre, pour le musicien, pour le poète, pour le
romancier, pour le danseur, en un mot pour tous
ceux qui s'occupent d'arts agréables et qui ont pour
objet l'imitation de la nature ; et l'on ne peut s'écarter
de cette règle, le moins du monde, sans ôter à ses productions toute sorte d'intérêt, chose sans laquelle il est
impossible de réussir et de plaire............ On peut dire

qu'en général les *Matines de Cythère* sont beaucoup mieux écrites que tout ce que M. de Crébillon nous a donné en dernier lieu; mais, à ce mérite près, il faut convenir que le présent qu'il vient de nous faire est bien peu de chose. Cependant, comme les auteurs se font toujours les champions de leurs mauvais ouvrages, parce qu'ils sentent bien qu'ils n'ont pas besoin de défendre les bons, M. de Crébillon prétend que ses *Matines de Cythère* sont ce qu'il a fait de mieux dans sa vie: c'est ainsi que le grand Corneille était toujours enthousiasmé de ses tragédies les plus faibles, tandis qu'il parlait modestement de celles qui excitent l'admiration de toute l'Europe éclairée et polie. Mais le public n'est jamais la dupe de ces sortes de préventions. M. de Crébillon ne dira pas du moins que le parallèle que je viens de faire soit humiliant pour lui.

SUR LA LIBERTÉ DU COMMERCE ET DE L'INDUSTRIE, ET CONTRE LES LOIS PROHIBITIVES.

A Paris, ce 15 octobre 1755.

J'AI eu plus d'une fois occasion de parler avec éloge de M. de Forbonnais, le premier parmi les Français qui ait porté dans les matières de commerce la méthode et la philosophie. Ce sujet devient tous les jours plus intéressant; et, pour peu que le public fixe ses regards de ce côté-là comme il paraît le vouloir, nous aurons le double avantage de nous instruire dans une science

qui deviendra bientôt la base de la supériorité et des
ressources du gouvernement français, et de voir s'anéantir totalement ce faux et mince bel-esprit qui a si long-
temps infecté nos contrées. M. de Forbonnais même
n'a pas toujours été exempt du reproche d'affecter un
peu trop le bel-esprit et plus encore la philosophie, ce
qui nuit ordinairement à la clarté qui est indispensable
dans ces sortes d'ouvrages; à force de vouloir être
précis et méthodique, il devient obscur. C'est ainsi
qu'une mode succédant à l'autre, l'esprit philosophique
prendra insensiblement la place du bel-esprit, et qu'on
en abusera par trop d'affectation. Ce que M. de Forbonnais a fait de mieux en ce genre, et qui peut
même servir de modèle, quoique ce ne soit pas un
ouvrage en forme, ce sont ces *Questions sur le commerce du Levant.* Cet ouvrage réunit la clarté, la
méthode, l'exactitude de raisonnement, la force et la
noble hardiesse d'un citoyen qui pense librement et qui
n'a en vue que le bien de l'État. Notre auteur vient de
donner une autre brochure dont on ne peut pas faire
le même éloge. Elle est intitulée : *Examen des avantages et des désavantages de la prohibition des toiles
peintes* A la suite de ce morceau vous trouverez des
observations sur cet Examen, que nous devons à M. de
Gournay, intendant du commerce et homme d'un mérite
généralement reconnu; et la brochure finit par la réplique de M. de Forbonnais aux observations de M. de
Gournay. Vous ne serez content, dans cet ouvrage, que
du morceau de ce dernier. Vous y trouverez de la simplicité, de la clarté, un vigoureux désir du bien public, et
une tendre et généreuse affection pour les hommes en

général; caractère qui doit toujours briller dans l'homme
public : toute politique qui ne tend pas à rendre les
hommes heureux et l'État florissant est non-seulement futile, mais odieuse. Il est fâcheux pour M. de
Forbonnais que ses deux morceaux fassent un aussi
parfait contraste avec celui de M. de Gournay. Ils sont
obscurs, mal conçus, mal digérés; on ne sait jamais
quelle est l'opinion de l'auteur, et on y découvre un
esprit de despotisme diamétralement opposé à l'esprit
de commerce, et que ceux qui pensent pardonnent
difficilement. Vous savez que toute toile peinte est
prohibée en France. On a voulu prévenir par cette
défense le tort que leur usage pourrait faire aux manufactures de nos étoffes de soie et de laine. Les ordonnances sont si rigoureuses à cet égard qu'elles per-
mettent aux gardes et aux commis de barrières d'arracher les robes de toile aux femmes qui oseraient en
porter en public. Le trafic même des toiles peintes est
puni par les galères et par des peines plus rigoureuses
encore. Or c'est précisément la sévérité de ces lois qui
fait qu'elles ne sont ni observées ni exécutées. Ce n'est
pas qu'on n'envoie de temps en temps aux galères des
misérables sans appui, coupables de cette contrebande;
mais ceux qui peuvent la faire en gros, et qui ont le
moyen d'acheter des protections, non-seulement ne
courent point de risque, mais trouvent un asile sûr dans
les maisons royales, où l'on étale publiquement ces marchandises prohibées, à la faveur des privilèges et de l'im-
munité, comme si, dans un État bien policé, il dût y en
avoir de contraires à la loi. Bien plus : nos femmes se promènent publiquement en robes d'indienne et de Perse;

il n'y a point de maison de campagne aux environs de Paris où l'on ne trouve des meubles de toile. Et comment la loi serait-elle en vigueur, puisqu'elle n'est pas respectée par les législateurs, et que, par exemple, dans tout le château de Bellevue, il n'y a pas un meuble qui ne soit de contrebande. M. de Forbonnais connaît tous ces abus. Il en conclut qu'il faut que la loi redouble de sévérité, qu'elle soit exécutée à la lettre, dans toute sa rigueur; que les peines tombent plus encore sur les acheteurs que sur les vendeurs; que les commis aient le droit d'entrer dans toutes les maisons, sans en excepter celles des princes, de faire la visite, et d'arracher les meubles de toile; que les toiles confisquées soient brûlées publiquement pour en prévenir l'emploi, etc. Je dis, voilà des lois qui peuvent être très-convenables à Constantinople, mais qui ne pourront jamais avoir lieu en France. Il n'y a qu'une vile et basse populace qui puisse être assujettie à des lois aussi dures. Quelle que soit l'étendue du pouvoir dans un gouvernement monarchique, il ne peut rien contre l'esprit national, et il ne va jamais jusqu'à ordonner des violences, dans les choses de fantaisie, contre une nation généreuse et qui chérit l'honneur. Aussi toute loi qui autorise l'ombre de violence est toujours restée sans vigueur en ce pays-ci. L'ordonnance veut, par exemple, que tous ceux qui entrent dans Paris soient fouillés aux barrières, pour savoir s'il n'y a rien parmi leurs hardes qui soit contraire aux ordres du roi ou sujet aux droits. Cette loi n'est pas exécutée à la rigueur; les gens connus entrent dans Paris sans être seulement arrêtés, et tout honnête homme qui a l'habit et l'air décent, est bien arrêté à la barrière, mais presque jamais fouillé : on s'en rapporte à sa simple parole. Et pourquoi ce relâchement, puisque dans le fond aucun particulier ne peut se plaindre d'une loi qui est pour tout le monde? c'est que cette loi blesse en apparence le sentiment de l'honneur, sentiment favori de la nation : chaque honnête homme se croirait insulté d'être fouillé avec toute l'exactitude nécessaire plutôt que cru sur la parole ; et pour peu qu'on insistât sur l'observance littérale de la loi, les malheureux qui sont commis à la garde des barrières, en faisant leur devoir, courraient risque d'être tués par ceux qui s'en trouveraient outragés. Voilà pourquoi il est si essentiel de consulter l'esprit de la nation lorsqu'il s'agit de lui donner des lois. Un peuple servile, un troupeau d'esclaves se range aveuglément aux pieds de celui qui commande ; une nation généreuse n'adopte que ce qui lui paraît juste et ce qui convient à son caractère. Si elle ne peut pas empêcher le législateur de promulguer des lois opposées à ses mœurs et à ses goûts, elle n'en souffre pas du moins l'exécution ; et le gouvernement, en sortant des bornes que l'esprit de la nation lui prescrit, ne montre en effet que l'impossibilité de les franchir. Si M. de Forbonnais eût fait ces réflexions, il y a apparence que le résultat de ses opinions aurait été un peu différent. Il aurait vu que, puisque les lois contre les toiles peintes n'ont jamais pu être exécutées à cause de leur sévérité, il faut les abolir comme mauvaises et contraires à l'esprit de la nation ; que jamais les honnêtes gens ne souffriront la visite des commis dans leurs maisons ; que cette visite qui n'aurait eu rien

que d'honnête dans une république, où il n'est question
que de vertu, qui aurait pu être la fonction honorable
d'un magistrat dans une monarchie, où il n'est question que d'honneur, ne pouvant se faire que par des
malheureux que leur bassesse force, pour ainsi dire,
aux derniers et aux plus vils emplois de la société, est
par là opposée aux sentimens, ou, si vous voulez, aux
préjugés de l'honneur, et devient tout-à-fait impraticable. D'ailleurs rien n'est si contraire à l'esprit de
commerce que cette gêne. Je ne veux pas répéter ici
les avantages que M. de Forbonnais reconnaît lui-même
devoir résulter de la permission des toiles peintes, et
que M. de Gournay expose avec autant de clarté que
d'énergie; avantages que l'exemple de nos voisins les
Anglais confirme depuis long-temps. Mais j'aime à
généraliser les idées et réduire toutes les questions particulières à leur principe; car lorsque la vérité d'un
axiome ou d'une maxime est bien constatée, tout ce
qui lui est contraire doit être rejeté et ne peut être
que faux et nuisible. Or rien n'est si nécessaire au
commerce, s'il doit fleurir, qu'une liberté sans bornes;
tout ce qu'il y a de plus dangereux c'est que le gouvernement s'en mêle. Un peuple industrieux ne veut être
gêné, ni dans ses goûts, ni dans ses fantaisies; il sent
qu'il a en lui de quoi les satisfaire. Si la mode de porter
des toiles peintes gagne, l'industrie et l'envie de gagner
érigeront bientôt des manufactures de toiles dans le
royaume, et plus cette marchandise sera en faveur,
plus on tâchera de la faire supérieurement, pourvu que
le gouvernement ne mette point d'entraves à l'industrie. Mais cela fera tomber nos manufactures de soie et

de laine, dit M. de Forbonnais. Mais l'exemple de l'Angleterre prouve tout le contraire, dit M. de Gournay. Et indépendamment de cet exemple, dirais-je, l'inconstance des hommes dans leurs goûts et dans leurs modes, jointe à la grande beauté de nos étoffes de soie, doit nous rassurer à cet égard. Voilà, dit M. de Forbonnais, tant de milliers de manufacturiers sans pain, et par conséquent perdus pour l'État. Ce raisonnement ressemble à celui qu'on a opposé au projet d'établir des fontaines dans toutes les maisons de Paris, et qui en a empêché l'exécution : et que deviendraient les porteurs d'eau? a-t-on dit. La chute de nos manufactures d'étoffes, supposé qu'elle dût arriver, ce qui n'est pas, ne serait pas l'affaire d'un jour, elle se ferait insensiblement. Or il arriverait ce qui arrive journellement dans tous les métiers qui perdent de leur faveur, les hommes tournent bien vite leur industrie d'un autre côté. Ce n'est que dans les pays où l'intelligence et le travail ne sont point une ressource sûre contre l'indigence qu'il faut craindre d'ôter aux hommes un moyen de subsister, quelque pernicieux qu'il soit au bien public en lui-même. A entendre parler M. de Forbonnais, l'État aurait toujours à redouter de l'embarras de la part de ses habitans : et on serait dans le cas d'imaginer sans cesse de nouveaux emplois, de créer de nouvelles charges, non parce que le bien public en exigerait, mais pour procurer aux citoyens des débouchés et des moyens de subsister aux dépens les uns des autres, sans aucun véritable besoin réciproque. Oh le mauvais gouvernement que celui qui serait ainsi constitué! Ne rebutez point l'industrie générale en favorisant le mo-

nopole , en accordant des privilèges exclusifs; ne
gênez point vos sujets, et vous n'en serez point embarrassé. La nécessité de subsister, le succès sûr du
travail, l'exemple de l'industrie qui prospère, produi-
ront un encouragement universel et aiguiseront de
mille façons différentes l'imagination, qui , inépuisable
en ressources, n'abandonne jamais un peuple laborieux
et qui n'est point opprimé. Alors votre existence et la
prospérité de votre commerce ne dépendront point de
telle manufacture , de telle espèce d'étoffe et de sa faveur, mais du génie seul de votre peuple ; et quelque
révolution qu'il arrive dans les goûts, dans les fantaisies , dans la vogue des marchandises, votre État restera
toujours florissant , parce que votre peuple sera toujours industrieux. Ce n'est pas que, dans de certaines
occasions, les particuliers ne souffrent des changemens
qui arrivent; mais les malheurs passagers de quelques particuliers ne peuvent jamais entrer en ligne de
compte avec le bien public, et celui-ci crie toujours
liberté! liberté! Autre maxime générale. Lorsque d'un
arrangement il résulte nécessairement le bien constant
et durable de l'État, il est juste de sacrifier les intérêts
de la génération présente au bien-être permanent et
éternel des races futures. Sans cette maxime on n'oserait jamais réformer aucun abus, parce qu'il est impossible de faire aucune opération en ce genre dont
beaucoup d'innocens ne soient la victime. Nous en
avons un exemple tout récent dans la suppression des
sous-fermes. Supposé que cette opération soit excellente, comme beaucoup de gens éclairés le prétendent,
l'inconvénient qu'elle a de faire perdre à quelques cen-

taines de particuliers leur état , n'a pu, ni n'a dû arrêter M. le contrôleur général des finances. Revenons aux toiles peintes, et supposons avec M. de Forbonnais que leur permission fasse un tort réel à nos manufacturiers. C'est un inconvénient sans doute. Ils ne retourneront pas à la charrue , dit M. de Forbonnais. Vous avez raison : ces gens seront donc perdus pour l'État ; soit. Mais ne voyez-vous pas que si, dans la génération suivante, le métier de manufacturier devient moins lucratif et qu'il ait besoin de moins d'hommes, cela fera autant de sujets de gagnés pour la charrue, puisque vos cultivateurs auront ce débouché de moins pour abandonner leur métier avec profit. Il est étonnant que ce raisonnement soit échappé à M. de Forbonnais. Les soins les plus importans de notre gouvernement doivent tous se tourner du côté de l'agriculture. Qu'elle soit protégée, encouragée ; que le laboureur ne soit point écrasé, qu'il soit favorisé et libre comme les autres habitans dans leurs conditions respectives ; et la France fleurira, le gouvernement sera brillant de gloire, parce que les peuples seront heureux. Si vous négligez ce soin, tous ceux que vous pourrez prendre d'ailleurs ne procureront jamais de bonheur solide. Que le gouvernement ne se mêle point du commerce de ses sujets ; qu'il n'y ait d'autre marchandise de contrebande que celle dont l'usage sera nuisible aux citoyens ; qu'il n'y ait point de monopole de favorisé , point de privilèges exclusifs, point de gêne ni d'embarras dans le trafic public et dans le transport des marchandises, et le commerce fleurira, et l'État sera opulent.

SUR LA PHILOSOPHIE EN GÉNÉRAL,

ET PARTICULIÈREMENT SUR CELLE DE BACON.

A Paris, ce 1er novembre 1755.

L'empire de la philosophie est éternel, parce qu'il
est fondé sur la vérité et sur la justice. Les efforts réunis
du fanatisme, de l'ignorance et de la barbarie, n'ont
jamais pu le détruire ; et s'il est ébranlé quelquefois,
les secousses les plus violentes ne servent qu'à le ras-
seoir plus solidement sur ses anciens fondemens. Tel
doit être le sort de la philosophie, tel il est confirmé par l'histoire de l'esprit humain de tous les
siècles. A mesure que la lumière de la fille des cieux
s'élève, que ses rayons s'étendent chez un peuple, le
préjugé et l'injustice disparaissent, l'autorité perd son
poids et son crédit, la raison seule se fait écouter ; tout
ce que l'enthousiasme et la prévention ont ou trop
élevé ou trop abaissé reprend insensiblement la place
qui lui appartient ; les objets et les hommes se trouvent
dépouillés de tous les faux ornemens par lesquels ils
en imposaient aux esprits faibles ; la vérité et le vrai
mérite ne courent plus risque d'être enveloppés et confondus dans les épaisses ténèbres de la stupidité, ou
effacés par des fausses lueurs d'une lumière postiche :
elle seule entraîne les cœurs ; lui seul est respecté,
parce que l'un et l'autre brillent de leur propre clarté.
Tant de réputations éclatantes sont tombées dans les
abîmes de l'obscurité, parce qu'elles n'ont pu soutenir

le grand jour de la vérité et de la raison. Tant de grands hommes auxquels l'humanité doit tout, méconnus ou négligés pendant un temps, ont recouvré, du moment que le flambeau de la philosophie s'est élevé, les droits qu'ils avaient à notre reconnaissance et à nos hommages. Il est surtout une sorte de génies sublimes, et pour ainsi dire prématurés par rapport à leur siècle, dont le mérite ne peut être apprécié que fort tard. On a dit quelque part dans l'*Encyclopédie*, que nous avons eu des contemporains dans le siècle de Louis XIV; c'est-à-dire qu'il s'est trouvé des génies qui, franchissant les bornes de l'esprit humain et de leur siècle, ont indiqué dès lors les progrès de la science, des arts et de la raison dans le nôtre. Ces génies doivent être extrêmement rares. Je ne sais s'il y en a eu en effet dans le siècle de Louis XIV. Je les comparerais volontiers à ces saints du premier ordre, qui, par le prestige de leur imagination ou quelque autre privilège, sont ravis jusqu'au troisième ciel, et jouissent dès à présent de la vision béatifique et des joies du paradis. Les hommes de génie dont je parle ont des visions plus terrestres, mais cependant beaucoup plus subtiles. A ceux-là il ne faut qu'une imagination bien échauffée pour voir et les anges, et les vierges, et les saints; à ceux-ci il faut une imagination vive, forte, brillante et cependant réglée, une pénétration et une sagacité inconcevables, un esprit de combinaison qui a je ne sais quoi d'effrayant pour le commun des hommes, et qui ressemble quelquefois à l'égarement: aussi, comme je l'ai dit, les contemporains d'un tel homme ne sont-ils pas en état d'apprécier son mérite. Il ne peut être aperçu que par un petit nombre d'excellens esprits; incompréhensible pour le vulgaire, il est trop heureux s'il échappe à leur censure. On dit communément que l'obscurité est le partage des esprits embrouillés, que celui qui conçoit avec netteté, qui voit avec justesse, sait rendre ses idées avec clarté et précision. Cette maxime peut être vraie en général, mais vous voyez que celui qui, par un effort de génie sublime, s'élève au-dessus des siècles et franchit leurs bornes étroites, entrevoit toute la chaîne des vérités qui ne seront connues qu'à ses arrière-neveux, indique et devine; par ce qu'on sait et qu'on a trouvé, tout ce qui reste à savoir et à chercher, ne peut manquer de paraître en général obscur et inintelligible; il ne peut que vous tracer légèrement la voie, que vous indiquer vaguement quelques points de vue pour vous reposer, et appuyer, pour ainsi dire, vos yeux fatigués; et si à travers les nuages du temps vous apercevez les lueurs de la vérité, vous serez du très-petit nombre de ceux qui sauront priser celui qui lui arrache son voile.

Tel était le génie du chancelier Bacon de Verulam, qui vécut sous le règne d'Elisabeth et de Jacques Ier. Non-seulement nous révérons dans ce grand homme le restaurateur de la raison et de l'esprit philosophique, mais nous lui devons encore d'avoir tracé tous les chemins, d'avoir aplani presque toutes les difficultés de la route, d'avoir indiqué tous les travaux qui restaient à faire, et qui ont été entrepris depuis en partie, du moins avec succès. Un jeune homme, M. de Laire, vient de débuter dans la littérature par l'analyse de la philosophie de Bacon. Cet ouvrage, qui paraît en

deux volumes, n'était point aisé à faire. M. de Laire a
rendu avec force et précision les pensées lumineuses et
souvent sublimes du chancelier, et cette analyse nous
donne une idée suffisante du système et de tout l'édifice philosophique de ce grand homme. On a ajouté,
dans un troisième volume, la vie du chancelier, traduite de l'anglais de M. Mallet, par un homme inconnu dont le nom ne me revient pas. Cette vie paraît,
même dans l'original, un ouvrage médiocre; vous y
lirez avec douleur que ce génie du premier ordre, cet
homme qui reçut du ciel toute la lumière en partage,
et qui paraît souvent inspiré par quelque divinité, n'é-
tait rien moins qu'estimable par sa probité et par sa
vertu ; que, pour la confusion de l'humanité, il s'est
déshonoré par plusieurs actions basses, que l'ambition
et un vil intérêt ont souillé une ame que la vérité et
son céleste flambeau auraient dû élever au-dessus de
toute faiblesse humaine. O sort déplorable des mortels!
serait-il vrai qu'il ne suffit pas d'être éclairé pour
aimer et pratiquer la vertu et suivre ses augustes lois?
Faudrait-il chercher le bonheur d'être généreux, vertueux et sensible, faudrait-il le chercher, dis-je, dans
la qualité du sang et des nerfs, dans les mouvemens et
les affections de notre cœur? Oublions, s'il est possible,
la vie du chancelier, et revenons à sa philosophie.

C'est M. Diderot qui, le premier, a fait connaître
à ses compatriotes le mérite de Bacon. Non-seulement il nous a prêché sa philosophie, et nous a fami-
liarisés avec elle, mais il a fondé sur elle l'immense
ouvrage de l'*Encyclopédie*. Il est étonnant que M. de
Voltaire, qui prône volontiers les étrangers, et souvent

outre mesure, et à qui on peut reprocher d'avoir, par ses éloges, accrédité pour quelques momens plusieurs ouvrages médiocres, ait parlé si légèrement de Bacon et de ses ouvrages. Il faut croire qu'il ne l'a pas étudié, ni approfondi son système. Il croit que la philosophie lui a de grandes obligations, mais qu'il sera peu lu, et oublié par la suite. Je crois tout au contraire que plus la philosophie fera de progrès, plus le chancelier sera lu, recherché et admiré. Cette prédiction commence déjà à s'ccomplir. Ce sublime génie a entrevu notre siècle; il a vu plus loin encore. M. Diderot dit quelque part qu'il faudra peut-être plusieurs siècles pour rendre le *Novum organum* de Bacon tout-à-fait intelligible. En lisant l'analyse, vous n'oublierez pas que les choses qui vous sont familières aujourd'hui n'étaient point du tout communes dans le siècle du chancelier, et qu'il a fallu, le plus souvent, un effort de génie pour les trouver.

Bacon fait une observation bien vraie et bien humiliante pour nos immenses bibliothèques. En y regardant de près on trouve que l'humanité doit sa science, sa philosophie et ses connaissances à trois ou quatre génies du premier ordre. Tous les autres n'ont fait que répéter et rhabiller les pensées des premiers. Quand on est bien pénétré de cette vérité, on trouve qu'il faut être bien hardi pour prendre la plume. Bacon a été sans doute un de ces trois ou quatre. Peut-être la postérité augmentera-t-elle ce nombre par un ou deux de nos contemporains. La France n'oubliera pas que *l'Esprit des lois* a produit une révolution dans les esprits. Si j'avais le talent de Plutarque, je ne manquerais pas de faire le parallèle de Bacon et de l'illustre philosophe qui est à la tête de l'*Encyclopédie*, et je ne craindrais pas d'être censuré par ceux qui ont l'occasion de voir ce dernier de près, et qui sont en état de sentir ce qu'il vaut. Jamais deux génies ne se sont ressemblés comme celui de Bacon et de M. Diderot. La même profondeur, la même étendue, la même abondance d'idées et de vues, la même lumière et la même sublimité d'imagination, la même pénétration, la même sagacité, et quelquefois la même obscurité pour leurs contemporains respectifs, et surtout pour ceux qui ont la vue faible. Mais comme il faut toujours être juste, il ne faudrait pas oublier de remarquer dans ce parallèle, que si l'un, dans le tumulte et les dignités de la cour, a été assez malheureux pour manquer à la probité, pour oublier l'honneur et la vertu, l'autre, dans le silence et la retraite d'une vie simple et privée, a encore honoré l'humanité par un cœur vertueux et sensible, par des actions généreuses et honnêtes, et a joui constamment des hommages et de la vénération de ceux qui ont eu le bonheur d'être au nombre de ses amis.

FACÉTIE.

Voici des vers que j'ai eu l'honneur de vous envoyer autrefois comme un chef-d'œuvre d'absurdité. Une femme d'esprit, madame la comtesse de R.... s'est amusée à faire un commentaire sur ces vers dans le goût de Mathanasius.

> O fleurs! ô belles fleurs aujourd'hui désirées!
> Que ton odeur éclate devant la bien-aimée;

Allez, beauté charmante, que rien ne vous arrête,
Allez vers Louison; c'est aujourd'hui sa fête.
Si vos vives couleurs se fanent dans sa bouche,
Ah! qu'il est doux pour vous de toucher qui vous touche,
Partez à pas contens, faites-lui bien ma cour;
Dites-lui que je l'aime et l'aimerai toujours.

ENVOI.

Si les poètes humains, instruits par leur génie,
M'avaient prêté la main à ces vers infini,
Je me serais flatté d'entrer dans la matière
Des qualités triomphantes logées dans vos carrières;
Mais comme mon génie ne peut promettre autant,
Pardonnez à l'auteur comme un faible instrument.

À Paris, le 7 novembre 1755.

Je vous envoie avec un million de remerciemens, Monsieur, le bouquet dont vous avez bien voulu me faire part; il m'a peu frappée dans le premier moment, je l'ai relu depuis avec l'attention qu'il méritait, et j'ai peine à croire à présent, je vous l'avoue, qu'un esprit délicat comme le vôtre se soit réellement livré à la méprise grossière dont j'ai été capable. Vous avez voulu m'éprouver, Monsieur, et il n'est pas étonnant qu'un piège tendu par vous ait pu me surprendre: je ne saurais ni m'en humilier ni m'en applaudir beaucoup.

Oui, Monsieur, j'ai méconnu un moment, j'en conviens à ma honte, toutes les beautés de cet ouvrage; je ne lui en soupçonnais pas, puisque vous paraissiez les ignorer. La réflexion m'a dessillé les yeux; et, pour me punir d'une si grande erreur, je veux vous communiquer mes découvertes trop tardives. Je ne saurais faire assez de réparation au génie sublime que j'ai d'abord si cruellement insulté. Que ne puis-je emprunter de lui, pour admirer ses vers, l'élévation et la finesse qu'il y a si abondamment répandues! Tous les poëmes commencent par une invocation; presque toujours, les muses en sont l'objet. Notre poète avait trop peu besoin de leur secours pour s'abaisser à le demander. Il n'a pas voulu cependant dédaigner tout-à-fait la manière à laquelle les plus grands génies se sont assujettis; il a donc invoqué, mais seulement des fleurs, et loin de leur demander du secours, il ne semble les appeler que pour leur prescrire ses volontés. *O fleurs!* que ce choix est délicat! Il se trouve si bien des dons de la nature qu'il ne veut tenir que d'elle ceux qu'il destine à sa maîtresse. Elle est fleur à ses yeux, que pourrait-il lui offrir de plus beau que son ouvrage? Non-seulement il désire des fleurs, mais encore il veut qu'elles soient belles. Il les appelle une seconde fois pour exiger d'elles cette qualité nécessaire. Le feu de son génie a beau l'entraîner, celui de son amour ne lui permet aucune négligence. Il aime trop pour ne pas sentir le mérite des répétitions; en est-il d'ennuyeuses auprès de ce qu'on adore?

[Cette femme qui, du commencement d'une lettre à la fin, n'avait écrit que ce mot si délicieux, quand il est aussi mérité que senti (ce *j'aime*), qui disait tout autrefois, et qui aujourd'hui se dit à tous sans exprimer rien; cette femme, dis-je, pouvait-elle être accusée de peu d'esprit, parce qu'elle avait préféré la répétition simple du sentiment à la variété des phrases? Elle connaissait l'amour, elle était assurée de son amant, et sa manière d'exprimer l'un faisait l'éloge de l'autre.]

Ainsi notre admirable poète habile autant à sentir qu'à peindre ce qu'il sent, se permet tout pour ne rien négliger auprès de ce qu'il aime. Cette préoccupation totale n'est-elle pas aussi bien marquée dans la fin de ce premier vers :

O fleurs ! ô belles fleurs aujourd'hni désirées !

Il croit tous les cœurs aussi occupés que le sien à célébrer son aimable Louise ; il voit déjà toutes les fleurs enlevées pour lui former des bouquets ; tout l'univers occupé à en rassembler pour elle. A peine espère-t-il que les plus beaux jardins puissent en fournir assez, et il semble, à entendre la manière dont il parle des siennes, qu'il jouisse du plaisir de rendre jaloux tous ceux qui n'auront pu en trouver comme lui.

Prenez-y garde, Monsieur, tout son ouvrage est rempli de ce même sentiment si délicat, et le caractère distinctif de la vraie passion.

Le second vers n'en est-il pas encore un effet? Sans parler de la précieuse négligence que tant de profanes ne comprendraient pas, et qui lui a fait abandonner dans le premier hémistiche la précision du langage qui semblait exiger le pluriel pour les fleurs, sans rechercher même si cette réunion de plusieurs en une seule n'est pas une image de tous les désirs qu'il tient du même sentiment, le premier nom qu'il donne à son amie ne peint-il pas bien vivement l'habitude où il est de juger tous les cœurs sur le sien ; semblable au divin auteur du Cantique où l'on aperçoit tant de choses du même genre, il ne l'appelle pas seulement sa bien-aimée, mais *la bien-aimée* par excellence; tout le monde doit la reconnaître; et ce nom, il prévoit avec crainte qu'elle le tient de tous ceux qui l'approchent; il les regarde comme autant de rivaux, et jouit cependant de la voir si généralement adorée.

Mais je crains de m'être trop arrêtée sur des commencemens qui, quoique inimitables, sont encore au-dessous de ce qui me reste à admirer. Je sens en tremblant toute l'étendue de mon entreprise. J'ose louer un génie au-dessus de toutes louanges, et détailler des beautés qu'à peine m'est-il permis d'apercevoir. Je compte bien, monsieur, sur votre indulgence; vous jugerez trop justes les difficultés que j'éprouve, pour ne pas m'excuser si je ne puis les surmonter. Je continue donc, dans cette confiance, de suivre l'entreprise trop hardie que j'ai commencée; non que je prétende m'arrêter sur tout, comme je l'ai fait jusqu'à présent : l'ouvrage serait trop étendu et trop au-dessus de mes forces. J'ai senti beaucoup de choses; mais il en est sûrement bien d'autres qui m'ont échappé, et je ne veux parler que de celles qui m'ont paru frappantes.

Tel est, par exemple, l'enthousiasme qui, lui faisant personnifier les fleurs, l'entraîne jusqu'à leur attribuer des sentimens, et à être jaloux de l'impression dont il les croit susceptibles :

Allez, beautés charmantes; que rien ne vous arrête.

Il pense qu'elles craindront comme lui, en approchant de l'objet qui l'enflamme. Il connaît trop la timidité d'un amour délicat pour n'en pas croire atteint tout ce qui approche de sa déesse; des fleurs même doivent redouter son abord, et l'inquiétude qu'il en ressent l'engage même à les louer. On n'est jamais si confiant qu'alors qu'on se croit aimable, et la crainte des autres ne vient souvent que du peu d'idée que l'on a de soi.

Allez donc, leur dit-il, ne tremblez pas; vous êtes belles, charmantes; qui pourrait vous arrêter?

Allez vers Louison, c'est aujourd'hui sa fête.

Ce moment est favorable, et dans ce jour qui réunit tous les hommages, vous la trouverez plus disposée à recevoir le vôtre.

Mais hélas! au soin de les encourager succède bientôt la jalousie de ce même succès qu'il s'est empressé de leur promettre.

Je passe sur le vers suivant, qui me paraît une petite indiscrétion sur la manière trop favorable dont il espère que sera reçu son bouquet. Peut-être quelques bontés passées lui donnaient-elles le droit de compter sur celle-là; mais l'aveu qu'il en fait ne peut se pardonner qu'à l'égarement trop commun aux poètes.

Ah! qu'il est doux pour vous de toucher qui vous touche!

Il est persuadé qu'elles sentiront comme lui le bonheur qu'il envie, en faisant un usage bien délicat du défaut de notre langue qui exprime du même mot un sentiment et une sensation; il peint d'une manière adroite et tendre le désir qu'il ressent de toucher un peu celle dont il l'est si vivement. Mais il se connaît trop pour être long-temps jaloux. « Allez, leur dit-il dépouillé d'une crainte trop vaine; *partez à pas con-*

3

tens, c'est-à-dire volez, rien ne vous rend si légères que le bonheur.

« *Faites-lui bien ma cour;* je ne vous envoie pas pour sentir, mais pour exprimer. Dites-lui ce que je n'oserais lui apprendre moi-même, et ce dont je brûle cependant de l'instruire. Cachez dans votre sein un secret dont dépend le bonheur de ma vie. Qu'elle devine sans rougir ce qu'elle n'entendrait peut-être pas sans colère; et en lui peignant mon amour, jurez-lui mille fois, pour en obtenir le pardon, qu'il sera aussi durable qu'il est violent. » Vous le voyez, Monsieur, je l'avoue à ma honte, il ne lui a fallu que deux mots pour dire ce que j'exprime moins bien que lui dans la plus longue phrase.

Il ne me reste plus à détailler que l'envoi, ou pour mieux dire il me reste encore. Il me paraît mille fois plus difficile à louer, parce qu'il mérite de l'être mieux que je n'en suis capable. En effet, monsieur, quelle rare modestie a pu aveugler si fort cet homme admirable, pour l'engager à s'abaisser au-dessous de tant de gens que sans orgueil il pourrait fouler aux pieds? *Si les poètes humains*, dit-il, *instruits* seulement *par leur génie, m'avaient prêté la main.* Guidé comme il l'est par le maître d'Anacréon, qu'a-t-il besoin d'un autre secours? Les flèches de l'Amour lui tiennent lieu de plume, et ce dieu même est son Pégase. Il craint cependant; il se méfie de lui-même, non qu'il ne sente ce qu'il vaut. Un esprit de sa trempe ne saurait se méconnaître autant; mais il est vivement épris, et rien ne lui paraît exprimer assez ce qu'il sent davantage. *Pardonnez*, dit-il, *à l'auteur comme un faible instrument:*

il descend de ce ton noble et élevé dont il s'était servi jusque-là, et qu'il croit ne convenir qu'à l'éloge de sa maîtresse. Il choisit pour parler de lui les expressions les plus communes. « Les qualités de Louise sont triom-phantes, dit-il, et leur reproduction perpétuelle ne sau-rait être mieux peinte que par l'emblème d'une *carrière* qui découvre de nouvelles richesses à mesure qu'on s'empresse d'en jouir. » Ainsi chez elle, une vertu ne disparaît que pour faire place à une autre. « *Ses qualités sont logées*, ajoute-t-il, chacune à leur place; leur amas ne fait point confusion. » Ainsi tout est noble, délicat dans ses expressions quand il parle d'elle; il n'est humble et négligé que pour lui.

Enfin, Monsieur, j'égale sans crainte cet ouvrage, d'abord méprisé, aux plus délicats d'Anacréon, tous deux inspirés par l'amour, mais d'une manière diffé-rente. Il forma l'un pour chanter ses plaisirs, l'autre pour peindre ses sentimens.

DE L'ÉDUCATION DES PRINCES.

A Paris, ce 15 novembre 1755.

O le beau sujet que celui de l'éducation des princes! Depuis que le gouvernement populaire a disparu sur la terre, que la raison et la lumière ont pénétré dans nos immenses monarchies, que le peuple, pensant et philosophe, s'est accoutumé à vivre sous la loi d'un seul, et qu'il a pu accorder la liberté de penser avec la con-trainte des actions et avec la nécessité de ne point participer à l'administration de la chose publique, il n'y a point de sujet qui soit plus digne de la méditation des sages que cette éducation qui doit assurer le bonheur des peuples sur les devoirs et le bonheur de l'enfant public. Le seul remède en effet contre tant de maux qu'entraînent l'immensité de nos États, la multiplicité et la confusion de nos lois, la lenteur et l'incertitude de notre justice, l'impunité du crime adroit et clandestin, et la faveur du pouvoir injuste; ce seul remède, s'il existe, nous devons le chercher dans le génie et dans le cœur de celui à qui sa naissance a acquis le droit de régner. Il est singulier que les hommes, qui ne se sont réunis en société et sous différens gouvernemens que pour être heureux, aient si peu songé à en abréger les voies, ou s'y soient si mal pris. Au lieu d'entasser lois sur lois à mesure que les circonstances semblaient l'exiger, ils n'avaient qu'à en prévenir le besoin, et le moyen le plus sûr de le prévenir était l'éducation publique des citoyens, qui exige que non-seulement ils soient formés en général à la vertu, à la justice et à la raison, afin d'être hommes, mais qu'ils apprennent encore à regarder les maximes particulières du gouvernement sous lequel ils doivent vivre, comme sacrées et inviolables, afin d'être citoyens, et qu'ils contractent de bonne heure cette affection pour leur climat, cette prédilection pour leurs usages, pour leurs arts, pour leur façon de vivre, ces préjugés enfin pour leur patrie et pour leurs compatriotes, qui tous assurent à un gouvernement ses forces, ses ressources et sa durée. Cicéron a remarqué que celui qui vivrait en honnête homme, suivant les lois, serait encore un fort mauvais sujet, parce que les lois ne peuvent exiger de vous que de ne point faire le mal, et que si vous êtes bon il vous reste encore le devoir de faire le bien. Par le même principe, on voit que l'homme élevé à la justice et à la vertu n'a pas besoin de lois, et que le code d'un peuple instruit, dès l'enfance, de ses devoirs, c'est-à-dire des moyens d'être heureux, et nourri dans l'amour de la vertu et de l'honnenr, dans le mépris du vice et de l'intérêt, et surtout dans une affection et modération mutuelles, serait très-mince et très-peu chargé d'ordonnances. Tel était celui des Spartiates. Ces lois de Lycurgue, tant admirés dans tous les siècles, sont autant de préceptes d'éducation pour la jeunesse lacédémonienne. Ce législateur sublime savait qu'il ne restait plus rien à prescrire aux citoyens dont la jeunesse avait été employée à la science et à l'exercice de leurs devoirs; et c'est ainsi qu'une poignée d'hommes devint l'admiration de la terre. La grandeur de nos vastes monarchies a peut-être rendu cette méthode impraticable. Ne travaillant plus pour la patrie, faisant tout pour nous-mêmes, pour notre gloire, pour notre élévation, pour l'agrandissement de notre fortune, il serait injuste d'attendre tout de la patrie, lorsque nous ne faisons rien pour elle. En nous garantissant la sûreté de nos personnes et la tranquille possession de nos biens, elle n'exige de nous que de ne point troubler la société, et dé concourir pour le reste au bien public autant que cela peut convenir à notre état, à notre honneur, à notre intérêt. Voilà la véritable situation de ceux qui vivent sous un gouvernement monarchique. L'éducation y devient une affaire de famille dont le monarque

n'est ni en droit ni en état de prendre connaissance,
et tout ce que les lois y peuvent faire, c'est, comme
dans le reste, non de procurer le bien, mais d'empêcher
le mal; c'est de pourvoir à ce que le pouvoir légitime des
pères ne dégénère point en tyrannie envers les enfans.

Il n'en devrait pas être ainsi de l'enfant royal : né
pour le bonheur de tous, tous devraient être moins en
droit que dans l'obligation de consacrer leurs lumières
à un objet aussi important, et si les talens des plus
sages sont assez indifférens dans les autres parties de
l'administration publique, s'il est vrai que la machine
ne va souvent pas moins bien pour être mue par de
sots manœuvres, le soin d'élever l'héritier de la couronne devrait du moins être l'effort de la sagesse d'un
peuple. On frémit d'épouvante quand on pense aux
suites funestes qu'entraînent, je ne dis pas les vices d'un
souverain, mais ses goûts, ses penchans, ses fantaisies,
choses qu'on ne peut trouver répréhensibles dans un
particulier, et qui dans un monarque peuvent devenir
la source de la calamité publique. Qu'un particulier aime
les armes, il passera sa vie à s'exercer dans des salles,
et ce goût sera fort indifférent pour le bien public :
Charles XII, spadassin et bretteur par goût, cause la
ruine de son royaume en se livrant à ses fantaisies
romanesques. Si dans de certaines monarchies on a
songé à prévenir ces maux en prescrivant des bornes
à l'autorité royale, n'était-il pas bien plus simple
d'aller à la source du mal, et de rassembler tous nos
efforts autour de l'enfant royal, pour former son esprit et son cœur à la droiture, à la justice et à la vertu,
et pour lui apprendre de bonne heure à subordonner

ses goûts à ses devoirs? Voyons les opérations qu'il serait à propos de faire pour cet effet, car je ne crois pas avoir besoin de dire qu'on n'a encore rien fait. L'éducation des princes ne diffère en rien de celle qu'un particulier aisé donne à ses enfans; des maîtres crus plus ou moins habiles en font toute la différence.

Je voudrais donc premièrement, et en général, que de semblables sujets fussent proposés et abandonnés indistinctement à la méditation des sages et du public. S'il est vrai que le mystère est le premier ressort de la politique, et que les affaires demandent un secret inviolable (ce que je ne crois pas trop), il est bien certain, d'un autre côté, que l'éducation du prince, tout ce, qu'on fait pour le progrès des sciences et des arts, et beaucoup de pareils objets, ne sauraient avoir trop de publicité; que dans tout ce qui y a rapport, on ne devrait rien faire sans avoir consulté le public. Pourquoi ne discuterait-on pas dans des écrits publics la meilleure façon d'élever l'héritier du trône, comme on discute à Londres les intérêts de la nation dans des brochures périodiques? S'il arrivait que les plus sots donnassent leur avis comme les plus sages, il ne faudrait certainement qu'une médiocre étendue de lumières et un peu de justesse dans l'esprit pour séparer l'or d'avec le plomb, et choisir toujours le meilleur parti : car lorsque la vérité et la sagesse élèvent la voix, on n'écoute plus le plat et confus langage de la sottise, à moins que la passion et l'intérêt particulier n'aient endurci les oreilles d'avance.

Le gouverneur de l'enfant royal doit être sans doute le plus honnête homme du royaume. Tous

ceux qui président ou prennent part à cette éducation
doivent y être appelés par leur mérite, par leurs lumières, par leur probité et par la bonne odeur de leurs
vertus : en écoutant la voix publique, on ne se mé-
prendra pas dans le choix. Mais cela ne suffit pas; je
voudrais encore que le jeune prince fût éloigné de tout
ce que la cour a de plus éblouissant pour de faibles
yeux, qu'il fût confié, pour ainsi dire, au public, qu'il
passât son enfance au milieu de la nation, qu'il assis-
tât souvent aux assemblées publiques, aux spectacles,
et sans autre prééminence que les égards modérés que
le mérite accorde au rang, et qui seuls doivent flatter
un cœur généreux; qu'il se rapprochât enfin de la vie
privée, autant qu'il serait possible, afin de contracter
les vertus civiles et les qualités d'un honnête homme
avant que de faire le roi. Son génie, plié ainsi de bonne
heure à connaître les hommes, à priser leurs talens,
à apprécier leur mérite, accoutumé surtout à leur façon
de vivre et de juger, apporterait sur le trône une infinité de lumières, que le défaut d'instruction cache éternellement aux rois d'un esprit ordinaire, et que ces
hommes rares que le ciel fait naître de temps en temps
pour la prospérité des peuples, ne peuvent remplacer
que par des efforts de génie.

On dit que M. de Fénelon, l'auteur du *Télémaque*,
cette ame si pure et si belle dont un cœur sensible
ne peut se rappeler la mémoire sans émotion, chargé
par Louis XIV de l'éducation de M. le duc de Bourgogne, et n'espérant pas d'en faire un grand roi, borna
tous ses soins à inspirer à ce prince un vif amour pour
l'humanité, persuadé que cette vertu seule suffit pour

remédier aux inconvéniens auxquels le trône expose un roi médiocre, ou même né avec des dispositions malheureuses. Je voudrais aller plus loin que l'archevêque de Cambrai, je voudrais que cet amour des hommes fût porté, dans le cœur des princes, jusqu'au respect pour tout ce qui a le nom d'homme, sans égard aux dignités, ni aux prérogatives idéales du rang et de la naissance. Les égards que le prince doit aux hommes les plus considérables, aux premières maisons de son royaume, ne le doivent point dispenser de l'affabilité et des marques d'estime qu'il doit au dernier de ses sujets dont la réputation n'est point attaquée. Ne suffit-il pas d'être homme pour avoir droit à tous les avantages dont l'humanité jouit? S'il y a des degrés à l'infini dans les égards, le dernier de tous doit être assez marqué pour honorer et celui qui l'accorde, et celui qui en est l'objet. Qu'y a-t-il en effet dans l'univers de plus sacré que l'homme? Le fanatisme et l'hypocrisie diront, C'est la religion, et comprendront sous ce nom tout ce que la superstition, l'intolérance et la passion ont produit de plus absurde et de plus funeste. La basse flatterie et l'ambition desordonnée diront, C'est l'autorité royale, et exerceront, sous ce titre, l'injustice et la violence. Mais la vérité crie aux souverains : Honore et respecte l'homme qui est ton sujet, afin que tu sois digne de régner sur lui, et que son cœur, par les égards qu'il reçoit de celui à qui il doit obéir, soit animé au bien, et ressente cette élévation compagne inséparable de la vertu.

Enfin, de toutes les vertus, la plus nécessaire à un roi, et celle qu'il faudrait inspirer avant tout à l'enfant royal, est la modération. Celui qui peut tout doit toujours se

défier de sa volonté. Lorsque personne ne vous résiste,
et que vous n'avez de frein pour vos goûts et vos passions, que celui que vous tenez vous-même, il faut y
regarder à deux fois avant que de vouloir. Les moindres
excès, comme je l'ai dit, qui sont sans conséquence
dans un particulier, deviennent, dans le souverain,
des fléaux publics et terribles pour ses sujets. Combien
l'amour immodéré de la chasse ne rend-il pas les
princes injustes et féroces, puisqu'il leur fait préférer la
conservation d'une bête fauve à la fortune de celui qui
cultive la terre, et à l'espérance de toute une année
pour sa famille indigente et désolée! Je voudrais donc
que l'enfance de celui qui doit tant vouloir un jour, et qui
doit pouvoir ce qu'il voudra, fût sans cesse exercée à se
défier de ses passions, à restreindre ses goûts, à modérer
ses désirs, et que sa volonté, rompue de bonne heure,
s'accoutumât aux sacrifices que la raison et la sagesse
sont en droit d'exiger.

On a imprimé ici depuis quelque temps un recueil
de Lettres adressées au prince royal de Suède, par
son gouverneur, M. le comte de Tessin, en deux
volumes in-12. Le nom de M. de Tessin est honoré
en Europe depuis long-temps. Vieilli dans les emplois les plus importans de l'État, il a partout laissé
des traces de sa capacité et de ses talens. Ces Lettres,
qu'on a traduites du suédois, le feront connaître
comme un homme d'une probité et d'une droiture
rares. Elles nous donnent une idée très-nette du caractère de M. le comte de Tessin, et même de ses
goûts; mais j'aurais désiré d'en tirer aussi une idée
distincte du caractère du jeune prince, et des espérances

qu'il donne ; car lorsqu'on s'adresse à un enfant en particulier, il ne faut plus lui dire des choses générales, qui deviennent alors'vagues, mais il faut, pour ainsi dire, modeler toutes ses idées sur le caractère du jeune élève. A moins qu'un enfant soit tout-à-fait mal né et sans ressource, il est certain qu'on fait de lui tout ce qu'on veut, quand on sait se prêter à son caractère avec souplesse. Je ne voudrais donc jamais dire à mon élève qu'il faut faire telle et telle chose, qu'il faut acquérir telle et telle'qualité ; je voudrais avoir assez d'adresse et me mettre assez à sa portée, suivant les différens degrés de l'enfance, pour que ses devoirs ne lui fussent plus présentés en force de précepte, mais qu'en tirant lui-même la conclusion de nos entretiens, il regardât l'exactitude dans ses devoirs comme la source d'une satisfaction douce et constante. Ceux qui président aux éducations commettent assez communément une autre faute. Ils veulent inspirer à leurs élèves tous leurs propres goûts. On voit par ces Lettres que M. de Tessin n'aime pas la musique, mais qu'il aime en revanche beaucoup la peinture, l'histoire naturelle, les antiquités ; mais on ne connaît pas les goûts du prince : cependant il ne s'agit pas de lui faire naître des goûts, ce qui ordinairement produit plus de mal que de bien, il s'agit de développer avantageusement en lui ceux qu'il a reçus de la nature. Dans la première feuille, je relèverai quelques endroits particuliers de ces Lettres.

A Paris, ce 1er décembre 1755.

Je reviens aux Lettres de M. le comte de Tessin, le sujet en est si intéressant, qu'il est difficile de s'en détacher. Nous allons examiner quelques endroits particuliers, qui m'ont paru manquer d'exactitude, et qu'il serait important de rectifier, parce qu'il est dangereux pour un prince d'avoir des idées inexactes, même dans les choses de spéculation et de goût. M. de Tessin entretient son élève de la peinture et de ses différentes écoles : pour prouver que tout n'est pas donné à tous, il lui fait remarquer que l'école flamande l'emporte pour le coloris, que l'école française excelle dans l'ordonnance. Cette remarque n'est pas juste. Premièrement, il ne fallait pas restreindre les peintres d'Italie à l'école romaine. L'École de Lombardie et l'école vénitienne ont produit de très-grands génies, et cette dernière s'est surtout distinguée par ses profondes recherches sur le coloris. Le Titien n'est-il pas plus admirable dans cette partie qu'aucun peintre flamand ? En second lieu, je ne crois pas qu'on puisse citer l'école française, ni à côté des écoles romaine et flamande, ni pour exceller dans l'ordonnance. Les Français n'ont eu que trois ou quatre peintres qui puissent soutenir le parallèle avec les grands génies d'Italie et de Flandre. Le Poussin, Le Sueur, Le Brun, Le Bourdon : voilà tous leurs grands noms en ce genre; encore n'y a-t-il que les deux premiers qui soient en effet des génies supérieurs. Le Poussin, qui appartient autant à l'Italie qu'à la France, a réuni presque toutes les parties qui constituent un grand peintre : dessein, ordonnance, savoir, sublimité d'idées et d'expression, richesse de détail, tout est admirable dans ce grand homme. Le Sueur, sans avoir jamais été en Italie, s'est si fort approché de Raphaël, qu'il peut en quelque sorte soutenir le parallèle avec ce peintre sublime et unique. Le Bourdon est noble et riche. Le Brun a beaucoup de feu et de fécondité, mais son coloris est mauvais, et son imagination est moins pittoresque que poétique, ce qui la rend souvent froide et puérile. A ces noms près, toute la grande foule de nos peintres ne peut entrer en aucune comparaison avec les grands hommes d'Italie et de Flandre. C'est l'école romaine qui a autant excellé dans l'ordonnance que dans le dessein. Ses peintres sont presque toujours sublimes et par le grand goût et par la grande simplicité de leurs compositions. On a toujours reproché aux peintres français le maniéré, qui est précisément l'opposé de la nature : or, le maniéré se voit autant dans l'ordonnance que dans le dessein. C'est le singe du génie : il peut éblouir, mais il ne sait ni toucher ni satisfaire.

M. le comte de Tessin passe indistinctement d'une matière de pur goût aux matières les plus graves. Nous allons l'imiter dans ce beau désordre : il exhorte son prince de ne donner jamais sa confiance à des hommes impies ou qui passent pour l'être, car, dit-il, quel motif pourrait les retenir dans la fidélité, la religion étant le fondement de la morale ? Cette maxime me paraît fausse, petite et dangereuse, plus digne d'un vicaire de paroisse que d'un ministre d'État. Vous demandez quel motif pourrait retenir les hommes dans la fidélité? Je vous réponds : La probité, la vertu, ce principe divin gravé dans le cœur de l'homme, développé par la sagesse, perfectionné par la société, principe qui a existé avant toute religion, et qui ne périra qu'avec la nature humaine. Eh! le vertueux Socrate sera donc traité en homme impie et en mauvais citoyen, pour n'avoir pas eu ce que M. de Tessin appelle de la religion? et Caton, ce grand spectacle pour les dieux et pour les hommes, comme l'appelle Sénèque? Il faut convenir que l'esprit de système et d'intolérance rétrécit singulièrement les têtes; mais rien n'est plus dangereux pour les princes que ce rétrécissement, eux qui, à l'imitation des sages du premier ordre, doivent embrasser toute l'espèce humaine sous leur bienveillance; eux qui doivent juger les hommes, non sur leurs opinions, mais sur leurs qualités; eux qui doivent sans cesse songer que c'est la vertu et non la croyance qui constitue le mérite des hommes. Que dirions-nous d'un visir qui prêcherait au grand seigneur qu'on ne saurait avoir des principes de morale sans être musulman? Il est étonnant combien les chrétiens modernes se sont écartés de l'esprit de leur religion. Les apôtres n'ont jamais songé à contester les vertus morales, ils soutenaient seulement qu'elles n'étaient pas propres à opérer le salut. Jésus-Christ disait que son règne n'était pas de ce monde; ses disciples appelaient le mystère de la croix, la folie des nations; ils distinguaient toujours la foi de la raison : la première, selon eux, est l'ouvrage de la grace, que Dieu donne à qui il veut. Quelle liaison peut-elle avoir avec la raison et avec les vertus morales? Jésus-Christ n'a jamais dit : Faites telle ou telle chose, afin que vous soyez regardés comme d'honnêtes gens, comme de bons citoyens : son motif est toujours le même; « afin que vous entriez dans le royaume des cieux.» Il ne s'est jamais avisé de dire à ceux qu'il voulait convertir : Vous êtes des fripons et des malhonnêtes gens; vous n'avez ni principes ni morale, rien ne peut garantir votre probité, ni votre fidélité. Il leur disait : Vous êtes malheureux et misérables, en ce que vous n'êtes occupés que des biens passagers de ce monde, et que vous ne songez pas à acquérir les biens éternels. Si les principes de l'Église et de ses prêtres sont changés, ce n'est pas certainement à l'homme d'État à les adopter, et à les graver dans le cœur du prince. M. de Tessin n'a pas songé que par cet arrêt inconsidéré, il comprendrait sous la condamnation Locke, Pope, Montesquieu, tant de grands hommes qui ont honoré l'humanité par leurs admirables écrits et par leur vie honnête.

En parlant contre les flatteurs et les calomniateurs, M. Tessin dit : « Ces lâches courtisans qui se flattent « d'entrer par cette voie dans la faveur du prince, sont « bien aveugles, s'ils s'imaginent que c'est le zèle et la « fidélité qui les fait agir. » Je ne crois pas qu'on puisse pousser l'aveuglement jusque-là. Du moins il ne saurait durer. Les coquins, pour se donner le change, ne se regardent pas comme de fort honnêtes gens, mais ils se croient seulement plus fins et plus adroits que les autres; ils regardent les principes de probité comme l'apanage des sots et des gens bornés.

L'élève de M. de Tessin aime beaucoup les fables, son gouverneur s'en sert souvent : il reproche à Esope de n'avoir composé sur les animaux que des fables qui manquent entièrement de vraisemblance, quoiqu'elles soient fort propres à l'instruction des hommes. Cette remarque n'est pas juste. On ne peut pas reprocher aux fables d'Ésope le défaut de vraisemblance; bien au contraire, leur grand mérite consiste précisément dans la vraisemblance. Mais tout art, soit poésie, soit peinture, soit musique, tout ce qui imite la nature, en un mot, est fondé sur une hypothèse ou convention générale qu'il faut admettre. Tout le reste doit être dans la plus exacte vraisemblance, et ne peut être supportable sans elle. Ainsi l'hypothèse des fables ésopiques étant la faculté de parler et de raisonner accordée aux animaux, et même aux êtres inanimés, cette hypothèse une fois admise, tout le reste doit être dans la plus exacte vérité. J'ai dit que toutes les imitations de la nature avaient leur hypothèse. L'art est la nature un peu chargée. Moins l'hypothèse est forte, et plus l'art est parfait et près de la nature. Ainsi l'hypothèse de la peinture n'est presque point sensible, celle de la musique ne l'est pas autant qu'on le croirait bien. On dit que l'opéra (je parle de celui des Italiens, le seul digne qu'on en parle) est un spectacle où les personnes chantent. Cette idée est fausse. Ils ne font que réciter, et le récitatif n'est qu'une déclamation très-marquée: c'est l'art qui charge la nature. Les acteurs ne commencent à chanter que dans les momens de passion, d'émotion vive, de trouble, de tendresse, etc., parce qu'on a remarqué dans la nature qu'en effet la passion donnait une espèce de chant aux hommes, et qu'émus par quelque intérêt vif, par une passion quel-

conque, nous avions réellement la voix tantôt fort
élevée, tantôt fort baissée, très-inégale en général, et
chantante suivant les différentes agitations de l'ame.
Voilà la source de l'hypothèse sur la musique. Il en est
ainsi de la danse, etc. Mais quelque forte que soit
l'hypothèse d'un art, il faut du génie pour y exceller.
Ainsi, dans la féerie, l'hypothèse est extrêmement forte,
puisqu'elle admet toutes sortes d'êtres, d'influences,
de pouvoirs arbitraires; mais ceux qui, à la faveur de
cette hypothèse, se sont permis tout ce qui passait par
leur cervelle mal arrangée, n'ont enfanté que des absurdités puériles et misérables; au lieu que les ouvrages
du comte Hamilton et quelques productions arabes en
ce genre, sont charmans et vraiment agréables. En
approfondissant ces réflexions, vous y trouverez la matière d'un long traité.

Il y a dans le second volume des lettres qui font
l'objet de cette feuille, un étrange paradoxe; savoir,
que si dans une cour on ne voyait régner que le vice,
le prince qu'on élèverait au milieu de cette corruption
deviendrait quelquefois l'homme le plus vertueux, et
cela à cause du penchant naturel des enfans pour tout
ce qui est rare : or, comme il n'y aurait rien de plus
rare dans cette cour que la vertu, elle piquerait certainement la curiosité du prince. Ce misérable sophisme, qui fait le sujet de la soixante-unième lettre,
est indigne de M. de Tessin. La vertu ainsi que la santé
est analogue à la nature humaine. Les vices ainsi que
les maladies en font la corruption. Proposer à la jeunesse d'habiter un pays où les mœurs sont totalement
corrompues, afin d'y apprendre à chérir la vertu, c'est

4

conseiller à un homme, pour se bien porter et **pour
fortifier sa santé**, d'aller habiter un endroit affligé **de**
la peste.

Dans une autre de ces lettres, vous trouverez une
dissertation sur le goût, où il y a de bonnes **choses,**
mais qui est un peu mince de philosophie. Il me semble
qu'en général la théorie du goût n'est point approfondie. Le président de Montesquieu s'était chargé de **faire**
l'article *Goût* pour l'*Encyclopédie.* On nous en fait espérer un fragment. Sans doute que ce grand homme,
dans le cours de ses recherches sur les lois, le **carac-**
tère et les mœurs des différens peuples, a trouvé **une**
infinité de choses qui ont rapport au goût. Le goût **juge,**
par un sentiment intime, de la beauté et de la bonté
des choses, lorsqu'il est éclairé par la philosophie; **il**
sait encore se rendre compte de ses jugemens et **des**
sentimens qu'il éprouve ; mais la philosophie ne **le**
donne pas ; elle le rassure en lui faisant voir que la nature d'un objet est d'accord avec le sentiment qu'il en a.
Le goût se fait des modèles de beauté, dont les **diffé-**
rentes qualités n'existent pas dans un seul individu ,
mais sont dispersées dans plusieurs. Ainsi l'homme parfaitement vertueux est un être idéal, et pour la comparaison de ce qui est , avec cet être qu'il a imaginé, **le**
goût forme ses jugemens sur les différens degrés **de**
perfection qu'il remarque dans les hommes. Pour avoir le
goût délicat et grand , il faut avoir l'esprit juste, l'ame
sensible et un cœur honnête. Si la vertu et la beauté ne
causent pas en vous cette douce émotion qui fait **le**
charme et le bonheur des cœurs généreux et sensibles,
comment serait-il possible que vous eussiez du goût,

puisqu'il ne sait juger que par ce sentiment? Suivant ce principe, ce sont les plus sages parmi les hommes, qui ont aussi le plus de goût. Voilà de quoi faire encore un traité.

Les idées que M. de Tessin donne à son élève de l'ancien empire romain ne sont pas justes. Il dit qu'on s'attendait à le voir parfait et achevé sous Auguste, où le bon ordre était si bien établi, où l'on avait pourvu à tout, etc.; mais que Tibère et ses successeurs avaient tout renversé. L'empire des Romains était perdu long-temps avant cet Auguste peu merveilleux. Le beau siècle de Rome était celui des guerres puniques, celui des Scipion, des Lélius; des Caton, des Cicéron. Cet Octave surnommé Auguste, s'il eût vécu deux ou trois générations auparavant, n'aurait probablement pas été connu; et la plus grande preuve de l'avilissement des Romains sous son empire, sont les flatteries serviles qu'on lui prodiguait, et qui ont pensé dérober à la postérité la connaissance de ses vices et de sa médiocrité.

Dans un autre endroit, M. de Tessin propose à son élève, entre plusieurs modèles, Louis XI, à cause de sa piété, de sa politique, de sa justice et de sa bonté. Louis XI était hypocrite, méchant et faible : sa justice était tyrannie, et sa bonté déshonorait ceux qui en étaient l'objet. Dans un autre endroit, M. de Tessin dit à son prince : « Si quelqu'un de vos sujets a le malheur de vous dé- « plaire, il vous est libre de lui faire subir le plus rigou- « reux châtiment. » Voilà, à mon gré, une maxime très-pernicieuse. Premièrement, il faut que les princes sachent qu'on peut leur déplaire sans être coupable : ils doivent punir, non ceux qui leur déplaisent, mais ceux

qui ont manqué à leur devoir. Si quelqu'un a le malheur de leur déplaire, c'est une raison de plus pour
eux de le traiter avec les plus grands ménagemens, de
peur d'être injuste à son égard. C'est un petit mal que
de pousser la modération trop loin, c'en est un très-
grand que de trop écouter son ressentiment. En second
lieu, lorsque quelqu'un a manqué, il n'est pas libre au
prince de lui faire subir le plus rigoureux châtiment.
Le coupable ne doit porter que la peine de son crime,
et il est encore, dans ce cas, plus sûr, plus digne d'un
souverain d'écouter les conseils de sa clémence, que
de pousser trop loin la sévérité.

En général, il y a d'excellentes choses dans ces lettres:
elles font foi de la probité et de la droiture de leur illustre auteur. Un peu plus de philosophie n'y aurait pas
nui. M. de Tessin est rempli de zèle pour sa patrie. Il
prêche partout l'amour des hommes à son prince. C'est,
je le répète, le respect pour l'humanité, qu'il faut inspirer aux princes et aux grands, d'où naissent les égards
dus plus ou moins, mais indistinctement, à tous les
hommes d'une réputation intacte. Ces égards témoignés à
propos, bien loin d'avilir les souverains, les mettraient,
pour ainsi dire, au-dessus de l'humanité, soutiendraient
et encourageraient la vertu humble et modeste, confon-
draient le vice et le crime; car à moins d'être totalement dénaturé, l'homme ne peut se résoudre d'être
l'objet du mépris et de l'opprobre public.

SUR L'ÉCONOMIE POLITIQUE ET LA LÉGISLATION.

A Paris, ce 1er octobre 1755.

De toutes les sciences, la moins avancée de nos jours
est la politique. Cette proposition peut paraître paradoxe à ceux qui jugent les choses par leurs noms, et
qui s'en laissent imposer. En effet, est-il croyable que
les profondes méditations des meilleurs esprits des
siècles modernes, et les travaux non interrompus de tant
de génies capables et habiles dans les affaires, n'aient
pas porté la politique au plus haut degré de perfection?
Cependant, pour peu qu'on se forme des idées justes,
et qu'on réfléchisse d'après elles, on trouvera réellement
que la science des lois et du gouvernement est restée
parmi nous dans son berceau, et que les anciens ont à
cet égard des avantages immenses sur nous. Rien n'est
moins étonnant. Nous avons quitté la route de la vérité en faisant les premiers pas dans cette science. Plus
nous avons fait de chemin, plus nous nous sommes
égarés. Établissez de faux principes, vous irez d'erreur
en erreur, et bientôt vous aurez un système de mensonges d'autant plus dangereux, qu'une dialectique
sophistique leur donnera l'apparence de la vérité. Ce
n'est pas le sujet d'une feuille que de prouver la fausseté
de tous nos principes de politique. Leur confusion, autant que la contradiction perpétuelle qui est entre eux,
prouve assez qu'il est impossible d'établir le bonheur
des peuples sur de pareils fondemens. Il me suffit ici
d'indiquer deux des principaux défauts de nos gouvernemens, dont l'un a sa source dans l'autre, et qui minent

continuellement le salut du peuple et la prospérité des États. Le premier de ces fléaux est la multiplicité des lois. Il n'y a qu'un petit État qui puisse la comporter, rien n'y empêche le législateur d'entrer dans tous les détails qui se présentent; et chaque famille, pour ainsi dire, peut avoir sans inconvénient ses lois particulières : au lieu que dans nos États immenses, le nombre immense des lois entraîne nécessairement le désordre et la confusion qui ruinent la fortune des citoyens, et ôtent au gouvernement sa vigueur et sa force. Plus l'étendue d'un État est considérable, plus il faut songer à simplifier ses lois. A des peuples innombrables il faut une règle générale et une justice prompte. Il faudrait donc commencer par abolir les deux tiers de nos lois pour en avoir de bonnes. N'est-il pas inconcevable qu'on entasse tous les jours lois sur lois, ordonnances sur ordonnances, lesquelles se contredisent réciproquement, sans qu'on en abolisse jamais aucune? Il est vrai qu'il ne faut pas moins de génie pour abroger les lois inutiles que pour en donner d'excellentes. Une profonde connaissance de l'État, un jugement sain et pénétrant, des lumières sûres et universelles dans l'esprit, enfin une fermeté inébranlable, sont également nécessaires pour les deux opérations. Mais aussi, sans ces talens, il ne faut pas se mêler du métier de législateur. Telle loi donnée par un homme de génie peut être admirable, qui devient par la suite pernicieuse à l'État parce qu'un homme sans génie aura succédé au premier, et que n'ayant ni ses talens, ni ses vues, il aura laissé subsister cette loi après qu'elle aura fait son effet, ou que les circonstances qui l'ont produite seront changées

Ce serait l'effort d'un génie sublime que de fixer d'a-
vance, en donnant une loi, le temps pendant lequel
elle doit durer; mais cet effort est presque impossible,
parce que la bonté d'une loi dépend de l'à-propos et du
concours de mille circonstances, et qu'il est au-dessus
des forces humaines de combiner à l'infini les changemens qui y peuvent arriver, et qui amèneront nécessairement, à force de révolutions, le moment où une
excellente loi cesse d'être bonne, et commence à être
nuisible. Puisqu'il est donc impossible au génie de prévoir et de marquer cet instant, c'est aux hommes d'État
à le saisir lorsqu'il vient à exister, et ils sauront le connaître à proportion qu'ils seront au fait des besoins de
l'État, et qu'ils en auront acquis une connaissance intime. Quelque difficile enfin que soit l'opération d'abroger les lois, elle est indispensable dans un État bien
gouverné, et la preuve la plus sûre que nos gouvernemens sont défectueux, est le peu de soin qu'on a d'an-
nuler les lois passées. Nous ressemblons au médecin qui
pour guérir son malade de la fièvre, lui ordonnerait le
quinquina pour toute sa vie. L'autre défaut dont j'ai à
parler, qui est même la cause du premier, vient de plus
loin, et est par conséquent plus difficile à guérir. Il
tient à notre origine. Il n'y a que peu de temps que
nous sommes sortis de la barbarie. Tous nos gouvernemens et les lois des nations européennes se sont formés dans ces temps de ténèbres, où la raison et la
science de la sagesse avaient entièrement disparu de
nos climats. Il valait mieux sans doute rester sans lois,
et s'en tenir au bon sens, qui exerce son empire légitime sur les nations les moins policées. Par un raffine-

ment gothique, nous avons imaginé d'adopter les lois d'un peuple dont les principes, les mœurs, le caractère, les usages, la forme de gouvernement, toutes les notions enfin, sont totalement opposées aux nôtres; et par un faux principe de religion, nous avons posé pour fondement de tout cet informe édifice quelques lois de Moïse que nous avons déclarées divines, c'est-à-dire indispensables, comme si une loi divine pouvait avoir pour objet des choses purement humaines. Ce mélange de lois juives et romaines, auxquelles chaque nation a ajouté ses coutumes ordinairement contradictoires, a jeté nos gouvernemens dans une confusion épouvantable, et cause encore aujourd'hui tous les embarras qu'on rencontre à chaque pas dans l'administration intérieure. C'est là qu'il faut chercher la source de tous nos maux. Ce sont les suites d'un poison imperceptible et lent, et par conséquent plus dangereux, qui parvient à la fin à détruire le tempérament le plus vigoureux. Voilà des réflexions que j'ai faites à l'occasion de deux ouvrages qui ont paru depuis peu. L'un est un Mémoire sur les états provinciaux, qui est mal bâti et mal écrit, mais dont le fond est très-bon. L'auteur, qui m'est inconnu, n'a pas assez de nerf dans son style pour écrire sur des matières qui intéressent le salut des peuples. L'autre est un Essai sur la police générale des grains, qui paraît pour la seconde fois, augmenté d'un Essai sur les prix et sur l'agriculture. Ce dernier ouvrage, dont l'auteur s'appelle M. Herbert, contient d'excellentes choses traitées d'un style populaire, convenable au sujet, et qui ne manque pas de force lorsque la matière l'exige. Toutes les idées de l'auteur sont

puisées dans le bon sens : éloge qu'on ne peut donner
à beaucoup d'auteurs ; car, si vous voulez y prendre
garde , rien n'est si rare dans les livres que le bon sens.

L'auteur du Mémoire propose d'ériger toutes les
provinces du royaume en pays d'états. Il a été un
temps en France, où la noblesse vivant retirée dans
les provinces, et étant naturellement guerrière, re-
muante et redoutable, c'était un principe, et comme
une loi fondamentale de la monarchie, d'abaisser les
seigneurs, de diminuer et de contenir dans des bornes
plus étroites le crédit et l'autorité du corps de la noblesse. Le cardinal de Richelieu surtout avait conçu et
exécuté ce projet, qui était peut-être excellent dans ce
temps-là, c'est-à-dire conforme à l'esprit du gouvernement. En conséquence, il n'y a aujourd'hui que quatre
provinces du royaume qui aient conservé leurs états,
savoir : la Bourgogne, la Bretagne, le Languedoc et la
Provence. Et cette forme d'administration intérieure,
le droit des états de s'assembler en certain temps, et
d'accorder au roi leurs subsides avec des formalités,
ont rendu ces provinces odieuses à la cour, parce que,
suivant le principe du cardinal de Richelieu, la liberté
des états, favorisant le crédit et l'indépendance de la
noblesse, est contraire à l'autorité royale. Mais aujourd'hui les circonstances ont changé, et la politique
du cardinal a eu tout son effet. Tous les grands seigneurs vivent à la cour, tiennent leur existence du roi,
et font le métier de courtisan tout aussi volontairement
que celui des armes. La loi est donc devenue inutile, et
cette politique adroite cesse aujourd'hui d'être nécessaire,
parce qu'elle a obtenu son but. Bien plus , elle est de-

venue nuisible. Le ministère sait, et il ne faut que des yeux pour voir que le peuple est misérable dans les pays d'élection, et qu'il est à son aise dans les pays d'états. La raison en est palpable, même pour ceux qui sont le moins accoutumés à réfléchir. Tout se fait dans les pays d'états avec plus de liberté, plus d'ordre, plus de justice. C'est la province elle-même qui s'impose ce qu'elle donne au roi; elle contribue librement aux besoins de l'État; elle fait ses répartitions avec équité; chacun est jugé par son semblable, que pourrait-il craindre? Et la noblesse, n'ayant plus d'autre ressource pour elle que le service et les bienfaits du roi, a perdu l'envie et l'habitude de fomenter l'esprit de sédition et de ligue; tandis que dans le pays d'élection, le peuple, livré au pouvoir d'un seul homme et à la friponnerie trop ordinaire des subalternes, est foulé et vexé au point que le désespoir lui fait souvent abandonner l'habitation de ses pères, ou que la misère abrège des jours qu'elle empêche de regretter. Malgré ces réflexions suggérées par le bon sens, l'aversion pour les pays d'états subsiste dans l'esprit du gouvernement; et bien loin de songer à donner cette excellente forme d'administration intérieure aux pays d'élection, si l'on pouvait l'ôter sans inconvénient aux quatre provinces qui en ont le privilège, on n'y manquerait pas sans doute. Cependant ce qui était un excellent système au sortir des guerres civiles, faute d'avoir été aboli à propos, n'est plus aujourd'hui qu'un préjugé si défavorable au bien de l'État qu'il ne serait pas étonnant qu'il en causât, à la longue, la ruine.

En lisant attentivement l'Essai sur les grains, vous

trouverez bien d'autres vestiges de la contradiction de nos lois, de leur conflit perpétuel, et des maux qui en résultent. Les lois juives sont fort contraires à tout commerce, et à tout ce qui s'appelle usure et intérêt d'argent. Ces lois convenaient merveilleusement à un peuple pauvre, ignorant, et naturellement superstitieux et stupide. Le commerce ne pouvait guère être chez eux que l'occupation des malhonnêtes gens, qui voulaient vivre sans labourer la terre; il ne pouvait se faire qu'au préjudice du peuple et du bon citoyen. Toute usure était odieuse, parce qu'on empruntait non pour trafiquer et faire valoir l'argent, mais pour satisfaire à des besoins pressans.

Chez les Romains, dans le temps de la pauvreté et de la frugalité, l'usure entraînait encore cet inconvénient terrible pour un peuple fier et libre, qu'elle livrait le pauvre au pouvoir du riche. Voilà pourquoi les lois contre l'usure étaient si sévères. Toutes ces lois subsistent parmi nous, quoiqu'elles soient directement opposées à l'esprit du gouvernement, au génie et à l'industrie des peuples. C'est même, suivant nos opinions, une loi divine qui défend de prêter à intérêt; et, comme il est impossible qu'elle soit observée parmi nous, nous aimons mieux donner à nos prêts des interprétations frauduleuses pour l'éluder, que d'abolir une loi qui n'a jamais pu nous convenir. Le commerce des blés est dans le même cas. Suivant ces préjugés adoptés au hasard et toujours répétés sans réflexion, ce trafic est odieux parmi nous; il est prohibé, et regardé comme déshonorant: et pour quel effet? pour prévenir le monopole et les disettes. Mais M. Herbert nous prouve clairement que ces lois sont favorables à l'un, et produisent sou-

vent les autres. Elles sont directement opposées à l'esprit
du commerce; elles empêchent précisément les honnêtes gens de se mêler de ce négoce, au moyen de quoi
les fripons, qui n'en sont pas à la réputation près quand
il s'agit de gagner, restent les seuls maîtres d'un commerce clandestin et frauduleux, devenu pernicieux par
la seule raison qu'il est défendu. Voilà des plaies qu'il
faudrait songer à guérir, et des préjugés qu'il importe
d'autant plus de détruire qu'ils portent tous les jours
de nouvelles atteintes à la prospérité publique.

M. Herbert, dans son Essai sur les prix, combat un
raisonnement que je me souviens d'avoir fait dans une
de mes feuilles à l'occasion de l'ouvrage de M. Cantillon.
Il prétend que le prix des denrées n'est pas à proportion
de la quantité des métaux, qu'il dépend des travaux des
sujets, des impositions de l'État, et non du nombre des
espèces. « Si chez la nation la plus opulente, dit-il, les
habitans adonnés aux arts frivoles pouvaient retourner
à la charrue, les vivres baisseraient de prix ; si au contraire beaucoup de colons embrassaient d'autres professions, les denrées hausseraient considérablement. » Je
crois que notre auteur a raison, et, en lisant son chapitre avec réflexion, on voit en effet que le prix des
denrées est indépendant de la quantité d'or et d'argent
qui se trouve dans l'État, et qu'il y a eu des temps où
les denrées étaient plus chères qu'aujourd'hui, quoique
la quantité d'espèces fût bien moindre alors. Mon raisonnement était donc faux dans ce sens, mais le fait
qu'il devait appuyer n'en est pas moins constant; savoir : qu'il nous faut aujourd'hui le double de l'argent
qui suffisait à nos aïeux pour leur entretien. Car plus

l'argent se multiplie dans un État, et plus les besoins augmentent ; on s'en crée tous les jours de nouveaux, qui ne manquent pas de devenir bientôt indispensables, parce qu'on s'accoutume aisément au bien, et qu'on ne peut plus s'en passer. Voilà le changement que la multiplication des espèces produit nécessairement ; ce que le père regardait comme superflu devient une chose nécessaire pour le fils, qui se crée d'autres superfluités qui dégénèrent bientôt en besoins. C'est ainsi que s'engendre le luxe, toujours inséparable de l'augmentation des espèces ; et comme alors personne ne songe à retourner à la charrue, le prix des blés double, et hausse de plus en plus. Toutes ces considérations doivent nous convaincre combien il est essentiel, dans les grands États, de favoriser l'agriculture. Si nous ne pouvons faire revenir à la charrue ceux qui l'ont quittée, tâchons du moins d'y fixer le laboureur qui nous reste, en rendant sa condition, sinon heureuse, du moins supportable. Qu'il soit à l'abri des vexations et des impôts excessifs, et la population sera encouragée ; tout reprendra une nouvelle vie : tout dépérit lorsque le cultivateur est abîmé. L'agriculture et la prospérité publique marchent toujours ensemble. Le luxe prépare et hâte la ruine des États ; mais elle en sera d'autant reculée si vous songez à remédier à ces ravages par les encouragemens de la culture de la terre, unique source d'un bien-être constant et durable.

SUR LES PROTESTANS ET LA TOLÉRANCE.

A Paris, ce 15 mars 1756.

S'il m'était permis d'ajouter quelques cailloux au superbe et vrai édifice de la République de Platon, j'établirais dans un État bien policé, auprès du trône, un sage chargé du dépôt de la vérité. Cet homme n'aurait d'autre récompense à espérer, ni d'autres droits que ceux que la sublimité de son ministère lui donnerait à la vénération publique. Sa personne serait aussi sacrée que celle du roi. La sûreté et l'accès toujours libre auprès du monarque seraient de l'essence de cette charge; aucune puissance humaine ne pourrait changer ces deux points. Celui qui gouverne ne serait pas forcé de suivre les avis du ministre de la vérité, mais il serait obligé de les écouter. L'exercice de ce ministère ne serait point obscur : si l'État a ses secrets, la vérité n'en a point. Sa voix retentirait dans les palais des rois, dans le conseil des grands, dans les assemblées du peuple. Libre et indépendante de tout intérêt, elle dissiperait ainsi les ténèbres dont l'injustice et le manège voudraient l'envelopper. Le garde de ce dépôt sacré, jouissant des appointemens modiques de sa place, sans pouvoir rien posséder d'ailleurs, sans pouvoir jamais exercer aucune autre charge, serait ainsi préservé de la corruption dont le poison subtil et funeste, caché sous des espérances vagues et sous des illusions trompeuses, se glisse quelquefois dans le cœur des plus sages. Je ne vois pas ce qui peut dispenser les rois de l'établissement de cette charge. Ils ont des historiographes pour célébrer leurs

actions : et combien de fois le ministère de ces écrivains
ne serait-il pas redoutable à leur maître, si leur plume
mercenaire n'était vendue depuis long-temps au mensonge, et avilie par une infame et basse adulation ? Si
la voix du sage pouvait se faire entendre auprès du
trône, et se frayer le chemin du cœur du monarque,
elle lui dirait, sans doute, avant tout : Roi, quelque
riche, quelque puissant, quelque glorieux que tu puisses
être, tu dois savoir qu'en augmentant le nombre de tes
sujets tu augmenteras ta richesse, ta puissance, ta
gloire. Que ton règne soit celui de la justice et de la
douceur, que la bonté et la clémence dictent tes lois,
président à tes conseils, maintiennent ton cœur dans la
modération, et dans la conscience de sa propre faiblesse,
afin qu'il apprenne à être indulgent pour les autres ; et
alors le nombre de tes sujets sera immense, ta louange
sera dans toutes les bouches, ta bénédiction sera l'objet
du vœu public ; tous les ordres de l'État seront heureux
sous ton empire ; les pères se féliciteront de leur nombreuse famille, ils diront dans les transports de leur
cœur : Je suis plus heureux que mon voisin, car mes
enfans sont en plus grand nombre. Et l'étranger viendra en foule chercher son asile et fixer son habitation
parmi tes sujets ; il dira : Voilà la demeure du juste,
et ton peuple sera innombrable.

Si la voix de la vérité s'était toujours fait entendre en
France, jamais la révocation de l'édit de Nantes n'aurait
eu lieu, et l'État n'aurait été exposé à aucun des maux
qu'elle a entraînés. Depuis quelque temps, les sages, les
vrais hommes d'État, travaillent avec un nouveau courage à en prévenir les funestes effets. La lumière de la phi-

losophie se répandant de plus en plus, l'étude du commerce devenant tous les jours un objet plus important, ils ont cru, sans doute, ce temps plus favorable qu'un autre pour faire parler la vérité et la justice, et pour réprimer les tyrannies de l'intolérance. Un magistrat célèbre, M. de Montclar, procureur général du roi au parlement de Provence, a donné, il y a six mois, un excellent *Mémoire* politique et théologique *sur la nécessité de constater les mariages des protestans devant les magistrats.* On dit que le gouvernement aurait adopté ses idées, sans l'opposition de plusieurs évêques; comme s'il appartenait aux prêtres de décider du bien de l'État. On vient de publier une autre brochure qui a le même objet : elle est intitulée : *Lettre d'un patriote sur la tolérance civile des protestans de France, et sur les avantages qui en résulteraient pour le royaume,* avec l'épigraphe : *In multitudine populi gloria regis.* A cette brochure j'en joins une autre qui a paru il n'y a pas long-temps: c'est un ouvrage à peu près sur la même matière, traduit de l'anglais, de Josias Tucker, recteur du collège de Saint-Étienne, à Bristol ; il est intitulé : *Questions importantes sur le commerce, à l'occasion des oppositions au dernier bill de naturalisation.* On croirait d'abord que les Anglais, si versés dans les principes de politique et de commerce, sont trop éclairés pour ne point connaître les avantages de la population, et l'importance de l'accueil qu'il convient de faire à l'étranger pour le fixer dans l'État; cependant, au milieu de la lumière et de ses salutaires effets, cette ancienne barbarie gothique s'efforce de reparaître de temps en temps, et de remplir de nouveau l'univers de ses ténèbres. Tout le monde sait que la naturalisation générale des étrangers a rencontré des obstacles insurmontables en Angleterre : cet événement devrait nous faire trembler, car il faut convenir que l'empire des préjugés, en fait de politique, est bien moins étendu dans ce pays-là que chez nous, et que malgré l'esprit philosophique dont nous nous piquons depuis quelque temps, les Anglais ont sur nous, en ce genre, les avantages pour le moins d'un demi-siècle d'avance. Il est inutile de renouveler la mémoire de nos horreurs passées : couvrons plutôt d'un voile épais tous les funestes monumens de la barbare férocité de nos ancêtres. Si, grace à la philosophie, nous frémissons aujourd'hui du massacre de la Saint-Barthélemy; si nous gémissons sur les maux infinis que la révocation de l'édit de Nantes a causés au royaume, qu'avons-nous fait pour les réparer et pour en prévenir les suites ? Rien. Philosophes bavards et frivoles, nous remplissons la capitale de nos vains raisonnemens sur le bien public, pour tromper notre inutile oisiveté ; mais malgré nos beaux discours, les lois dictées par l'injustice et la violence ne sont pas moins exécutées dans les provinces; les ministres des protestans sont encore conduits au supplice, et tant de milliers d'habitans auxquels le roi doit la justice et l'humanité, comme au reste de cette nombreuse famille dont il est le père, se trouvent exposés aux vexations perpétuelles de quelques hommes violens qui abusent de l'autorité royale, de quelques évêques fanatiques qui profanent le nom d'un Dieu saint, d'un être qu'ils disent souverainement bienfaisant, pour justifier les excès de leur barbare cruauté.

Trois millions de citoyens ne peuvent jouir de la protection que leur gouvernement le doit, qu'en se cou-
vrant de l'odieux masque de l'hypocrisie. Que nous
sert la sagesse dont nous nous vantons, et cette lumière
par laquelle nous nous félicitons tant d'être éclairés,
si elles ne contribuent point à rendre les jours de nos
frères, sereins, heureux et tranquilles ? Jusqu'à présent
on a prêché à nos souverains la tolérance, comme une
convenance de politique, et ses avantages sont sans
doute immenses sous ce point de vue; mais le ministre
de la vérité n'élèvera-t-il jamais sa voix, et ne rappel-
lera-t-il jamais au cœur du monarque dont la religion est
surprise de puislong-temps, ses devoirs, avec les regrets
de les avoir méconnus. Il n'y a point de lois, il ne saurait
jamais y en avoir aucune qui puisse donner aucun droit,
aucune autorité au souverain, ou à celui qui en usurpe
le pouvoir, sur la conscience du moindre de ses sujets.
Puisque je ne suis pas moi-même le maître de mes opinions, et qu'il ne m'est pas libre de penser de telle et
telle façon, d'adopter telle ou telle croyance, de quel droit
mon semblable, quel que fût d'ailleurs dans l'ordre de
la société son pouvoir légitime sur moi, de quel droit
pourrait-il se rendre arbitre de mes sentimens, et tyranniser ma conscience [1] ? La religion est donc une

_____

(1) Nous ne répéterons pas ici les réflexions que nous avons faites dans la
préface sur les inconséquences de la fausse philosophie dans ses attaques
contre la religion catholique. Elles abondent dans cet article, ainsi que d ns
quelques autres subséquens. Nous nous bornerons à faire observer que, de nos
jours et sous d'autres bannières, l'intolérance et le fanatisme ont ravagé et
dépeuplé le monde pendant vingt années. Et ce n'est pas plus à la liberté qu'à
la religion que ces diverses calamités doivent être imputées. Grimm lui-même
reconnaît (page 71) que les désastres qui ont eu lieu au nom de la religion

chose absolument indifférente pour le gouvernement,
et il n'y a qu'un clergé injuste, cruel et barbare, qui,
animé par un vil intérêt particulier et par l'envie de
dominer, puisse travailler sans cesse à confondre les
intérêts de l'État et de l'Église, pour rendre ses vaines
excommunications redoutables par la force du bras sé-
culier. Quelle que soit la croyance d'un citoyen, du
moment qu'il remplit les devoirs de la société, et qu'il
obéit aux lois, il est digne de jouir de la protection
du gouvernement et des privilèges de ses compatriotes.
Bien plus, il en à le droit incontestable qu'on ne saurait
lui enlever sans injustice; car puisque vous naissez
mon roi, et que votre naissance seule vous acquiert
le droit sacré et inviolable de me gouverner, il faut bien
que je naisse votre sujet, et que par ma naissance seule
j'obtienne cet autre droit tout aussi sacré et inviolable
que le premier, de jouir de tous les soins que vous devez à votre peuple, et de tous les privilèges qui appartiennent à vos sujets. Ce double lien ne saurait être relâché dans l'un ou l'autre sens, sans renverser totalement
tout ce qu'il y a de sacré parmi les hommes. Il est naturel, il n'est pas injuste du moins, que le souverain

---

« ne sont point dans l'esprit de l'Évangile »; et, plus loin (page 78), il avoue
que ces maux « sont moins la faute des croyances que celle de la corruption
de la nature humaine. » Toute discussion devient oiseuse après de tels aveux,
et les accusations réciproques de fanatisme et d'intolérance ne sont plus que
de vaines déclamations, de véritables lieux communs.

Quant à cette assertion, que « la religion est une chose absolument
indifférente pour le gouvernement », on y reconnaît l'empreinte et le plomb
de la fabrique décréditée d'Holbach, Helvétius et compagnie. Ce sophisme
est démenti par l'expérience des siècles et par l'opinion unanime des vrais
philosophes et des publicistes de tous les temps et de tous les pays.

favorise dans ses États le culte qu'il professe, que ceux qui sont de sa croyance parviennent, préférablement aux autres, aux dignités et aux charges de l'État, jouissent des graces et des privilèges de sa bienveillance. La faiblesse de la nature humaine ne comporte pas une plus grande justice : l'impartialité parfaite est la justice des anges, et exiger des hommes ce qui est au-dessus de leurs forces, c'est n'en vouloir rien obtenir. Mais, souverains de la terre, si le sentiment intime de votre faiblesse vous avertit tous les jours que vous n'êtes pas assez parfaits pour atteindre à la sublimité de la justice et pour faire tout le bien nécessaire au bonheur de vos peuples, si cette réflexion remplit votre cœur de regrets, vous savez du moins, et vous devez vous en féliciter à tous les instans, que vous êtes en état de ne point faire le mal, et d'empêcher ceux qui exercent sous vous votre autorité de le faire. Or, c'est un crime envers le peuple que de persécuter le dernier de vos sujets, quel qu'en soit le prétexte. Vous devez à tous vos sujets, sans en excepter un seul, sinon des graces et des bienfaits, du moins la protection commune, la sûreté de leurs personnes et de leurs possessions. Celui qui trouble le repos de leur cœur et la tranquillité de leurs familles, celui qui attaque le droit incontestable des pères, d'élever leurs enfans dans la fidélité due au roi et aux lois et dans leur croyance, est réellement le perturbateur du repos public, et coupable du crime de lèse-majesté. Cet ouvrier simple et honnête, ce commerçant actif dont le travail et l'industrie enrichissent continuellement l'État, deviendrait-il coupable parce qu'il ne croit pas à la façon de Rome ? N'est-il pas aussi ton enfant, ô

monarque notre père à nous tous? n'est-il pas meilleur
citoyen que ce prêtre farouche et atrabilaire qui reconnaît une autorité qui n'est pas la tienne, et dont la pieuse
rage enfoncerait volontiers le poignard dans le cœur de
ses frères et de tes sujets? Voilà le cri de la vérité et de
la justice : s'il était écouté et rempli, les hommes seraient trop heureux, le bonheur et la bénédiction habi-
teraient sur la terre. Les vœux de tous les bons Français
se réunissent en faveur de la tolérance. Que la persécution cesse, que la vie et la fortune des protestans ne
soient plus en danger, que leur état et celui de leurs
enfans ne soit plus vague et incertain : il n'y a point de
moyen plus efficace de rendre la France pour jamais
florissante, et redoutable à ses ennemis. M. l'abbé Coyer
n'aura plus besoin d'inviter la noblesse à faire un métier qu'elle ne doit point faire ; le commerce et l'industrie deviendront, sous les auspices du gouvernement,
comme ils le sont déjà dans les provinces méridionales
du royaume, malgré la rigueur des ordonnances, la
profession des protestans ; leur croyance les rendant,
suivant les lois, inhabiles à posséder des charges publiques, ils n'auront pas occasion de quitter une profession si avantageuse pour l'État, si nécessaire au
bien public ; et leur travail, suivi de père en fils, deviendra la source inépuisable de la prospérité et des
richesses de la nation.

SUR LA RELIGION CHRÉTIENNE ET LES DIFFÉRENTES
SECTES QU'ELLE A PRODUITES.

A Paris, ce 15 avril 1756.

Le reproche d'intolérance et de tyrannie qu'on a fait
à la religion chrétienne depuis tant de siècles mérite
d'être examiné. A peine des magistrats éclairés ont-ils
osé prendre la plume pour écrire en faveur des protestans, ou plutôt en faveur de l'État qui souffre de
l'oppression de plusieurs millions d'habitans, que des
prêtres obscurs et impunément téméraires s'élèvent
pour décrier un projet aussi salutaire, aussi digne
d'un homme de bien, d'un citoyen vertueux, et surtout de celui qui est constitué pour rendre la justice au
peuple. On a publié une feuille de quatorze pages,
intitulée : *Sentimens des catholiques de France sur le
Mémoire au sujet des mariages clandestins des protestans.* Si cette feuille méritait la moindre attention
de la part du public, au défaut des raisons qui ne s'y
trouvent point, on pourrait reprocher à l'auteur la
témérité qu'il a de révoquer en doute, ou du moins
de mettre en question, si le roi peut établir, ou non,
une forme qui valide les mariages des protestans, et
de glisser ensuite sur cette question, en disant : « Quand
on accorderait que le roi en est le maître, etc. » Il est
bien singulier que les chrétiens, depuis le temps que
Constantin les a tirés de l'oppression, aient toujours
voulu faire regarder leurs ennemis comme ceux de
l'État, et comme mauvais citoyens, tandis qu'il n'y a
point de doctrine plus opposée à tout gouvernement po-

litique que la leur. Le peuple dévot ne cesse pas de crier
que les inconvaincus sont des citoyens dangereux qu'il
faut exterminer ; et ceux-ci n'ont jamais eu l'esprit ou
la volonté de lui démontrer que ses principes sont ce
qu'il y a de plus contraire à tout ordre politique, à
toute autorité qui n'est pas celle des prêtres. Ce sont
ces principes et cet esprit du peuple dévot qui, dans
les siècles gothiques, ont rendu le nom chrétien odieux
à tous les honnêtes gens par les excommunications ty-
ranniques, par l'avilissement de l'autorité politique,
par les horreurs et les infamies dont les chrétiens ont
rempli la terre. Si, dans les siècles suivans, le flambeau de la philosophie, éclairant la honte de tant de
crimes obscurs, nous a fait rougir d'une superstition
tion qui nous abaissait jusqu'à la stupide férocité des
bêtes sauvages ; si le progrès de la raison humaine a
fait tomber l'empire tyrannique des prêtres, et les a
empêchés de professer hautement la doctrine la plus
pernicieuse qui puisse infecter un État, on ne peut se
dissimuler que les principes des dévots n'ont point
varié sur ce point, et que, si nous avions le malheur
de retomber dans les ténèbres de ces siècles barbares
dont nous sommes sortis avec tant de peine, nous verrions bientôt renaître toutes ces horreurs que nous
croyons pour jamais bannies de la terre, et dont le feu
caché se conserve toujours dans le cœur du prêtre superstitieux et atrabilaire.

Cependant, en considérant l'esprit de l'Évangile,
on doit être singulièrement surpris de la conduite
des chrétiens. Comment ceux dont la religion est
fondée sur la paix et sur la charité, ont - ils pu se

souiller de tous les crimes que la violence la plus
odieuse et la cruauté la plus féroce ont à peine inspirés
aux peuples les plus barbares ? Je voudrais voir deux
Mémoires qu'avec de l'esprit et de la sagacité on rendrait très-intéressans. Dans l'un, oubliant l'histoire
des faits, on examinerait les dogmes et la morale de
Jésus-Christ, et on tâcherait de trouver quelle a dû
être la conduite du peuple qui a adopté cette doctrine, et on ferait l'histoire vraisemblable de ce peuple
dans toutes les différentes situations où il a dû se
trouver par la suite des siècles. Dans l'autre Mémoire,
on oublierait la doctrine de Jésus-Christ ; et, n'exami-
nant que l'histoire du peuple chrétien et de l'Église
depuis dix-huit siècles, on chercherait à deviner quelle
doit être la doctrine fondamentale et primitive d'un
peuple qui a tenu une conduite semblable à celle des
chrétiens. Je ne doute pas qu'on ne trouvât dans ces
recherches métaphysiques que la loi d'un peuple aussi
intolérant, aussi vain, aussi implacable dans ses haines,
aussi cruel dans ses vengeances, doit être fondée sur le
despotisme le plus violent ; et que l'auteur de cette religion a dû nécessairement avoir le pernicieux dessein
de renverser tout ordre politique, et d'élever sur ses
débris le pouvoir illégitime et imaginaire des prêtres.
Qu'on doit être surpris que la morale de Jésus-Christ,
n'enseignant que l'humilité et la charité, exige de ses
sectateurs une abnégation totale d'eux-mêmes, et un
détachement universel de tous les biens de ce monde !
Le moyen, en effet, de croire que les disciples de celui
dont le royaume n'est pas de ce monde, aient envahi le
tiers de tous les royaumes, et aient témérairement

usurpé l'autorité des rois de la terre? Ce n'est donc pas
la religion chrétienne qu'il faut accuser de toutes les
horreurs dont ses enfans ont rempli l'univers. Son esprit est si éloigné de tout ce qui est terrestre, qu'on a
douté avec raison qu'un peuple vraiment chrétien ait
jamais pu exister; je dis un peuple chrétien, car quel
serait le lien civil d'un peuple qui (et c'est là l'esprit
de l'Évangile) regarderait toutes les affaires de ce
monde, sinon comme contraires à son salut, du moins
comme indifférentes et peu dignes de fixer l'attention
d'une ame qui doit vivre et être absorbée en Dieu,
pour parler le langage des mystiques, et n'avoir d'autres occupations que de contempler ses miséricordes?
Le vrai chrétien s'isole continuellement au milieu de la
société, et, ne prenant aucune part réelle aux affaires
qui occupent les hommes dans cette vie passagère, il
ne s'intéresse à son frère qu'en priant pour son salut,
et en le prêchant. On peut remarquer en général que
de toutes les religions qui ont partagé l'univers, il n'y en
a pas une seule dont les lois fondamentales conviennent à un grand peuple vivant sous un gouvernement
paisible. C'est que les fondateurs de tous les cultes
n'ont eu ni le génie, ni peut-être le projet de donner
leur doctrine à tout un peuple. Ils n'ont pas vu au-delà
de leur secte, et ils n'ont surtout point deviné ce qu'elle
pourrait devenir par la suite des temps. D'après cette
réflexion, il n'est pas difficile de faire l'histoire générale
de toutes les religions; car elle doit être à peu près la
même. A mesure qu'une religion s'étend, et prend faveur parmi les hommes, ses lois et pratiques étroites
ne pouvant convenir à tout un peuple qui adopte son

culte, on est obligé d'avoir recours aux interprétations, qui deviennent forcées à proportion qu'elles se multiplient; car toute religion prétendant à une origine divine, ses ministres n'ont point la commodité de rien ajouter à la loi primitive, ni de perfectionner, à l'exemple des législateurs politiques, le code de leur peuple, à mesure que les occasions s'en présentent. Ils n'ont donc d'autre ressource que la subtilité des sophismes, et une finesse scolastique qui leur apprend à distinguer l'esprit de la lettre de la loi, et à comprendre sous la loi primitive des choses auxquelles son auteur n'a jamais pu songer. De cette nécessité d'interpréter naît bientôt, et par la succession du temps qui corrompt tout, un relâchement total dans la doctrine et dans les mœurs d'un tel peuple. Comment pourrait-on, en effet, fixer exactement les bornes des explications, et empêcher les hommes d'en abuser, eux qui abusent de tout? Alors la corruption enseigne aux pasteurs et aux brebis à interpréter en faveur de leurs désirs les lois qui leur sont les plus opposées. Lorsque la corruption a été poussée à un certain point, et qu'on a abusé avec scandale de la commodité d'expliquer la loi dans le dogme et dans la morale, les gens de bien, ceux qui sont naturellement austères, les esprits remuans et ambitieux se réunissent, deviennent rigoristes, prêchent et introduisent la réforme; en quoi ils ont d'autant plus beau jeu, que, se rapprochant de la lettre de la loi primitive, ils professent une doctrine moins falsifiée et une morale beaucoup plus épurée, ce qui les rend en quelque sorte vénérables même aux hommes les plus corrompus. De là les divisions, les sectes, les différentes écoles qui partagent le peuple d'une même religion et dans sa croyance et dans ses pratiques, si bien qu'au bout de quelque temps il devient presque impossible de discerner le tronc dans cette infinité de branches qui l'ont, pour ainsi dire, détruit. C'est là l'abrégé de l'histoire de toutes les religions du monde. Mais quelle peut être la cause de cet amas 'd'horreurs et de crimes commis en tous les temps par le peuple chrétien, et qui marquent son histoire par les époques les plus fatales et les plus scandaleuses? Ce n'est certainement pas dans l'esprit de l'Évangile qu'il en faut chercher la raison. Rien de plus opposé à la cruauté et à la violence, rien de plus conforme au maintien de la paix, à l'amour de l'humanité, aux maximes de la tolérance. C'est, je crois, dans l'ordre et le gouvernement extérieur de l'Église chrétienne que nous trouverons la source de la honte du nom chrétien, et de l'exécration qu'il s'est attirée. Toute religion qui établit par ses principes une hiérarchie, et qui fait de son clergé un corps séparé, et non soumis au gouvernement politique et légitime, expose nécessairement ses sectateurs à tous les malheurs que l'injustice, l'ambition, l'envie et la haine peuvent causer sur la terre; car les hommes ne connaissent plus ni les principes de l'humanité, ni les lois de la justice et de l'équité, dès qu'ils se sentent gênés dans leurs passions, et que leur envie démesurée de dominer est contrariée par quelque obstacle. Leur ambition s'aigrit et s'endurcit au crime, à proportion que la résistance qu'on lui oppose est légitime. Or, dans l'ordre extérieur de l'Église, le clergé faisant un corps à part, soumis à un chef particulier qui réside à Rome, se trouve naturellement l'ennemi du gouvernement politique et du souverain sous les lois duquel il vit. Voilà en deux mots, si vous voulez vous donner la peine d'étudier l'histoire ecclésiastique, la source de toutes les horreurs répandues sur la terre par le peuple juif et chrétien, c'est-à-dire par le peuple de Dieu, tandis que les Gentils, et tous ceux que les chrétiens appellent enfans du diable, n'ayant point de clergé séparé du corps politique de l'État, ni de pouvoir ecclésiastique luttant contre le pouvoir légitime, n'ont jamais eu parmi eux que des querelles d'école. L'orgueil et l'ambition des prêtres ont engendré l'intolérance, le fanatisme, la cruauté, et la rage d'exterminer par force ou par adresse tout ce qui s'oppose à leurs coupables desseins; voilà aussi pourquoi, sans compter les autres avantages remarqués par l'auteur des *Lettres persanes*, les protestans en auront toujours un très-grand sur les pays où la religion catholique domine. Ne connaissant point de clergé, et leurs ministres étant sujets du roi comme les autres citoyens, ils sont à l'abri de tous les troubles qui agiteront éternellement l'Église romaine. Un ministre séditieux est interdit par son souverain, et perd, avec sa place et ses appointemens, le pouvoir de faire du mal. S'il avait un bénéfice, si ce bénéfice ne pouvait lui être ôté par le souverain qui l'en a gratifié, il remplirait bientôt l'État de trouble et de désordre. Osons le dire, la France deviendrait la maîtresse du monde, si, secouant le joug de la tyrannie ecclésiastique, elle voulait laisser jouir ses sujets de la liberté de penser.

A Paris, ce 1er mai 1756.

Il est difficile de quitter le chapitre de la tolérance. L'amour de l'humanité, la douceur, l'indulgence réciproque pour nos défauts, la commisération mutuelle de nos maux et de nos peines, ce sont là, sans doute, les sentimens les plus convenables pour des êtres aussi faibles que nous ; et c'est la tolérance qui en développe le germe dans notre cœur de la manière la plus efficace. Ne sommes-nous pas bien misérables d'employer des jours aussi fugitifs que les nôtres à tourmenter nos semblables, sans qu'il nous en revienne le moindre avantage réel, et sans autres motifs que ceux que l'orgueil et la cruauté suggèrent aux cœurs corrompus. Malheureusement pour nous, le méchant sera toujours assez puissant pour faire le mal, et le juste, toujours trop faible pour l'empêcher, n'aura d'autre ressource que de prêcher l'amour de la paix, et de gémir sur les malheurs de la condition humaine. Les prétendus *sentimens des catholiques de France* ne sont pas restés sans réponse; un catholique sage et équitable leur a opposé une feuille de seize pages, et a démontré à leur auteur, sans fiel et sans aigreur, combien les sentimens des vrais chrétiens doivent être éloignés des siens. Je crois avoir indiqué en dernier lieu la vraie source de tous les maux et de toutes les horreurs dont les chrétiens ont rempli les fastes de leur histoire. L'opposition de la puissance spirituelle à la puissance temporelle ne permettra à un État chrétien d'être tranquille, qu'autant que l'une sera totalement subjugée par l'autre, et les troubles recommenceront du moment que l'équilibre voudra se rétablir entre les deux puissances. Voilà pourquoi le peuple juif et le peuple chrétien ont toujours été agités et tourmentés par les prêtres ; et c'est moins la faute de leur croyance et de leur culte que celle de la corruption de la nature humaine. La même cause qui divisa jadis à Rome le peuple et le sénat, et qui occasiona cette lutte continuelle dont il résulta à la fin la perte de la chose publique, cette même cause engendra les malheurs et les crimes de ceux qui ont osé porter le nom de peuple de Dieu ; avec la différence que les premiers, ayant pour prétexte de leur lutte des objets réels, comme la liberté et l'amour de la patrie, pouvaient opérer par les maux d'une discorde passagère, des biens constans et durables ; au lieu que les derniers, ne s'entre-choquant que pour des objets chimériques et pour la cause imaginaire d'un dieu qui serait bien méprisable s'il fallait en juger par ses avocats, n'ont jamais produit que des fermentations dangereuses. Dénué de tout motif raisonnable, et combattant pour un despotisme d'autant plus odieux qu'il est fondé sur une puissance idéale, l'orgueil fanatique des prêtres a rendu leur rôle horrible et leur cause impardonnable.

Toute l'Europe, il le faut avouer, a en cela de grandes obligations aux réformateurs, ou si vous aimez mieux aux hérésiarques du seizième siècle. Si l'on peut leur reprocher, en beaucoup d'occasions, un zèle trop indiscret, il faut convenir aussi qu'en combattant la chimère de la puissance spirituelle des prêtres, cause constante du malheur temporel de tant de peuples, ils ont rétabli les principes de la saine philosophie. Ces

principes sont devenus ceux des sages de toutes les nations, car la lumière est venue et a dissipé les ténèbres :
elle nous a enseigné qu'aucun mortel, ni roi ni prêtre,
n'est en droit de dominer sur les consciences; que
personne ne saurait être coupable par ses opinions,
et que puisque ma croyance ne dépend pas de ma volonté, elle peut encore moins dépendre de celle d'au-
trui; elle nous a enseigné encore, qu'il ne saurait y
avoir qu'une seule puissance légitime dans un État,
soit qu'elle appartienne au peuple, soit qu'elle réside
dans la personne du prince ; que tous les citoyens, soit
ecclésiastiques, soit laïques lui sont entièrement sub-
ordonnés, et que toute la police extérieure de l'Église
et de son culte est uniquement du ressort de cette
puissance souveraine, sans que les prêtres aient d'autre
droit que celui d'exécuter ce qui est ordonné, avec le
respect qu'ils doivent à leurs princes. Avec de tels principes, les protestans ne sauraient manquer d'être bons
citoyens, et de jouir de toutes les douceurs de la tolérance et de la bienveillance commune. Si leurs prêtres
ne sont pas plus tolérans que ceux de l'Église romaine,
ils sont du moins moins puissans, et par conséquent
moins dangereux; et leurs querelles de religion, leurs
divisions et disputes entre eux, bien loin d'ébranler le
gouvernement politique jusque dans ses fondemens, ne
pourront jamais s'élever au-dessus de l'épaisse poussière
de leurs écoles.

Ces réflexions nous conduisent insensiblement à une
autre bien affligeante. Quand on pense que la première
jeunesse de nos princes est entièrement abandonnée
aux prêtres, on ne peut que gémir sur le sort des peu-

ples. C'est dans cette école, osons le dire, où, sous le spécieux prétexte de religion et de piété, on fait germer dans le cœur des princes des principes contraires au salut de l'État et au bonheur des hommes. C'est là qu'on leur enseigne de sacrifier la cause du peuple à la cause chimérique de la Divinité qu'il faudrait abjurer si elle était telle qu'on ose la dépeindre. C'est-là qu'on leur parle toujours de crainte et de vengeance, comme si Dieu pouvait être honoré par nos frayeurs, ou qu'il eût besoin de nos faibles bras pour venger ses querelles. C'est là que nos princes puisent le funeste secret de tyranniser les consciences, dans l'espérance de plaire à un Dieu que ses ministres font jaloux et vindicatif; qu'on leur dit de haïr et de craindre ceux dont les opinions sont différentes de leur croyance, et qu'on leur apprend à rétrécir cette bienveillance générale qui peut seule les rendre dignes du trône, et qui est de tous les devoirs le plus sacré et le plus inviolable. Quel spectacle déplorable pour le sage que l'éducation de l'enfant dont les vertus sont essentielles au bonheur des nations, et dont les moindres préjugés ne peuvent manquer d'avoir des suites funestes! Ne verrons-nous jamais la sagesse et la vérité auprès du trône? et après avoir tiré l'enfant public de tous les dangers de la jeunesse, et avoir formé son cœur à la droiture, à la sensibilité et à la générosité, ne les verrons-nous pas marquer par son règne l'époque du bonheur et de la gloire des peuples? Voilà ce qui invite le sage au repos, et ce qui le retient dans l'obscurité de sa retraite, c'est la triste conviction que les hommes travaillent sans relâche à leur malheur, et que celui qui voudrait les en empêcher, ne ferait que les irriter.

J'ai fait autrefois l'ébauche d'un catéchisme moral pour les enfans; de tous les livres c'est le plus nécessaire. Le catéchisme des princes ne le serait pas moins : ouvrage des plus sages, un tel livre entre les mains de l'enfant royal, étoufferait sans doute dans son cœur le germe de toutes les leçons contraires à la justice , à la bonté et à l'humanité. Essayons d'y fournir quelques phrases.

Essai d'un catéchisme pour les princes.

JE suis l'enfant du peuple; sa bénédiction fait ma joie, ma confiance, et la sûreté de mon héritage.

La joie du peuple fait ma gloire; sa tristesse me couvre de confusion et de honte.

La multitude du peuple fait ma puissance; je serai bon et juste, et ils seront sans nombre, car ils diront : Il est doux d'habiter sous ses lois.

O vous! mes sujets moins que mes enfans, soyez tous bons, afin que je puisse vous aimer tous, et que nous puissions être tous heureux !

Je laisserai aux lois qui ont été avant moi le soin de punir le méchant, et de le retrancher de la société qu'il corrompt; pour moi, j'exercerai mon cœur dans l'heureuse habitude de faire le bien , de pardonner, et de pratiquer la clémence.

Si je suis au-dessus de mes semblables, c'est pour les rendre heureux.

Le plus heureux de tous les hommes est celui qui réjouit le cœur de son semblable. Que je serai malheureux de tout le bien que je ne pourrai faire !

Que je suis éffrayé de ma vocation! Je ne suis qu'un faible mortel, et j'ai à remplir les devoirs d'un Dieu. Mon peuple attend de moi son bonheur; le juste son repos et sa sûreté; et moi, borné et fragile, je suis sujet à l'erreur, à la surprise, aux préjugés.

O vérité! que ta lumière vive et pure pénètre jusque dans le fond de mon cœur! qu'elle dissipe les ténèbres qui voudraient te dérober à ma faible vue! La voix du peuple est la tienne; apprends-moi à l'écouter et à la discerner des cris importuns des sots et des vaines clameurs de la populace, afin que je t'obéisse.

Éloigne de moi le méchant et le flatteur; que leur funeste poison ne corrompe jamais mon ame.

Je haïrai ceux qui m'enseigneront de haïr; j'écouterai avec plaisir la voix douce de ceux qui m'apprendront à aimer tout ce qui m'environne, tout ce qui respire sous mes lois.

Le prêtre cruel et atrabilaire dont le dieu demande le sang de mon peuple ne sera point mon sujet; je le chasserai loin de ma vue, car il n'est pas digne de vivre parmi ceux qui sont heureux.

Celui qui est juste et bon est l'enfant de ce Dieu digne de l'encens et des hommages d'un cœur droit et sensible.

Ce Dieu, puisqu'il est le maître de l'univers, saura soutenir sa cause, je ne suis point fait pour venger ses querelles; je suis venu pour fixer le bonheur parmi le peuple que je gouverne.

La persécution et la violence sont les odieuses marques de la bassesse d'un cœur corrompu. Que je ne sois jamais redoutable à personne par ces exécrables moyens!

J'appellerai mon ennemi celui qui me conseillera une action injuste; qu'il soit l'objet de la malédiction publique, afin que le juste se sache toujours en sûreté sous mes lois.

J'appellerai me amis ceux qui mettront ma gloire dans les bienfaits que j'aurai répandus sur mes sujets.

J'étudierai mes goûts et mes penchans, et je les dirigerai sur ce qui est bon et honnête, afin qu'il n'y en ait point qui ne soit salutaire à mon peuple.

Que je serai heureux d'arracher à la vertu le voile sous lequel la modestie voudrait la dérober à la louange publique !

Je modérerai tous mes désirs, afin que je fasse le moins de fautes qu'il soit possible de faire.

Je serai doux et bon, pour donner envie au sage de m'aider de ses lumières, et pour qu'il ne se repente jamais de m'avoir conseillé.

Je ne mourrai tranquille qu'en laissant mon nom en benédiction parmi mon peuple, et mon fils l'objet du vœu public et le modèle des princes.

SUR LA LOI NATURELLE ET LE CODE DE LA NATURE.

A Paris, ce 15 juillet 1756.

On ferait un beau traité de l'obéissance que nous devons à la nature. Ce traité contiendrait nos vrais devoirs, et l'unique moyen de parvenir à la jouissance du bonheur dont l'homme est suceptible. Plus on médite ce sujet, plus on est frappé de sa beauté. C'est pour avoir méconnu notre vocation que nous nous sommes rendus malheureux. Tantôt, attachant à l'idée de notre espèce une importance extravagante, nous avons vu toute la nature asservie à nos fantaisies et créée pour nos besoins chimériques. Tantôt, oubliant notre manière d'être qui consiste dans le sentiment et dans la pensée, nous n'avons pas voulu distinguer l'homme d'un bloc de marbre, ni accorder à la créature animée d'autres lois que celles qui règlent l'existence des êtres inanimés. Cette philosophie, si différente en apparence des autres, est comme elles l'ouvrage de l'orgueil et de la vanité. Nous voyons toujours de la subordination là où la nature n'a mis que de l'ordre. Chaque classe d'êtres est circonscrite dans ses bornes. Elles sont toutes assujetties à des lois générales; mais aucune n'est dépendante de l'autre. Tout se trouve dans cet univers à côté l'un de l'autre. Rien n'est au-dessus, ni au-dessous. Chaque espèce d'êtres, ou chaque portion de matière modifiée d'une façon quelconque qui la distingue, subsiste dans la nature par la vertu de sa manière d'être, et périt par ce qui lui est contraire. Si les espèces sont en sûreté, les individus courent continuellement les plus grands risques; et après avoir conservé leur modification, ils subissent l'inévitable arrêt de leur destruction. Cependant, quoiqu'il n'y ait point de subordination parmi les êtres, leur enchaînement est si merveilleux, que tout ce qui est à côté d'un être contribue nécessairement ou à sa conservation, ou à sa destruction. Chacun peut dire avec Jésus-Christ : « Tout ce qui n'est pas pour moi est contre moi. » Et voilà où commencent les lois de la fatalité et du hasard, qui est une nécessité inévitable. Suivant ces lois, tel individu se trouve placé dans la nature à côté de ce qui peut le conserver, ou bien de ce qui doit opérer son dépérissement. L'homme infecté par l'air mortel de la peste et l'arbre qui pourrit dans l'eau, finissent par le même hasard.

Il serait temps de nous ranger enfin à côté de tous les autres êtres, de ne nous plus voir au-dessus ni au-dessous de rien dans la nature. Le seul moyen de nous préserver de systèmes également contraires à la vérité et à notre bonheur, est de voir les faits tels qu'ils sont. C'est le seul moyen de deviner notre vocation. Si le génie que l'homme a reçu le met à portée d'entrevoir les vérités les plus sublimes, il faut convenir qu'il lui en coûte cher pour jouir de ces avantages. Il est le seul de tous les êtres qui puisse résister à la volonté de la nature à son égard, qui puisse la méconnaître, et devenir ainsi l'instrument de son propre malheur. L'animal qui sent ne se trompe jamais, et est toujours en sûreté. L'animal qui raisonne court risque de s'égarer sans cesse. La vérité n'est qu'une. Il n'y a qu'un seul moyen de la connaître. Tout ce qui n'est pas elle est erreur et mensonge, et il y a cent mille manières de se tromper. Voilà l'inconvénient attaché à la faculté de connaître, et de généraliser ses idées. L'animal qui en est privé ne s'occupe ni du mécanisme de l'univers, ni des lois qui règlent sa destinée; mais aussi il ne craint pas de contrarier les décrets éternels de la nature par des actions raisonnées. Il obéit sans le savoir. Toutes ses actions sont autant de jouissances de son existence. Tout ce qu'il fait assure son bien-être, soit en lui procurant un bien, soit en l'éloignant d'un mal. Uniquement borné à la sensation présente, sans s'inquiéter de l'avenir dont il n'a point d'idée, ni du passé qu'il a oublié, à moins qu'il ne lui soit retracé par la même situation, si tous les hasards des circonstances extérieures conspirent à sa perte, il périt sans redouter sa ruine, ou il se tire du danger sans le connaître, sans en conserver l'effrayant et funeste souvenir. En pesant bien tous les avantages et tous les inconvéniens attachés à la nature humaine, on trouverait sans doute que l'homme est de tous les êtres qui existent le plus imparfait. On dirait qu'il existe en dépit de la nature et de ses lois. Elle exerce son empire paisiblement sur tous les êtres animés et inanimés. L'homme seul veut être tyrannisé par elle, sans quoi son esprit, enclin à la révolte, porterait le désordre jusque dans l'économie générale, et, peu content de se nuire, désolerait encore tout ce qui est autour de lui. Quels sont surtout les avantages de la réflexion qui puissent contre-balancer tous les malheurs compagnons de ce présent terrible ? La gloire qu'elle nous procure de concevoir des vérités peu certaines, et encore moins intéressantes pour nous, pourrait-elle nous tenir lieu de quelque chose, en comparaison des obstacles qu'elle met à notre tranquillité ? Le sentiment, qui devrait seul décider du bonheur et du malheur d'une créature sensible, est sans cesse altéré par elle. Elle ne peut rien contre nos chagrins. Elle empoisonne presque toujours nos plaisirs. Elle nous distrait continuellement de l'existence actuelle, le seul bien qui soit réellement à nous, pour nous partager entre le passé et l'avenir, et croit nous guérir des maux passés par de longs et inutiles regrets, et prévenir les maux futurs par les agitations d'une vaine inquiétude. C'est elle enfin qui nous a·fait connaître la mort, de toutes les connaissances la plus contraire à la créature, dont chaque individu assure la conservation de l'espèce par son amour immodéré pour la vie, et par une aversion si excessive pour la destruction, que la frayeur qu'elle inspire en devient souvent la cause. Cette connaissance de la mort si heureusement dérobée à tous les animaux périssables, et que la réflexion procure à l'homme seul, est si terrible qu'elle opérerait sans doute, par ses funestes impressions, l'anéantissement total de l'espèce humaine, si la nature, par un instinct aussi irrésistible que déraisonnable, n'en écartait sans cesse l'idée de notre faible cerveau. A mesure que nous approchons du terme fatal, notre imagination nous en éloigne. Ceux qui ont le plus médité sur la mort ne peuvent en fixer l'idée, et je ne sais par quel sentiment intime et aveugle, également opposé à l'expérience et à la raison, il n'y a point d'homme qui ne se croie immortel, et qui ne s'excepte, sans se l'avouer, de la loi générale.

Vous voyez qu'avec un peu de noir dans l'esprit il ne serait pas difficile de se persuader que l'homme est de toutes les créatures la plus misérable, toujours en opposition avec lui-même, toujours en proie à des désirs immodérés, toujours tourmenté par la raison et ses ennuis. Mais il ne s'agit pas de consumer nos jours en vains gémissemens sur notre sort, il s'agit de le voir tel qu'il est, de nous soumettre à la volonté de la nature, et de trouver dans notre soumission la portion de bonheur dont nous sommes susceptibles. Voilà les vrais

principes de la sagesse. Tout le reste n'est que vaine
et fausse philosophie. Les stoïciens, qui voulaient rendre
l'homme totalement insensible; les épicuréens, qui lui
apprenaient à satisfaire tous ses désirs, ont fait également des efforts inutiles pour notre bonheur. Il faut nous
voir tels que nous sommes: voilà la première opération
de la sagesse. La seconde est de tirer de notre manière
d'être le meilleur parti possible. Si nous avions toujours
suivi cette méthode, nous ne jouirions pas d'un bonheur parfait, parce que la perfection en tout genre est
une chimère, et qu'il est de l'essence d'un être perfec-
tible de n'être jamais parfait. Mais notre vie n'en serait
pas moins remplie de jouissances, d'agrémens, et de
cette douce tranquillité qui nous resterait malgré la
portion de maux dont nous sommes menacés. Ce qui
fait le malheur des hommes n'est pas la loi de la nature. Ce sont nos opinions et nos préjugés que nous
avons osé lui opposer. Il fallait n'écouter que le sentiment, et nous le sacrifions sans cesse à l'opinion. Victimes de nos préjugés, nous nous immolons sous leurs
barbares lois, et nous nous rendons réciproquement
malheureux , sans qu'il en résulte aucun bien ni
pour les uns ni pour les autres. C'est la nature, c'est
notre vocation qu'il fallait consulter dans l'établissement de la société. Toutes nos opinions, tous nos réglemens, tous nos usages, il fallait les adapter à la loi
naturelle. Le code de la république doit être l'inter-
prète du code de la nature. L'amour est une source féconde de bonheur et de plaisir. La première et la principale vocation de l'homme est d'aimer. L'objet de sa
passion devient pour lui l'univers entier; mais cette

passion a des limites, un commencement et une fin
comme tout ce qui est en nous. L'homme, dans sa sottise, a fait de l'amour un engagement éternel qui doit
durer au-delà de la volonté d'aimer, et l'Église, pour
nous achever, a fait du mariage un sacremeut et un lien
indissoluble ; c'est-à-dire que nous avons fait du sentiment le plus délicieux de l'homme l'instrument de son
malheur. Bien pis , la société a soumis l'amour à l'intérêt et à l'ambition, ses deux puissans ressorts. Elle
ordonne à un enfant d'aimer, parce que cela convient
à l'arrangement de sa famille. Quel désordre ! Il ne fallait pas tant que cela pour nous rendre malheureux
sans ressource.

SUR L'AMI DES HOMMES.

OUVRAGE DU COMTE DE MIRABEAU.

A Paris , ce 15 août 1757.

Une des punitions les plus pernicieuses dont nos législateurs ont imaginé un grand nombre, est sans contredit la peine du carcan. Il vaudrait mieux punir de
mort le plus léger délit que d'accoutumer le crime à
soutenir le spectacle de la honte publique, et à être
exposé comme un objet d'ignominie pour le peuple.
Ceux qui en ont ordonné ainsi ne savaient point quel
redoutable lien de la société était celui de la honte , et
combien il fallait se garder de le déchirer. Les magistrats qui ont le malheur de passer leur vie à juger et à
condamner des coupables, doivent avoir remarqué que

celui qui est attaché au carcan n'en devient que plus digne de la potence, à laquelle il n'échappe jamais. Mais puisque les hommes ont imaginé de donner en spectacle l'ignominie d'un criminel sans le bannir de la surface de la terre par le supplice, ils auraient dû, ce me semble, en faire autant pour la vertu, et, en faisant violence à la modestie dont elle est inséparable, l'exposer sur un carcan aux hommages du peuple et à la vénération publique. Le bonhomme Assuérus, qui, pour l'amour d'une femme ou d'un courtisan, tantôt ordonnait le massacre de toute une nation établie chez lui, et tantôt la comblait d'honneurs et de biens, ne laissait pas, au milieu de ses vertiges, de faire quelquefois des actions de bon sens. Il profitait de ses insomnies pour apprendre ce qui se passait sous son règne, et ayant su, à cette occasion, une bonne action du Juif Mardochée, il le fit promener en spectacle par toutes les rues, et lui décerna ainsi les honneurs que Rome triomphante n'accordait qu'à des vertus plus brillantes et aux succès de ses héros. Ce serait donc une grande et belle loi que celle qui ferait exposer à la vue publique l'homme de bien comme on y contraint aujourd'hui le méchant : ou puisqu'il est peut-être aussi dangereux de déchirer le voile de la modestie dont la vertu se plaît à se couvrir, que de ne point respecter la honte qui suit le crime, il conviendrait du moins de publier avec solemnité les bonnes actions avec les noms de ceux qui honorent la république par l'exercice des vertus publiques et domestiques. Il est étonnant que M. de Mirabeau ait vu la nécessité d'honorer les petits sans plus insister sur ce point, lui qui est si prolixe en tout. Il

est plus étonnant encore qu'ayant si bien senti l'importance des mœurs domestiques pour garantir un peuple
de la corruption , il n'ait pas songé à établir les vertus
civiles, par une sanction solennelle, sur des fondemens
solides. Il a recours pour cela à la religion, et il répète
à ce sujet tous les lieux communs qu'on a si souvent
allégués en faveur de sa nécessité et de son importance.
L'auteur se fait même un devoir dans tout le cours de
son ouvrage d'être extrêmement religieux ; il soutient
avec beaucoup d'emphase que c'est manquer à la société que d'attaquer la religion dans ses écrits, Ayons
le courage d'examiner cette question, elle en vaut la
peine, et voyons surtout si la religion est aussi nécessaire à la conservation de la société que notre auteur
et beaucoup d'autres, moins éclairés que bien inten-
tionnés, voudraient nous faire entendre. La morale de
toutes les religions est à peu près la même ; l'histoire de
tous les cultes est la même aussi. Les hommes, dans
tous les temps, ont fait de la religion un instrument
d'ambition et d'injustice. Si la morale de la religion
chrétienne est plus épurée , il faut convenir aussi que
son histoire est plus scandaleuse, et qu'il n'y a point
de crime ni d'horreur dont la fureur barbare des chrétiens ne se soit rendue coupable pendant de longs
siècles. Mais puisque , de l'aveu de M. de Mirabeau lui-
même, les chrétiens ont fait de leur religion un instrument de cruauté et de fureur, de cette religion dont la
morale est si douce, si charitable, si contraire à toute
violence, comment peut-il la regarder comme un lien
nécessaire à la société ? Il dit que sans la religion les
assemblées d'hommes n'eussent jamais pris forme de

société : il est vrai qu'on ne trouve guère de société sans une espèce de culte ; mais je ne vois nulle liaison entre l'abolition du culte et la dissolution de la société. Ceux qui pensent comme M. de Mirabeau confondent sans cesse la religion d'un peuple avec ses mœurs. Lorsque la corruption se met dans les mœurs, un peuple s'avance à grands pas vers sa ruine, et la religion ne la saurait retarder, parce qu'elle n'a réellement nulle influence dans la révolution des mœurs. Le culte des chrétiens, adopté par Constantin, ne put rien pour le soutien de l'empire romain : il fut l'époque de sa décadence. Quel est donc le véritable lien de la société ? Il faut aux hommes de grands objets, il leur faut des cérémonies et des actes de solennité ; il leur faut même de l'enthousiasme et peut-être de la superstition : mais il s'agit de poser tout cela sur des fondemens plus solides, plus dignes de leur nature. Les premiers législateurs étaient justes, doux, bienfaisans, mais simples, bornés, sans lumières. Les hommes sont d'ailleurs naturellement faibles, ils cherchent des objets d'attachement et d'appui ; ils aiment le merveilleux ; ils s'échauffent la tête facilement, ils se pénètrent aisément l'ame de mouvemens de terreur ou de tendresse. Voilà l'origine de tous les cultes. Mais si Socrate eût formé une société d'hommes, ou qu'il eût présidé à la législation d'un peuple, il lui eût donné des objets plus vrais pour lui faire éprouver tous ces différens sentimens. J'ose croire qu'il aurait fondé le bonheur et la durée de la société sur le respect de soi-même. Voilà le sentiment dont il faut qu'un peuple, et chaque citoyen en particulier, soit pénétré. Voilà la source d'où découlent toutes les vertus sociales et domestiques, et qui donne à un peuple de la noblesse et de l'élévation, sans quoi il ne fera jamais rien de grand ni de mémorable. Le respect de soi-même tournerait l'orgueil qui nous est propre, vers le bien, vers la vertu, vers la grandeur véritable. Un peuple enivré de ce sentiment regarderait un forfait avec l'horreur qu'on a pour un monstre, et l'homme qui l'aurait commis, comme un être dégradé. Il se trouverait à lui et à chaque homme en particulier, je ne sais quel caractère sacré qui ne pourrait être effacé que par le crime et par le vice. En un mot, le respect qu'on portait dans tout l'univers à un citoyen romain dans les siècles brillans de la république, un tel peuple l'aurait pour l'homme en général, et son objet d'enthousiasme serait la nature humaine, comme celui des Romains était la patrie. Parmi un tel peuple, la moindre bassesse, le plus petit vice deviendraient un tel opprobre que celui qui aurait le malheur de s'en souiller, ne pouvant plus participer à la vénération publique, serait contraint de déserter la société; la vertu seule mènerait à la véritable gloire, et chaque homme de bien aurait droit aux honneurs publics, à proportion de sa considération personnelle. Je ne vois pas quelle pourrait être la fin de cette société, s'il n'était dit que toute institution humaine doit finir. Tous les actes publics, toutes les cérémonies, toutes les solennités, car il en faut au peuple, et rien n'est plus essentiel pour la conservation des mœurs, consisteraient dans les hommages rendus à la vertu, dans la démonstration de respect pour l'homme de bien, dans la joie pure et auguste sur la sainteté des mœurs publiques. La repré-

sentation d'une tragédie deviendrait un acte religieux ;
la musique, la peinture, la magie de tous les arts et
de tous les spectacles, seraient employées à retracer à
un tel peuple la noblesse de sa nature, la grandeur et
l'élévation de ses idées. Je vous laisse à imaginer le tableau des vertus civiles et des mœurs domestiques d'un
tel peuple. Quelle vénération pour la paternité, pour
la magistrature, pour les services rendus à la patrie !
quels liens de tendresse et de douceur entre les familles,
entre les proches, entre les différens ordres de la république, entre tous les concitoyens ! Je ne vois pas
de quelle nécessité serait à un tel peuple la religion
quelle qu'elle fût. Elle ne pourrait que distraire son
attention des objets qui méritent réellement l'admiration et l'attachement des hommes, pour la porter
sur des objets frivoles, nuisibles et chimériques.

_____

A Paris, ce 1er novembre 1757.

...Quand on s'est pénétré de cette vérité, on est étonné
de lire dans *l'Ami des hommes* ce qui suit [1] : « J'avoue,
« dit l'auteur quelque part au second volume, que j'au-
« rais grande confiance dans l'assemblée générale d'une
« nation pour conseiller le gouvernement sur le régime
« intérieur ; mais que pour les affaires du dehors, il n'est

1. Nous rétablissons ici les passages qui avaient été supprimés lors de la
publication de cette lettre dans la première partie de la correspondance.
L'esprit de conquête et les vues d'intérêt et d'ambition ne pouvaient être alors
impunément signalés. Au reste, le gouvernement populaire et le gouvernement absolu, que nous avons successivement subis, ont prouvé d'une manière trop éclatante combien les principes politiques de Grimm sont dépourvus de justesse et de solidité.

« gouvernement si faible et si inappliqué qui ne les en-
« tende mieux que le peuple. » Et dans les affaires du dehors, l'auteur comprend la guerre surtout maritime, la
paix, les traités, etc. Je ne conçois pas la raison d'une
assertion aussi hardie et si peu soutenue. Pour moi,
je ne connais pas de meilleurs conseillers que le peuple
et la voix publique dans les affaires extérieures comme
dans l'intérieur, et s'il fallait absolument opter entre
les deux départemens, je croirais le peuple beaucoup
plus propre à la conduite des affaires étrangères qu'à
celle des affaires domestiques. Dans celles-ci, l'intérêt
particulier de plusieurs classes de citoyens, les plus
puissantes, peut quelquefois l'emporter réellement sur
le bien public; dans les autres, les particuliers n'ont
presque jamais d'intérêt personnel, et leur jugement en
doit être plus sain et plus conforme au bien général.
Il est certain que la lenteur des délibérations populaires
est très-contraire à la promptitude qu'exigent les affaires
de guerre et de politique, et que le salut d'une puissance dépend souvent de la célérité de ses mesures.
Mais il ne faut pas confondre l'exécution des projets
avec les résolutions générales prises par la nation. Ce
n'est point le peuple qui exécute ce qu'il a arrêté. Pour
les opérations de la campagne, il envoie ses généraux;
pour les négociations, il envoie ses plénipotentiaires.
En un mot, il n'y a que l'esprit de conquête qui ne
puisse pas s'accommoder d'un gouvernement populaire.
Comme il est fondé sur l'injustice, il lui faut du secret
et de l'obscurité, et sa politique ne peut être publique
parce qu'elle est odieuse. Cependant Rome est devenue
la maîtresse de la terre, et son gouvernement, tout-à-fait

démocratique, est celui qui a le mieux connu la conduite de ses affaires du dehors. Je pense donc que, non-seulement dans les républiques, le peuple conduit ses affaires extérieures à merveille, et que personne ne connaît mieux ses intérêts que lui, mais encore que dans les monarchies, si le gouvernement voulait écouter la voix publique et régler ses opérations sur ses décisions, il manquerait rarement de prendre le meilleur parti, de faire la guerre et la paix à propos et avec avantage, et de choisir enfin les sujets les plus capables pour l'exécution de toute entreprise importante. On vient de faire un livre sur les grands événemens produits par de petites causes. Cette production, si je puis parler ainsi, ne peut guère avoir lieu que dans les monarchies, où l'humeur, le caprice, la vanité, la haine, l'imbécillité même, peuvent occasioner les plus grandes révolutions.....

...Mais elle ne s'accorde pas avec l'esprit de conquête, et la monarchie universelle ne peut se réaliser qu'en renonçant à toute vue d'intérêt et d'ambition et en gagnant la confiance des autres puissances par son désintéressement et par l'équité de ses principes.....

...Il en a coûté la vie à plusieurs milliers d'hommes cette année, et cette funeste querelle, sans être prête à finir, est au point qu'on ne sait pas même quelle espèce de vœux il convient à un bon citoyen de former à l'égard de l'Europe.....

...Il serait peut-être difficile de prévoir ce que deviendra l'Allemagne, mais ce qu'il y a de sûr, c'est que rien n'est moins respecté dans ce moment-ci que ses lois et ses constitutions.

A Paris, ce 1er décembre 1757.

Nous avons vu, dans une des feuilles précédentes, que la religion n'était pas un lien nécessaire à la conservation de la société, et que s'il y a eu des États fondés sur elle, ce n'a été que l'effet du fanatisme et de la fourberie, ou bien de la simplicité peu éclairée, mêlée d'enthousiasme, de droiture et de bienfaisance, des premiers instituteurs. Encore une fois, il ne faut point confondre la morale d'une religion avec les mœurs d'un peuple. Celle-là n'a aucune influence réelle sur celles-ci ; et tout ce qu'elle peut, c'est de donner des modifications légères aux vertus et aux vices d'un siècle, mais sans en arrêter le cours et les révolutions. M. de Mirabeau dit que la foi du serment n'est autre chose que le respect pour la religion ; mais le serment fondé sur le respect que l'homme se doit à lui-même, n'est-il pas plus pur, plus élevé, plus sacré encore ? et le serment de Socrate condamné pour impiété, c'est-à-dire pour n'avoir pas respecté la superstition de ses concitoyens, ne vaudrait-il pas celui d'un vil mortel qui n'a d'autre sanction que la crainte d'un Dieu vengeur ? M. de Mirabeau dit qu'il n'y a que les indépendans et les ennemis de l'ordre public et de toute subordination, qui écrivent contre la religion. S'il en est qui écrivent dans cet esprit-là, il faut convenir aussi que ce ne sont pas là ceux qui portent des coups bien terribles à la religion d'un pays ; leurs armes sont trop odieuses pour frapper avec succès. Les ennemis vraiment redoutables d'un culte sont les hommes les plus respectables par leurs principes et par leurs mœurs, les personnages les plus graves de l'État, par l'énergie de leur ame, par la sagesse de leur conduite.

Les écrits, dit M. de Mirabeau, peignent les mœurs; plus encore ils les font: et de là il tire des raisons pour veiller particulièrement sur les écrivains. Sans doute qu'il faut que les mœurs soient respectées : mais craindrions-nous la corruption parmi les écrivains d'une nation, lorsqu'elle n'est point corrompue? Ne voyez-vous pas que tous les hommes travaillent dans la vue de plaire, et qu'un écrit licencieux, avec quelque art qu'il fût fait, ne serait, pour son auteur, qu'un opprobre, dans un pays où les mœurs auraient conservé leur pudeur et leur ancienne simplicité? Le pinceau de Crébillon ne peut se trouver que dans un siècle où le goût de la vertu et celui du vrai beau sont également sur le penchant pour tomber, et alors il est trop tard de veiller sur les écrivains; tous les remèdes violens qu'on y apporte ne font ordinairement que hâter le progrès du mal. Ce n'est pas l'affaire d'une feuille que de tracer le tableau des avantages d'une société d'hommes, fondée sur le respect de soi-même, et, s'il est permis de parler ainsi, sur le culte superstitieux de la nature humaine; ce serait le sujet d'un grand et bel ouvrage: mais s'il y avait quelque chose dans ce monde à qui un effort de sagesse pût garantir une durée perpétuelle, ce serait une telle société. M. de Mirabeau répète souvent qu'il ne faut pas vouloir guérir l'homme de sa cupidité, parce que c'est une chose impossible; mais qu'il faut travailler à la tourner sur des objets nobles et louables. Voilà ce qui serait précisément effectué dans la société que nous imaginons. L'homme pénétré ainsi, dès sa tendre enfance, de respect pour son être et pour celui de ses semblables, porterait en lui le germe d'une élévation qui ennoblirait jusqu'aux moindres de ses actions. Cette ivresse qui s'emparerait des tempéramens les plus paresseux, les porterait tous à la véritable gloire avec la même force que nous avons vu les cœurs les plus faibles poussés au crime par le fanatisme. Les vertus héroïques d'un tel peuple seraient encore relevées par l'éclat de la justice qui en serait inséparable, et on n'aurait pas le chagrin de refuser si souvent aux actions les plus brillantes l'éloge d'une bonne action, d'une action juste et sensée. Les différentes classes des citoyens ne servant qu'à maintenir l'ordre, et non à établir une inégalité qui tend à rendre les uns méprisables aux autres, la distinction d'une classe ne serait point préjudiciable à l'autre : l'honneur serait leur partage commun, et la considération s'accorderait, non au rang que tient un homme dans la société, mais au mérite personnel. Il est difficile d'imaginer que jamais cette douce et consolante chimère puisse se réaliser sur la terre; cela n'arrivera du moins jamais dans un grand État, dans une vaste monarchie; tout y tend à la corruption, tout doit y être rempli d'abus. Les premiers ordres de l'État parviennent à tyranniser les autres, surtout celui du peuple. Alors le véritable honneur disparaît; l'orgueil, la vanité, l'envie, la cupidité, l'ambition, prennent sa place, et la religion devient un instrument dangereux et terrible entre les mains de l'ambition sourde qui ose prendre le masque de l'hypocrisie. Cet honneur donc, que M. de Montesquieu a tant prisé et qui doit nous tenir lieu de vertu, n'est pas celui qui peut donner de l'élévation à un peuple; il fait qu'une seule profession parmi nous s'arroge la considération qui appartient à tous les ordres de citoyens, et en particulier aux gens de mérite. Par un reste de barbarie gothique, le militaire seul croit suivre ces prétendues lois de l'honneur, et il refuse la considération à toutes les autres professions. Si dans ces derniers temps les lettres et les arts ont été en honneur, si ceux qui s'y sont distingués ont acquis une véritable gloire, c'est que nous sommes devenus plus polis; mais les professions utiles sont restées parmi nous sans aucune considération. Je ne parle point du cultivateur, qui vit dans l'oppression et dans la misère, je parle de cet ordre nombreux et utile de commerçans, de fabricans, de manufacturiers, d'artisans, etc., qui, quoique favorisés du gouvernement, n'ont encore pu s'approprier une parcelle de cette considération qui tire les hommes de l'obscurité, et, les exposant aux regards de la nation, les oblige pour ainsi dire à une grande droiture et à une probité intacte dans leur conduite. Ceux qui savent observer, doivent remarquer une grande différence entre les mœurs des commerçans et des artisans d'une république, d'un État libre, ou bien d'une monarchie, et surtout de la capitale. Indépendamment de l'honnêteté, de la décence, de la pudeur publiques, qui se conservent beaucoup mieux dans les petites villes que dans les grandes, on remarque dans les habitans des premières une certaine fierté que n'ont point les autres. Un marchand vous recevra très-bien chez lui, il vous montrera avec politesse ses marchandises, il tâchera de vous satisfaire; mais il n'oubliera pas que s'il est bien aise de vendre, vous êtes bien aise d'acheter, et qu'à cet égard la partie est égale. A Paris les mœurs sont un peu différentes : les plus gros commerçans, les artisans les plus aisés ont pour vous des prévenances si basses, que vous avez de la peine à les distinguer de vos valets; ils souffrent vos hauteurs, vos dédains, votre mauvaise humeur; ils flattent vos goûts, votre amour-propre, de la manière la plus grossière : il est vrai qu'ils mettent tout cela en compte, et qu'ils sont fripons à proportion qu'ils sont bas. A Lyon, où l'esprit de commerce rend les habitans un peu républicains et fiers, j'ai souvent eu occasion de remarquer la différence énorme entre un marchand lyonnais et un parisien. Celui-ci vous porterait chez vous tout son fonds, dans l'espérance du profit le plus modique; celui-là vous attend dans son magasin; il croit que vous ne regretterez point les pas que vous ferez pour vous procurer ce qui vous convient. Voilà des remarques qui, au premier abord, paraissent futiles; quand on les approfondit, on sent toute leur importance. Les révolutions des mœurs dépendent de ces petites choses, et elles produisent insensiblement celles des empires. On vante sans cesse parmi les avantages des grandes villes, celui de n'être point éclairé, examiné, suivi dans sa conduite par son voisin, et l'on ne voit point que quand un peuple est parvenu à ce point d'incurie et d'indifférence de citoyen à citoyen, il faut qu'il soit déjà bien corrompu.

SUR LES LOIS PROHIBITIVES EN FAIT DE COMMERCE.

A Paris, ce 1er juin 1758.

La question des toiles peintes, débattue il y a quelques années, entre M. Forbonnais et M. de Gournay, intendant du commerce, devient aujourd'hui une matière d'État. Tout ce qu'on a pu faire pour empêcher l'introduction et l'usage de cette marchandise, n'ayant pas produit l'effet qu'on en attendait, le ministère s'est enfin déterminé, dit-on, à en permettre la fabrication et l'entrée dans le royaume. Aussitôt que cette nouvelle s'est répandue, tous les manufacturiers de Lyon, de Tours, de Rouen, et même le corps des marchands de Paris, ont fait ensemble un commun et général effort pour détourner nos ministres de ce projet, et s'en rapporter aux mémoires qu'ils ont présentés pour cet effet, et dans lesquels ils n'ont oublié aucun artifice de la rhétorique la plus subtile et la plus touchante ; celui qui signera la permission des toiles peintes, aura signé la ruine totale de la France. Si l'État n'avait à craindre du mal que de ce côté-là, il me semble que nos ministres pourraient dormir en paix. Cependant ces exagérations si ridicules, ces cris opposés au sens commun, n'ont pas laissé que de faire de l'impression sur eux ; et s'ils n'ont pas produit une nouvelle proscription des toiles peintes, s'il est vrai même que les députés de Lyon s'en sont retournés depuis peu assez mécontens du succès de leur négociation, il est certain aussi que le ministère n'a pas encore osé prononcer dans une affaire aussi claire, tant le bien général est difficile à procurer; tant une loi utile trouve d'obstacles de tous les côtés, pendant que les mauvaises continuent à travailler sourdement à la véritable ruine du bien public. Il n'y a point de question qui soit plus évidente et plus démontrée que celle de la liberté de commerce. Le sens commun et l'expérience générale plaident en sa faveur. Dans tous les temps, les peuples libres s'étaient déjà enrichis par le commerce quand les autres avaient à peine les premières notions du trafic. La république de Venise, les villes anséatiques, la Hollande, l'Angleterre, nous ont fourni successivement les exemples les plus frappans. On prétend aujourd'hui que notre ministère en est pénétré et qu'il incline singulièrement vers la liberté absolue et générale. Mais cette bonne disposition n'a encore été suivie d'aucun réglement favorable, et notre commerce, dans toutes ses parties, est embarrassé de mille lois absurdes qui enchaînent l'industrie et rebutent le citoyen utile. Ce n'est point des lois qu'il faut donner pour faire fleurir le commerce. Il faut le dégager de toutes entraves, il faut abolir tous les réglemens qui le concernent, il faut favoriser toute entreprise également, et non pas l'une aux dépens de l'autre, et le commerce sera bientôt florissant sans que la puissance s'en mêle. Il en est comme de la santé du corps. C'est une mauvaise méthode que de vouloir la conserver à force de remèdes. Les remèdes ne sont nécessaires qu'aux santés délabrées, et lorsqu'on se porte bien, ils deviennent pernicieux.

Dans cette suspension actuelle du gouvernement, à l'égard des toiles peintes, M. l'abbé Morellet a cru devoir plaider en faveur de la liberté et du sens commun, contre l'absurdité des fabricans d'étoffes de soie et de coton, et de leurs fauteurs. Sa brochure est intitulée : *Réflexions sur les avantages de la libre fabrication et de l'usage des toiles peintes en France*. Deux cents vingt-huit pages in-douze. Quoiqu'elle paraisse faite avec beaucoup de précipitation et qu'elle soit fort négligée, on la lit avec plaisir parce qu'elle soutient une bonne cause. Si l'auteur s'était élevé aux grands principes de commerce, et qu'il les eût traités à l'occasion de sa cause, il aurait fait un ouvrage plus généralement utile, et qui serait resté long-temps après la dispute sur les toiles peintes. Voyons quelques-unes de ces questions qu'on pourrait soumettre avec respect à la décision de ceux qui nous gouvernent. A l'égard de la fabrication des toiles, comme de toute autre entreprise nouvelle, il paraît qu'il ne peut y avoir jamais de raison de la part de l'autorité à s'y opposer, car si les anciens établissemens sont réellement bons, ils n'auront rien à redouter des nouveaux. Jamais on ne me persuadera qu'un édifice qu'il faut étayer de tous côtés avec beaucoup de frais et de soins, soit bien merveilleux ; encore moins qu'il ne faille pas bâtir à côté, de peur de l'ébranler. Si chaque propriétaire d'une maison caduque pouvait obtenir un pareil privilège, on peut croire que nos villes seraient fort belles et fort peuplées. Lorsqu'une entreprise nouvelle est mauvaise, on n'a que faire d'employer contre elle l'autorité des lois, elle tombera d'elle-même. Si au contraire elle est bonne, de quel droit lui refuser la protection que toute entreprise utile doit obtenir sous un gouvernement éclairé

et sage. Si elle nuit à tel établissement particulier, de
quel droit le gouvernement en affectionne-t-il aucun
par préférence aux autres? Ne doit-il pas sa protection
à tous? Et le droit naturel ne veut-il pas qu'un citoyen
puisse faire de ses talens un libre usage, celui qu'il
jugera le plus convenable à ses intérêts particuliers?
L'intérêt particulier d'un tel doit-il être plus cher au
gouvernement que l'intérêt particulier d'un tel autre?
et ne sommes-nous pas tous enfans de la même famille?
Est-il permis, est-il possible de gêner le goût, les modes, les usages, les fantaisies du public et du peuple?
Et s'il aime mieux porter des toiles que d'autres étoffes,
de quel droit le lui défend-on? Le chez soi, comme
M. l'abbé Morellet le remarque très-bien, n'est-il pas
une chose sacrée? Et dans un gouvernement policé,
est-il permis d'envoyer des commis visiter les maisons
des particuliers, et porter ainsi une atteinte odieuse à
la liberté publique? Si l'on me répond qu'on observe
pareille chose pour les cartes, pour les vins, pour le
sel, etc., je ne verrai dans ces usages qu'un reste de
barbarie qu'il faudrait bannir au plus vite, et qui est
d'autant plus odieux, que la loi n'est exercée que contre
les petits et le particulier obscur qui est sans protection, c'est-à-dire la sorte de citoyens que le gouvernement devrait singulièrement favoriser. Il faut convenir
que si nos discours sont bien sages, notre conduite est
en revanche bien extraordinaire et bien ridicule. Quand
je vois la guerre de nos manufacturiers contre les toiles
peintes, je suppose une ville maritime où l'on n'ait
point de boucheries, où le peuple, accoutumé à vivre de
poisson, ignore la nourriture des viandes. Quels élo-

quens mémoires la compagnie des pêcheurs pourrait
présenter contre l'établissement des bouchers ! Combien on pourrait rendre le métier de ces derniers horrible, cruel, infame même, également contraire à la
bonne police, à la santé publique, aux mœurs, au salut
de l'État ! Les pêcheurs n'oublieraient pas d'observer que
Jésus-Christ n'a pas choisi ses disciples parmi les bouchers. Tout cela serait sans réplique. Cependant il y
aurait eu de tous les temps des bouchers dans tous
les autres États voisins, sans qu'il en fût résulté leur
ruine.

———

La permission des toiles peintes est devenue une affaire d'État. J'ai eu l'honneur de vous rendre compte
d'une brochure de M. l'abbé Morellet en faveur des
toiles peintes. M. l'abbé Morellet ne devait pas réussir
dans une chose que M. de Gournay avait entreprise sans
succès; aussi son ouvrage ne produisit rien. Depuis la
religion jusqu'aux toiles peintes inclusivement, on a bien
de la peine à persuader aux hommes d'être tolérans. Il
faut dire ici ce qui s'est passé depuis dans cette affaire
épineuse. D'abord on publia un projet de quatre arrêts
du conseil, tous différens les uns des autres, concernant
l'impression sur différentes sortes de toiles et d'étoffes,
et l'on y joignit les observations et avis des députés du
commerce. Ensuite les ennemis des toiles peintes op-
posèrent une brochure à celle de M. l'abbé Morellet. Ils
choisirent pour leur athlète un homme qui s'était déjà
déshonoré par plusieurs ouvrages. C'était l'auteur du

libelle connu sous le titre de *l'Observateur hollandais*,
aussi plat dans ses raisonnemens qu'indécent par ses
expressions ; c'était l'auteur de cet autre libelle contre
l'*Encyclopédie*, connu sous le titre des *Cacouacs*, libelle lourd et pesant où il n'y a rien de plaisant,
excepté le titre qui n'est point de lui. Cet illustre écrivain s'appelle l'avocat Moreau, avocat pour et contre,
suivant qu'il est payé. Il faut croire que les marchands
opposés aux toiles peintes le payèrent bien ; car il publia un gros volume intitulé, *Examen des effets que
doivent produire dans le commerce de France l'usage
et la fabrication des toiles peintes, ou réponse à l'ouvrage intitulé, Réflexions sur les avantages de la libre
fabrication et de l'usage des toiles peintes.* Cet Examen est rempli de sophismes trop grossiers pour qu'on
daigne s'y arrêter ; mais comme un écrivain de cette
espèce ne peut guère rien écrire sans se démasquer, et
sans découvrir les motifs lâches qui le font agir,
M. Moreau n'a pas manqué l'occasion de se jeter dans
les généralités, de faire remarquer au gouvernement
que cet esprit philosophique, cette envie de raisonner
et d'examiner qui s'est emparée de la nation, est un
esprit pernicieux qui tend à diminuer l'autorité du roi
et de ses ministres. Il faut être bien vil pour combattre
avec de pareilles armes. Si nos ministres étaient assez
vils eux-mêmes pour croire qu'il vaut mieux maîtriser
une troupe d'esclaves que de commander à une nation
qui pense, M. Moreau pourrait se flatter de faire sa
cour par de pareilles bassesses. Son ouvrage vient d'être
réfuté par un autre, qui a pour titre : *Réflexions sur
différens objets du commerce, et en particulier sur la*

libre fabrication des toiles peintes, brochure de cent quarante-six pages in-12. M. le contrôleur-général vient de terminer ce procès. La tolérance des toiles peintes, moyennant un droit de quinze pour cent, est l'objet d'un des édits bursaux de cette année. On ne peut qu'approuver M. de Silhouette, dans le besoin d'argent où est la cour, d'avoir cherché dans cette permission une ressource pour l'État. Il vaut assurément bien mieux que nous payions au roi un droit pour cette marchandise, que d'être rançonnés par des contrebandiers qui, de leur côté, dans l'espérance de gagner, s'exposaient au danger de perdre leur liberté, et d'être envoyés aux galères.

J'ai eu l'honneur de vous entretenir dans une de mes feuilles d'une question qu'on agite en France depuis long-temps, savoir si l'on doit permettre dans le royaume la fabrication et même l'introduction des toiles peintes, ou s'il faut maintenir à leur égard les lois prohibitives qui subsistent et dont on s'est relâché depuis quelque temps. Tous les bons esprits conviennent qu'il ne faut jamais gêner l'industrie. Qu'importe au gouvernement que la nation se plaise à fabriquer et à consommer telle sorte d'étoffe préférablement à telle autre, pourvu que la culture des terres ne soit point négligée, que le peuple s'occupe et que l'industrie soit encouragée? Si les toiles sont d'un usage plus agréable que nos étoffes de coton, comme on n'en peut douter, tout est dit sur cet article. En fait de commerce, l'oracle que le gouvernement doit consulter sans cesse, c'est le goût et la fantaisie

du public. Il est maladroit et ridicule d'empêcher le
trafic des choses qui sont de son goût. Si cela était
possible, le luxe ne ferait jamais de ravage, et ce serait
l'affaire de deux ou trois lois prohibitives, que de nous
garantir de son poison en nous conservant ses avantages. Mais quel est le législateur, quel est le dieu
qui puisse arrêter ses funestes effets lorsqu'il s'est glissé
une fois parmi un peuple. On n'en est pas en France
à cette crainte à l'égard des toiles; mais on redoute le
tort qu'elles pourraient faire aux autres manufactures
du royaume, comme si ceux qui en fabriqueront n'étaient
pas Français, ou qu'il y eût de l'inconvénient à laisser
gagner celui qui satisfait le mieux le public.

Quelques fabricans de nos manufactures de coton en
Normandie, guidés par leur intérêt personnel, ont pris
un moyen assez ingénieux pour crier contre les toiles.
Ils ont fait imprimer une correspondance suivie entre
deux négocians étrangers. L'un, Hollandais, trouve dans
sa spéculation un avantage extrême à envoyer en France
des toiles en contrebande, parce que les Français sont
trop sots pour s'apercevoir que les toiles ruinent leurs
manufactures et leur commerce; l'autre, Anglais, fait
l'homme prudent. Il n'ose entrer dans cette entreprise.
Il avertit son correspondant que le ministère de France
est trop éclairé pour jamais permettre l'usage des toiles.
Il sait même de bonne part que si on les a tolérées jusqu'à
présent par négligence, la sagesse du gouvernement ne
tardera pas à rétablir les anciennes lois dans toute leur rigueur. On ferait un fort bon supplément à ces lettres par
lequel on ferait connaître au manufacturier de cotonnade
qu'il fait son métier en criant contre les toiles, mais que

le ministre serait un fort sot homme, s'il s'avisait de suivre les principes d'un fabricant de Normandie dans ses projets et dans ses vues sur le commerce.

SUR L'IMMORTALILÉ DE L'AME.

A Paris, ce 15 juin 1758.

Je reviens à *la Morale d'Épicure* par M. l'abbé Batteux. Quoique cet ouvrage n'ait eu nul succès ici, il ne sera pas inutile de relever quelques raisonnemens de son auteur. Ce qui a le plus nui à M. l'abbé Batteux, c'est une espèce d'incertitude qui règne dans tout son livre. On ne sait trop quel est son but; il ne voudrait se brouiller ni avec les dévots ni avec les philosophes; les uns persécutent et font du mal, les autres font passer pour imbécile : le choix est embarrassant. M. l'abbé Batteux n'aurait voulu ni louer Épicure ni le blâmer sans réserve. Au reste, si vous êtes curieux de voir la manière dont un homme de génie traite de pareils sujets, en comparaison d'un auteur ordinaire et didactique, vous lirez l'article *Epicurien* par M. Diderot, dans l'*Encyclopédie*, et vous le mettrez en parallèle avec la brochure dont nous parlons. Revenons maintenant à nos discussions. Je remarque en général que ceux qui manquent de délicatesse dans le sentiment et d'une certaine élévation dans l'ame, ne devraient jamais se mêler d'écrire sur la philosophie; leurs petites idées rétrécies ne peuvent que nuire aux opinions dont ils embrassent la cause, et faire de la peine à ceux du parti desquels ils se rangent. Épicure croyait l'ame ma-

térielle et mortelle; c'était assez l'opinion des anciens.
Socrate et ses sectateurs ne disaient sur l'immortalité que
des choses probables. On a imprimé en Angleterre, de
nos jours, un livre qui a pour titre : *Que l'ame n'est et
ne peut être immortelle*. Les argumens que M. l'abbé
Batteux oppose à cette doctrine, et la façon dont il les
énonce, tout cela est également pitoyable. « Quelle
« raison, demande-t-il, Épicure a-t-il eue pour ôter aux
« gens de bien leur récompense? Ils vont donc se plon-
« ger dans le néant, avec le regret inutile d'avoir été
« justes, modérés, patiens, tempérans, lorsqu'ils pou-
« vaient ne pas l'être; et que ne l'étant pas ils pou-
« vaient jouir de satisfactions sans nombre, et se délivrer
« d'autant de combats qu'il leur en a fallu pour résister à
« toutes les invitations de la nature, de la volupté et
« de l'exemple. » Voilà donc un philosophe qui croit que
tout est perdu pour le sage et pour le juste, s'il ne
peut s'attendre à l'immortalité de son ame et à la récompense d'une meilleure vie! Aussi ajoute-t-il : « Dans le
« système d'Épicure tout est pour les méchans et contre
« les gens de bien. Les méchans ont profité de la vie;
« ils ont été riches, puissans, encensés du grand nom-
« bre, et ils gagnent encore, en mourant, le repos de
« leurs passions et l'assurance de l'impunité. Les gens
« de bien n'ont point joui de la vie, et ils perdent en la
« quittant le seul bien qu'ils ont eu, leur vertu qui n'a
« été pour eux qu'un mot : s'ils avaient bien pris les
« leçons d'Épicure, ils auraient su que vivre c'est
« jouir, et que l'homme est d'autant plus parfait dans
« sa nature qu'il a plus de goûts, et d'autant plus
« heureux qu'il a plus de moyens de les satisfaire. »

Quelle pitoyable philosophie qui rend notre vertu mer-cenaire et qui établit notre bonheur sur un intérêt bas et sordide! L'homme de bien trouve dans l'exercice de sa vertu la récompense la plus solide et la plus déli-cieuse. Est-ce la richesse, est-ce la puissance, est-ce le vil encens des autres, qui procurent le bonheur? et le sage n'est-il pas, comme dit Cicéron, heureux même dans le taureau de Pisistrate? Voilà ce que des ames vulgaires ne peuvent ni sentir ni concevoir. Jouir de la vie, c'est pour eux satisfaire ses passions, avancer des intérêts aussi vils que leur façon de penser, et fouler aux pieds toute considération de justice, d'é-quité, de générosité, de délicatesse, pour parvenir à la fortune et à la puissance. Ils n'ont pas vu que le méchant, au milieu de ses succès, vit d'une vie misé-rable, et que l'homme de bien; pauvre, ignoré, mal-heureux, persécuté si vous voulez, trouve dans la pureté et la sérénité de son ame, dans la paix, dans la conscience d'une vie innocente et honnête, la source des plaisirs les plus doux et les plus délicieux. Qu'y a-t-il à comparer au calme de l'homme de bien au milieu des traverses de la vie, des maux qui l'environnent, des dangers qui le menacent? Ceux qui fondent la vertu et ses avantages sur la récompense d'une vie à venir, n'ont vu ni l'homme de bien ni le sage; ils ne connaissent que l'imbécile ou l'enthousiaste. Mais ceux qui font consister le bonheur de l'homme dans la ri-chesse, dans la puissance et d'autres futilités, et qui croient que ces choses valent la peine d'être regrettées ou ne peuvent être sacrifiées qu'à une vie éternelle, ne sont pas même dignes d'entrer dans le royaume des cieux de Jésus-Christ : car lui et ses apôtres nous en ont donné des idées trop pures et trop élevées pour qu'il puisse jamais être la récompense des ames sordides. Vous trouverez dans le livre de M. l'abbé Batteux une infinité de pareils raisonnemens. Dans un autre endroit il tire d'une maxime d'Épicure le résultat que voici : « D'où il suit que le sublime de l'école d'Épicure « serait de ramener l'homme, par un effort de raison, « au bonheur dont la nature a fait présent aux bêtes. « Cette conséquence absurde est une des plus fortes « démonstrations d'une Providence divine et d'une autre « vie pour les hommes. » Voilà vraiment une bonne philosophie ; et si c'est là de ses démonstrations les plus fortes, on peut se dispenser d'écouter les autres. Les petits philosophes rangent toute la nature par échelons. Les animaux marchent avant les végétaux ; ceux-ci avant la matière brute ; l'homme est à la tête de tout. Une philosophie plus épurée nous apprend que dans l'ordre des êtres, aucun n'est au-dessus ni au-dessous de l'autre. Qu'ont de commun un arbre et un cheval, une plante et un poisson ? Quelle raison de préférence pourrait-on trouver entre la branche et l'oiseau qui s'y perche, entre l'herbe et le mouton qui la broute ? Il n'y a nulle subordination dans la nature : le vrai philosophe peut distinguer la différence des espèces, les comparer ensemble ; mais assigner des rangs, n'appartient qu'aux docteurs de la science absurde. En comparant ainsi l'homme aux différentes espèces d'animaux et de végétaux que nous avons sous les yeux, je ne serais pas étonné qu'on le trouvât moins parfait dans son genre que les autres ne le sont dans le leur. Si les

8

animaux ne peuvent s'élever à ces connaissances sublimes qui font l'orgueil et la vanité de l'homme, s'ils n'ont ni le génie, ni la pénétration, ni le coup-d'œil dont nous nous vantons, il faut convenir que nous payons bien cher ces avantages.

Ce que je trouve de plus fâcheux pour M. l'abbé Batteux, c'est que les seules choses qu'on désirerait de retenir de son livre, appartiennent à cet Épicure qu'il voudrait écraser sans cependant rompre tout-à-fait avec la philosophie.

SUR LES ESSAIS PHILOSOPHIQUES DE HUME.

A Paris, ce 15 janvier 1759.

David Hume est aujourd'hui un des meilleurs esprits d'Angleterre ; et comme les philosophes appartiennent moins à leur patrie qu'à l'univers qu'ils éclairent, on peut compter celui que je viens de nommer dans le petit nombre de ceux qui par leurs lumières et par leurs travaux ont bien mérité du genre humain [1]. La philosophie, la politique, la morale et l'histoire, ont été l'objet des recherches de M. Hume : partout il a porté la clarté et la raison ; partout il a combattu l'erreur et les préjugés avec d'autant plus de succès qu'il est philosophe sans faste, sans appareil, sans morgue, sans orgueil. Simple et sans art, il a l'air plutôt de s'instruire que de vouloir éclairer les autres. Le principal mérite de ses ouvrages consiste dans la clarté et dans la justesse. Il a des idées ; il sait envisager les objets les

1. On sait que David Hume était athée, et le correspondant des souverains du Nord est intarissable en éloges des partisans de ce déplorable système.

plus connus d'une manière neuve; son défaut est d'être
diffus. Il n'a pas le coloris, ni peut-être la profondeur
de génie de M. Diderot. Le philosophe français a l'air
d'un homme inspiré : agité par le démon de la lumière
et de la vérité, il obéit, il écrit comme malgré lui, il
élève la voix, il perce dans les abîmes immenses où
sont cachés les ressorts de l'univers et de ses êtres; il
prend le caractère de toutes les vérités qu'il annonce;
et lorsqu'elles s'élèvent et se dérobent à notre entendement, il devient sublime et quelquefois obscur
comme elles; doué d'une imagination vive et brillante,
il communique son enthousiasme, il embrase tout ce
qui l'approche. Le philosophe anglais est un sage paisible et aimable qui a l'air de s'occuper de la vérité
pour son amusement. On le voit, ce semble, étendu
négligemment dans son cabinet à écrire sans soin et
sans effort ce qu'une méditation tranquille et une raison pure et dégagée d'erreurs lui laisse entrevoir de
vrai. M. Hume est comparable à un ruisseau clair et
limpide qui coule toujours également et paisiblement,
et M. Diderot à un torrent dont l'effort impétueux et
rapide renverse tout ce qu'on voudrait opposer à son
passage. M. l'abbé Le Blanc a traduit, il y a quelques
années, les *Discours politiques* de M. Hume : on vient
de traduire en Hollande ses *Essais philosophiques*
sur l'entendement humain; et un de mes amis a traduit ses *Essais de morale, ou Recherches sur les prin-*
cipes de la morale avec *l'Histoire naturelle de la reli-*
gion. Je compte publier ce dernier ouvrage à Genève.
Parlons aujourd'hui des *Essais philosophiques* qui viennent de paraître, et dont la traduction est faite avec

soin. Vous serez médiocrement content des huit premiers Essais qui composent le premier volume. M. Hume y est diffus; il retourne la même idée dans tous les sens imaginables. Cela peut avoir ses avantages pour de certains esprits faibles; encore ne sais-je pas si cette méthode leur aplanit le chemin vers une science qui ne paraît pas faite pour eux. Ce qu'il y a de sûr, c'est que ceux qui sont accoutumés à penser, s'offensent d'une prolixité sans mesure. Ils ne veulent pas être traités en enfans; ils exigent qu'un philosophe ait assez bonne opinion d'eux pour croire qu'ils peuvent l'entendre sans des efforts trop laborieux; ils souffrent impatiemment qu'on leur inculque avec tant de soin des choses qu'ils conçoivent sans peine : or, c'est pour des lecteurs de cette espèce qu'il faut écrire; les autres ne valent pas les soins d'un philosophe lumineux et profond. Il faut les livrer à des maîtres vulgaires dont leur médiocrité puisse s'accommoder. Mais lorsque vous serez arrivé au second volume de ces Essais, vous serez très-satisfait. Outre les Quatre Philosophes qui terminent l'ouvrage, vous y trouvez un Essai *sur les miracles*, un autre *sur la Providence particulière et sur l'état à venir*, un troisième *sur la philosophie académique ou sceptique*; autant de morceaux que vous lirez avec un extrême plaisir. Dans celui *sur la Providence particulière*, la harangue d'un philosophe épicurien me paraît un chef-d'œuvre. Dans l'Essai *sur les miracles* vous trouverez une raison au-dessus de toutes les extravagances de l'erreur et de ses sophismes. Arrêtons-nous un moment à ce dernier Essai. M. Hume dit qu'il n'y a point de témoignage assez fort pour établir un miracle, à moins que ce témoignage ne soit de telle nature, que sa fausseté serait plus miraculeuse que n'est le fait qu'il doit établir. Et même dans ce cas il se fait entre les argumens une destruction réciproque. Celui qui l'emporte reste toujours affaibli à proportion du degré de probabilité de celui qu'il détruit. Notre philosophe établit ici une supposition sans danger pour ses principes. Il remarque bientôt après qu'il n'y a point de témoignage au monde dont la fausseté pourrait paraître plus miraculeuse que ne l'est un fait contraire aux lois de la nature. Voyons cependant dans l'exemple qu'il ajoute, si réellement il n'accorde pas trop à la possibilité des miracles, quoiqu'il ne soit pas à craindre que les partisans des faits miraculeux puissent jamais soumettre ceux qu'ils professent aux preuves que M. Hume exige, et sans lesquelles il n'est pas libre à l'homme raisonnable de les admettre. « Quelqu'un, dit-il, prétend avoir vu un mort ressuscité : je considère immédiatement lequel des deux est le plus probable, ou que le fait soit arrivé comme on le rapporte, ou bien que celui qui le rapporte se soit trompé ou veuille tromper les autres : je pèse ici un miracle contre l'autre, je décide de leur grandeur, et je ne manque jamais de rejeter le plus grand. C'est uniquement lorsque la fausseté du témoignage serait plus miraculeuse que le fait raconté; ce n'est, dis-je, qu'alors que le miracle a droit de captiver ma croyance, d'entraîner mon opinion. » Quoique ce cas, suivant M. Hume et tous les gens sensés, ne puisse jamais exister, ajoutons une réflexion que notre philosophe ne devait pas négliger. Il n'y a point de témoignage au monde qui puisse avoir plus d'autorité pour moi

que celui de mes propres yeux. Or, si j'étais moi-même
témoin d'un miracle, quelque dégagé que je fusse d'ailleurs de préjugés, de quelque poids que soit auprès de
moi mon propre témoignage, il est certain que sa fausseté serait cependant bien moins miraculeuse qu'un
fait vraiment miraculeux : car il est bien plus vraisemblable d'imaginer que mes yeux ont été éblouis, que
la tête m'a tourné, que les fibres de mon cerveau se
sont dérangées, que de croire que les lois de la nature
ont été violées ou que son cours a changé. Il n'y a aucune extrémité qui soit aussi absurde que celle-là.
Après beaucoup de réflexions de cette espèce, M. Hume
ne manque pas d'observer fort plaisamment, qu'il n'y
a que le témoignage d'un livre inspiré qui puisse nous
convaincre de la certitude d'un miracle. En effet, il n'y a
rien de si simple que de prouver un miracle par un miracle, c'est-à-dire une absurdité par une autre ; et c'est
le moyen de confondre les philosophes. Dans le choix,
la guérison subite d'un paralytique, et même la résurrection d'un mort, sont, ce me semble, moins absurdes
que l'inspiration d'un livre infaillible. La première idée
est du moins claire, quoique contraire à toutes les lois
connues de la nature : la seconde n'a pas seulement un
sens que je puisse concevoir distinctement. M. Hume
passe en revue les miracles modernes, et nous allons
lui fournir une anecdote qu'on débite ici depuis quelques jours, et qui va très-bien à la suite de son Essai.
Saint Vincent de Paule est un saint de nouvelle date ; chef
et instituteur de l'ordre des Lazaristes ; il est mort en
odeur de sainteté, il y a environ cent ans. Ce saint a
fait de son vivant plusieurs miracles déclarés et recon-

nus pour tels par l'Église infaillible. Il passait pour zélé
moliniste, et la haine qu'on portait aux jansénistes n'a-
vait pas peu contribué à lui faire obtenir les honneurs
de la canonisation. Lorsque les frères Lazaristes la
sollicitèrent pour leur patron, qui n'était encore que
béatifié, auprès du cardinal de Fleury, ce ministre, qui
devait pour cela interposer ses bons offices auprès du
pape, demanda si leur Vincent avait fait des miracles? Ils dirent qu'oui. De quelle espèce? s'il avait,
par exemple, ressuscité un mort? Ils répondirent qu'ils
ne pouvaient ni ne voulaient en imposer à Son Éminence; mais qu'il n'en avait jamais ressuscité qu'un
seul. La canonisation fut obtenue. Or, voici ce qui
vient d'arriver; c'est du moins le bruit public. Il y avait,
dans la famille d'Argenson, un paquet cacheté, en 1659,
par un des ancêtres de cette maison, et transmis à sa
postérité avec ordre de ne l'ouvrir que cent ans après.
Ce terme étant échu, M. de Paulmy vient d'ouvrir son
paquet en présence du roi et de madame de Pompadour. On y a trouvé, dit-on, une déclaration de saint
Vincent, avec lequel ce M. d'Argenson avait été intime-
ment lié, par laquelle il assure qu'il a toujours vécu et
qu'il est mort dans les opinions du socinianisme; et persuadé, comme il l'est, que cette doctrine, la seule véritablement divine, sera universellement répandue cent
ans après sa mort et aura détruit toutes les autres opinions erronées, il veut que sa déclaration de foi reste
ignorée jusqu'à ce terme où la vérité aura triomphé
de tous les mensonges. Il en est arrivé autrement, et
le socinianisme n'a pas fait ces progrès; mais on sent
qu'aujourd'hui l'Église ne doit pas se trouver peu em-

barrassée des miracles d'un saint héritique, miracles
dont elle a reconnu l'authenticité, et en vertu desquels
Vincent avait obtenu les honneurs de la canonisation.

DE LA LETTRE DE ROUSSEAU SUR LES SPECTACLES.

A Paris, ce 15 avril 1759.

Il faut convenir qu'il y a des choses bien peu philosophiques dans la *Lettre* de M. Rousseau *à M. d'Alembert.*
Un de ses secrets dont il use le plus volontiers, c'est d'a-
dopter une opinion triviale qu'on n'entendait plus guère
que dans la bouche des gens de la populace, et de lui
donner un air de noblesse sous le vêtement de la philosophie, et à la faveur d'un style qu'il sait manier avec
une singulière adresse. Mais tout cela ne remplace pas
la vérité; et, quel que soit l'art de l'homme à déguiser,
à dérober, à faire valoir de certaines parties aux dépens des autres, à représenter sous de nouvelles faces,
à donner des couleurs non employées, quand il manque
de vérité on est bientôt dégoûté de l'artiste et de l'ouvrage. M. Rousseau attaque la profession de comédien;
il répète les déclamations les plus mauvaises et les plus
plates qu'on a entendues tant de fois et avec tant de
dégoût : il les répète, il est vrai, avec un style noble
et mâle que les pauvres faiseurs de capucinades ne sauraient atteindre; mais il n'y a pas plus de vérité pour
cela dans l'opinion qu'il soutient. M. Diderot a écrit,
dans sa Poétique qui est à la suite du *Père de famille*,
une page qui renverse en trois mots tout cet édifice
élevé si laborieusement par le citoyen de Genève

contre les spectacles et contre les comédiens. Relevons un peu les raisonnemens de M. Rousseau, quoiqu'on ait tant écrit contre son dernier ouvrage, que le public doit en être las. Il prétend qu'un comédien, en exposant sa personne en public, fait une chose déshonorante et infame. Je conçois qu'il peut exister tel peuple policé chez lequel cet acte serait réellement réputé infame : il y a dans nos usages mille bizarreries de cette espèce, et en général il n'y a guère de peuple civilisé qui n'ait souvent attaché l'honneur et l'infamie à des choses beaucoup plus indifférentes et plus arbitraires. Mais cette action n'étant pas contraire aux préjugés nationaux, il ne faut pas vouloir en faire une chose générale fondée dans la nature de l'homme, et il n'est pas permis à un philosophe d'établir de pareilles maximes. Le prédicateur qui monte en chaire n'expose-t-il pas sa personne en public ? M. Rousseau ne manque pas de se faire cette objection : « oui, répond-il, mais le prédicateur dit ses pensées, débite ses maximes, etc. , au lieu que le comédien nous dit des choses qu'il ne pense pas, et feint des sentimens qu'il n'éprouve pas. » Soit. Le comédien ne se déshonore donc pas parce qu'il s'expose en public, mais parce qu'il y dit des pensées, qu'il y montre des sentimens qui ne sont pas les siens. Ce défaut de logique, pour le dire en passant, se trouve à tout moment dans les ouvrages de M. Rousseau, et plus dans celui sur l'Inégalité des conditions et celui contre les spectacles que dans les autres. Or, si le comédien se déshonore parce qu'il feint des sentimens qu'il n'a point, le poète qui les lui dicte est bien plus en chemin de se déshonorer. Les crimes de Cléopâtre, dans *Rodogune*, ne sont assurément pas ceux du grand Corneille; cependant c'est lui qui les a inventés. Les artifices de Narcisse ne sont pas ceux de Racine ; c'est lui cependant qui en est l'auteur. Les maximes de Poliphonte ne sont pas celles de Voltaire, et Voltaire les a cependant écrites. Le poète, le musicien, le peintre se déshonorent donc, suivant M. Rousseau, à proportion qu'ils approchent de la vérité dans leurs imitations ; et ce qui leur assure l'immortalité, le génie qui les inspire suivant les caractères qu'ils ont à représenter, leur imprimerait donc je ne sais quelle tache d'infamie ? En vérité, on rougit d'écrire sérieusement contre de pareilles assertions.

Il n'y a pas plus de raison et de vérité dans les déclamations contre les femmes. Dire que le génie des femmes est essentiellement différent de celui des hommes, conformément à la différence de l'organisation, c'est dire ce qui est vrai ; dire qu'en général les femmes n'aiment rien, ne se connaissent en rien, n'ont ni ame ni chaleur, et surtout ignorent ce que c'est que l'amour, c'est dire une chose absolument contraire au bon sens et à la raison. Peut-être pourrait-on faire une partie de ces reproches aux femmes de Paris en général ; mais alors on voit aisément que ce défaut de chaleur et d'ame ne vient pas d'un vice particulier à leur sexe, mais de la corruption générale des mœurs, de la dissipation, suite de notre goût pour la société et cause nécessaire de notre frivolité, qui étouffe toutes les affections fortes de l'ame et détruit toute énergie. A cet égard les deux sexes ont également souffert de la révolution des mœurs ; et les hommes ne sont assurément pas en

a rrière du côté de la décadence. Mais un philosophe ne
doit pas regarder comme un caractère attaché à toute
la plus belle moitié du genre humain, ce qui est une
suite de nos petites mœurs, de nos modes et de nos
petites manières; il doit élever ses idées au-dessus de
cette sphère étroite et bizarre de nos petits-maîtres et
de nos petites-maîtresses. M. Rousseau parierait que
les *Lettres Portugaises* ne sont point d'une femme;
mais cela n'empêche pas pourtant qu'elles ne soient
réellement d'une femme. Il accorde du génie à la seule
Sapho et à une autre. On lui a très-bien répondu que
si chacun en connaissait une à excepter de la condamnation générale, cela en faisait un grand nombre. Et
cette Corinne qui arracha à Pindare le prix et la couronne aux jeux olympiques, huit fois de suite, man-
quait-elle de génie et ne méritait-elle pas d'être placée
à côté de Sapho ?

LETRRE DE GRIMM A VOLTAIRE [1].

A Paris ce 5 septembre.

L'archange Gabriel, le messager du grand Prophète, envoyé du vrai Dieu à ses élus, est apparu au
petit prophète de Bohême, et lui a porté les douces
paroles de l'homme de Dieu avec deux exemplaires de
l'*Evangile de Jean Meslier*. Frère le Bohémien, qui ne
le cède en zèle à personne, a aussitôt disposé d'un de
ces exemplaires en faveur de Catherine, impératrice de

---

1. Le brouillon de cette lettre est autographe.

toutes les Russies, digne de connaître la raison, et qui promet un règne de justice et de vérité pour la consolation des fidèles, lorsque son trône sera affermi.

Mais vous n'ignorez pas, homme de Dieu, que le saint des Délices est bien un autre saint que celui d'Etrepigny. Les fidèles ont appris qu'il existe un Dictionnaire philosophique, un précieux *Vade mecum* que tout élu doit porter dans sa poche, et *versure diurnâ, nocturnâque manu.* Dieu me fasse la grace d'en accrocher un assez grand nombre pour satisfaire tous ceux qui de ma connaissance ont faim et soif du verbe qui vivifie! Cela n'est pas possible par la poste; mais il y a d'honnêtes voyageurs qui sauraient bien trouver la *rue Neuve de Luxembourg* à Paris. M. Turretin, ce digne frère, fils d'un célèbre prêtre, doit nous revenir bientôt. Je ne puis refuser cet évangile salutaire, ni à cette autocratrice des Russies, ni à cette grande et aimable reine de Suède, digne de l'hommage de tous les philosophes, ni à une certaine princesse héréditaire de Hesse-Darmstadt dont l'esprit, plein de force et d'élévation, demande une nourriture solide, ni à une certaine princesse de Nassau-Saarbruck, remplie de goût pour la vérité et pour la philosophie. Quant à madame la duchesse de Saxe-Gotha, que tous les cœurs adorent, elle me mande que le *princeps philosophorum* a eu l'attention de lui en envoyer un; qu'elle en a fait le profit de son ame, et l'édification de tous ceux qui, autour d'elle, sont dignes de connaître la vérité.

Mon très-cher, très-grand et illustre maître, il faut pourtant que nous autres hérétiques ayons un avantage réel sur vous autres du giron de l'Église; car, sans parler du philosophe couronné, voilà un assez grand nombre de princesses que je vous nomme qui cultivent toutes la raison, qui se moquent toutes des préjugés; et vous seriez assez embarrassé de me nommer un nombre égal de princes de votre sainte communion qui puissent lire le divin Dictionnaire sans se scandaliser; je n'en excepte pas même votre électeur Palatin, que vous avez élevé à la brochette. C'est que votre sainte religion n'est propre qu'à sauver les gens. Ah! si Dieu, dans son courroux, avait voulu donner les Français à tous les diables, et que votre héros Henri eût réussi à pervertir son royaume, vous seriez aujourd'hui le premier comme le plus aimable peuple de l'Europe; mais pour entrer dans le royaume des cieux, je crains bien que vous ne soyez encore long-temps pédans et jansénistes, malgré cette foule de bons travailleurs que le Seigneur a envoyés dans sa vigne en ces derniers temps.

Qu'il nous conserve dans sa bonté celui qui nous est le plus nécessaire, qui nous instruit, qui nous amuse, qui nous console, qui, à ce que prétend madame la duchesse de Saxe-Gotha, nous enchante lors même qu'il nous dit que nous sommes des ignorans et des imbéciles.

Je vous prie, Monsieur, d'agréer mon respect pour vous et pour madame Denis. Madame votre philosophe vous supplie de recevoir ses hommages. Le digne frère Gabriel se prépare à nous quitter; mais ce n'est pas encore pour retourner auprès de vous. Que le diable emporte le Belzébuth caché qui a voulu semer la zizanie ; ce n'est pas être l'ami des frères Cramer : j'ai dit dans le temps à frère Vingtième¹ ce que j'en pensais.

LETTRES D'UN OFFICIER GÉNÉRAL DE LA RÉSERVE DE M. LE PRINCE DE CONDÉ ².

A Liège, ce 7 mai.

Oserais-je vous demander pourquoi je n'ai point encore reçu de vos nouvelles ? Pensez-vous qu'un temps mort pour la philosophie, et le séjour de Liège, soient un moment propice pour hasarder de vous écrire ; rien ici ne plaît à l'imagination ; je suis dans la houille, et non sous le chaume : je ne sais donc que vous mander, car je pense peu, et n'agis point.

Il y avait ici un petit Rousseau, qui, fier du nom qu'il porte, avait orné ses copies du titre brillant de *Journal encyclopédique.* Sur l'étiquette du livre, il a été brûlé. L'auteur s'est sauvé à Bouillon, où je lui conseille de s'appliquer au *Journal chrétien* pour être sauvé dans l'autre monde, et *être* de l'académie dans celui-ci.

J'ai ajouté ce *être* là à cause de la grammaire.

Je suis logé dans un couvent. Si vous aviez jamais habité avec dix Génovéfins, vous sauriez combien cela est désagréable : ce sont des animaux pies qui, n'étant ni moines ni gens du monde, ont les inconvéniens des deux états. Ils ont un abbé. Grand dieu ! quel abbé ! On

1. Damilaville, correspondant de Voltaire.
2. Nous n'avons pu découvrir le nom de cet ingénieux correspondant. Plusieurs particularités de ses lettres révèlent seulement qu'il n'était pas moins distingué par son nom et par son rang, que par son esprit.

me l'avait annoncé comme le plus bel esprit des Pays-Bas. Je l'attendais avec le mien, et ce n'était pas sans inquiétude. J'avais tort : il m'ennuie bien plus qu'il ne m'humilie. Il se vante du soupçon d'avoir été encyclopédique; je vous le cède.

De qui est une *Lettre du pape à mademoiselle Clairon*, assez bien versifiée, mais un peu longue, et pas trop forte de choses? Elle doit être de quelque jeune cacouac, qui en fera sa pièce de réception. Si ce catéchumène est bien conduit, on peut en espérer quelque chose.

Donnez-moi donc de vos nouvelles; tâchez de vaincre votre paresse. Il y a bien quelque chose à quoi je ne suis pas si bon qu'une princesse d'Allemagne; mais il n'est pas question de cela: ainsi je compterai votre amitié par vos soins.

———

A Liège, ce 16 mai.

Je me presse de vous répondre et de vous remercier. Votre amour-propre peut être tranquille : le désir de le satisfaire pourrait m'engager à montrer ce que vous m'avez confié, mais je veux être fidèle à mes engagemens et à vos volontés; on n'en verra rien : je vous jure cependant avec vérité que je n'ai rien lu de mieux écrit et de mieux raisonné. Les sentimens que vous avez pour la personne de Jean-Jacques échauffent nécessairement votre style lorsque vous parlez de lui. Vous avez bien raison de dire que les systèmes sages, brillans et impossibles, sont pour un homme d'esprit des ouvrages ennuyeux et fatigans ; c'est ce qui me fait

quelquefois plaisanter de vos spéculations métaphysiques, car elle ne conduit à rien de bien prouvé. La
raison dirige mieux sur les objets qu'elle embrasse que
les raisonnemens, et l'on a une voix intérieure qui
nous dit que les hommes avec beaucoup d'esprit ont
soutenu bien des bêtises.

J'habite la ville de Liège : c'est une vilaine habitation, un pays affligeant pour la philosophie, l'humanité et les gens de Paris; on y persécute les cacouacs
et l'on y assassine les passans, ce qui est également
nuisible au corps et à l'esprit. Je ne sais quand j'en
sortirai ; les campagnes d'hiver reculent nécessairement
celles d'été. Les gens qui croient qu'il est aussi facile
d'arranger les volontés du roi de Prusse et de l'impératrice, que de raccommoder une bourgeoise de la rue
Saint-Honoré avec son compère, pensent que la paix
sera faite au mois de juillet : je ne crois pas la chose
si facile et si prochaine. Je trouve cependant M. Stanlei
d'un très-bon augure ; car avoir à Paris l'envoyé d'une
puissance belligérante, c'est ne point craindre qu'elle
soit informée du vœu intérieur de sa nation, de sa situation, de ses moyens et de ses ressources. Si la pénétration de l'ambassadeur n'était point assez vive pour
apprécier tous les objets, il n'a qu'à ouvrir les oreilles:
l'indiscrétion française est infiniment utile aux étrangers. J'ai connu ce M. Stanlei; c'est un homme d'un
abord peu prévenant et d'un débit désagréable, mais
c'est un homme qui a de l'esprit et du caractère. La
première fois qu'il dîna chez moi, pour empêcher
ma chienne de lui frotter les jambes, il défit sa
jarretière, et lui attacha tout doucement la tête

contre le pilier de la table, ce qui pensa l'étrangler.

Continuez, je vous prie, à m'envoyer exactement votre correspondance : c'est une charité de procurer quelque satisfaction aux gens qui vivent dans les privations ; c'est le premier devoir de l'humanité et de la philosophie.

Si je joins le baron, et que je trouve quelques-unes des bêtises que vous désirez, je vous les enverrai.

A Xanten, ce 2 juin.

Je regrette Liège, c'est vous dire que je suis plus mal. Xanten est une petite ville sur les bords du Rhin ; la situation en est agréable, les promenades sont belles ; mais le chemin qui mène des autres chez moi est court, et ces autres m'ennuient.

Les charmes de la nature, du jardinage, de l'agriculture, les moutons, les chèvres et les ânes, plaisirs philosophiques fort chantés depuis quelques années, ne font point ici d'impression sur mon ame. Pour goûter tous ces objets, il faut en être le propriétaire. La pluie de Bagnolet, qui ne mouille pas M. le duc d'Orléans, m'enrhume.

J'irai demain à Vesel ; j'y trouverai le baron, et s'il a ce que vous désirez, j'en extrairai quelque morceau pour vous dégoûter des autres. Ce baron est un homme heureux : il n'a point d'imagination, et ce qu'il produit sans elle lui coûte même infiniment à écrire ; par-là sa journée est remplie, et je suis persuadé qu'il est presque toujours content des lieux qu'il habite, parce qu'il y est satisfait de lui-même.

L'imagination est toujours nuisible au bonheur ; elle nous éloigne de nous-même, échauffe nos sens pour des objets chimériques, anime nos désirs pour des jouissances idéales. Il faudrait ne penser qu'à ce qu'on voit, et ne désirer que ce qu'on touche ; alors je serais content du visage de ma servante et de sa fermeté.

J'ai été content de la réponse de M. de Voltaire, parce qu'elle est de lui. J'aime à croire que mon siècle est le plus éclairé, que mon gouvernement est le meilleur, et que mon temps est le plus heureux. Mais celui qui voudrait disputer sur quelques-uns de ces objets pourrait encore trouver de quoi former une brochure.

Lorsque Rome perdit sa liberté, que le sang de ses sénateurs inonda ses murailles, elle avait vu naître Ovide, Virgile, Horace et Cicéron : ce temps de lumière fut-il le plus heureux pour les Romains? Je ne le crois pas.

Convenons d'une chose, c'est qu'en fait de bonheur tous les temps sont à peu près égaux. On s'accoutume trop aisément à juger de la situation des peuples par les révolutions qui arrivent aux grands. Le maréchal d'Ancre a été assassiné, sa femme a été brûlée : voilà deux vilaines façons de se défaire des importuns ; cet événement ne change rien au sort de dix-huit millions d'ames que la France nourrit.

Pour combiner les temps heureux d'un État, il faut voir celui où le peuple, chargé de moins d'impôts, subsiste avec le plus d'aisance, où il vit tranquillement au sein d'une famille qu'il ne craint point d'augmenter ; où, pour former des armées de trois cents mille hommes, les enfans ne sont pas, à la fleur de leur âge, arrachés des bras de leurs mères ; où le monarque enfin peut se passer de 400 millions de revenu. Voilà, je crois, des combinaisons qui peuvent balancer l'avantage d'avoir une société plus éclairée, des draps plus fins, et des palais plus somptueux.

Je serais certainement très-affligé si, par une puissance magique, on me transportait vis-à-vis mon trisaïeul, et que, dans son vilain château, je fusse obligé d'entendre son ignare et gothique conversation ; mais je n'oserais décider si cet homme, dans son temps, n'était pas plus heureux que je ne le suis aujourd'hui, environné d'arts, d'or, de mollesse, et des rayons de l'*Encyclopédie.*

Je suis sans doute un pauvre raisonneur ; mais au malheur de ne rien établir je joins celui de trouver que les autres n'établissent rien. La sagesse et la philosophie sont des caméléons qui changent de couleur sous la plume des différens écrivains ; l'un vous dit que l'humanité éclairée jouit de tout, et doit être la plus heureuse ; l'autre vous assure que la découverte des arts n'a fait qu'augmenter nos misères en multipliant nos besoins. Les gens d'esprit, en appuyant sur les contraires, ont également raison. Cela me dégoûte, et fait que j'aime mieux l'*Hymne aux tétons* de M. Desbordes, que tous vos systèmes de sagesse, de bonheur et de philosophie.

Je ne vois pas qu'on se prépare encore à marcher sur Munster ou Lippstat. Je ne sais si cette tranquillité naît de la nécessité de combiner nos mouvemens avec ceux de M. de Broglie, ou si quelque négociation suspend l'entrée de la campagne. Je penserais que le premier de ces deux objets de retard est le véritable, car je crois peu à la paix. Adieu; donnez-moi souvent de vos nouvelles. Mon frère me charge de mille choses pour vous.

A Lahn, ce 23 juillet.

Je crois, lorsque je vois les hommes travailler au grand édifice de la raison et de la vérité, voir des enfans arranger des capucins de cartes; un souffle détruit tout leur bâtiment, il est plus tôt renversé que fini. Le philosophe, quand le hasard lui a donné le sens commun, ne doit point espérer que ses systèmes établiront le bonheur public; le mal de l'un fera toujours le bien de l'autre; chaque caractère, chaque passion, chaque état, chaque esprit, sont autant d'oppositions au bonheur général. Les hommes sont comme les champs, l'un porte des raves, l'autre des choux; et celui qui s'amuse à spéculer sur le mieux possible, est un chou philosophique qui suit son goût, fait fort bien, et n'est ni plus ni moins heureux que les autres.

Trouvez-moi, pendant que vous y êtes, un bon système pour réunir deux généraux français, pour que la vérité soit dans leur cœur et dans leurs bulletins, pour que l'ensemble soit dans leurs manœuvres, et que l'intérêt personnel ne marche qu'après le bien public : trouvez-moi cela, et je vous donnerai mon beau cheval, qui vous jettera par terre.

Je suis très-persuadé de la supériorité de la langue allemande, je crois surtout à son abondance, car rien n'est aussi bavard que les habitans de ce pays; mais quoiqu'il soit fort à la mode d'assurer que la française n'est qu'un jargon, je n'en suis pas convaincu; et s'il y a des morceaux en latin, en grec, en anglais et en allemand, qui vous paraissent intraduisibles, les traducteurs de ces nations doivent dire la même chose de bien des passages français.

Quant à moi, j'ai une autre idée, et je pense qu'un traducteur dont le génie serait égal à son auteur ne lui serait point inférieur dans les morceaux réellement sublimes. Le beau se sent et se rend dans toutes les langues; et comme il tient plus au fond qu'à la forme, il se fait admirer partout. Pope, qui a peut-être embelli Homère, n'aurait pu traduire Gresset, mais il aurait traduit Corneille et Voltaire.

Vous m'en fournissez un exemple dans votre lettre.

Le héros, assis sur un tambour, méditait sa bataille ayant pour tente le firmament et autour de lui la nuit.

Je vous prie de me dire dans quelle langue cette image serait rendue avec des mots plus nobles et plus précis.

Milton, en parlant de Dieu ou de Lucifer, dit : *la terre est son marche-pied, le ciel est son dais.*

Dans un autre ouvrage anglais plein de choses fortes et folles, qui s'appelle, je crois, *les Nuits Noires*, l'interlocuteur s'écrie :

O nuit.., noire divinité, majestueuse sans éclat, de ton trône d'ébène tu gouvernes avec un sceptre de plomb un monde anéanti!

Trouvez-moi en italien ou en allemand, des termes plus énergiques et plus sombres. Convenons d'ailleurs qu'une langue qui ne souffre point d'inversion, qui est gênée dans sa poésie par la rime et par les hiatus, doit

être bien riche quand, malgré ces difficultés, elle a
produit les plaidoyers de Corneille et les images de
Voltaire : la langue, les têtes et les façons françaises
sont sujettes à bien des critiques ; mais, tout considéré,
je crois qu'il y a encore plus de profit à en tirer que de
mal à en dire.

Je ne vous mande point de nouvelles, nos dissensions sont plus fâcheuses que nos revers. Les armées se
séparent demain ; nous donnons trente mille hommes
à M. de Broglie : M. de Soubise me paraît, dans cet
arrangement, imiter saint Martin qui donnait au diable
la moitié de son manteau. M. de Castries, qui est ex-
cédé de fatigues, me charge de vous dire mille choses.
Envoyez-moi toujours vos écrits : j'ai trouvé le dernier
plein d'esprit et de sophismes.

———————

À Dorstein, ce 7 septembre

J'ai commencé une lettre pour vous, mon cher Grimm,
il y a plus de quinze jours ; je crois me souvenir qu'elle
était excellente, mais je suis encore plus sûr qu'elle est
perdue : si je la retrouve, et que je vous l'envoie,
vous verrez combien j'étais content de votre dernière
correspondance, et que je prenais la liberté d'ajouter
encore quelques réflexions aux vôtres.

Le titre de la comédie que vous m'annoncez me plaît,
et la protection du parti en assure le succès. Je dis déjà
qu'elle est excellente et pleine de situations déchirantes
(c'est, je crois, le mot). Autrefois je l'aurais soutenu vis-
à-vis le prince héréditaire, les armes à la main, et je
lui aurais envoyé votre avis entortillé dans du canon :

mais les temps sont changés, et les idées philosophiques demandent plus de douceur que de violence. Je prendrai la voie des déserteurs, et elle est fort à la main.

Je suis à Dorstein, petite ville fort jolie, qui a été, il y a huit jours, pillée et brûlée par les Hanovriens; j'y ai retrouvé mademoiselle Lisbeth, très-jolie personne chez qui je logeais il y a quatre ans; elle m'a paru encore plus sensible à la grillade qu'au plaisir de me revoir: qu'est-ce que cela peut prouver pour l'esprit et la matière?

Le grand *Mahomet* dont vous me parlez est sans doute un chef-d'œuvre, et je l'estime d'autant plus, qu'il ne faut pas, pour sentir sa beauté, l'illusion que la représentation entraîne: c'est, à ma façon de penser et de voir, la seule pièce qui perde à être jouée. L'imagination voit des choses que l'art ne peut rendre. La mort de Séide est dans ce cas; je me la peins mieux qu'on ne la représente, et cette pièce m'a toujours fait moins de plaisir à voir qu'à lire.

M. de Castries a toute la fatigue et le dégoût qu'entraîne sa place, dans une armée réduite à ne rien faire. Je ne le vois presque pas. J'espère que nous allons avoir plus de tranquillité. Nous avons encore une fois changé de camp avec les ennemis; ils sont à Dulmen, et nous à Dorstein et Reklinghausen. Il faut rester ici à manger du temps et du foin; et quand nos amis n'auront plus de quoi vivre, nous repasserons le Rhin et prendrons nos quartiers de l'année dernière. Cette opération doit mener jusqu'aux premiers jours de novembre, temps où je me flatte d'avoir le plaisir de vous revoir.

A Ostmar, ce 26 septembre.

J'avais pensé comme vous, mon cher Grimm. Le sac de Dorstein et la situation de Lisbeth m'avaient fait naître l'idée d'une tragédie fort intéressante ; mon ouvrage était avancé, la générosité du montagnard d'Écosse y formait une opposition brillante avec la barbarie de ces hommes policés qui ne connaissent dans l'art de la guerre que le profit, le meurtre et la gloire, et croient qu'on ne peut y joindre la pitié. J'étais assez content ; je commençais à me flatter d'un succès presque égal à celui de M. de Lauraguais, lorsque j'ai été arrêté par la difficulté de maintenir le costume : les montagnards n'ont point de culotte, cela ne laisse pas de rendre le viol plus aisé, et par conséquent la continence plus généreuse ; leur cacher le cul, c'est diminuer, aux yeux des connaisseurs, la moitié du mérite ; le leur découvrir, c'est une espèce d'indécence qui peut-être révolterait le public de Paris. Dans cette incertitude, j'ai laissé ma pièce, et j'attends, pour la finir, que l'abbé Galiani, le baron d'Holbac, Diderot, vous et nos autres lumières, ayez bien voulu m'éclairer sur ce qu'il y a de mieux à faire. Je vous obéirai comme un de vos plus zélés énergumènes.

Je connais de nom une partie des gens qui se promènent dans l'*Épître dédicatoire,* de M. de Lauraguais, surtout Annibal qui était borgne, puisqu'il n'avait qu'un œil, et, sorcier, puisqu'il faisait fondre les Alpes avec du vinaigre ; mais je ne sais ce qu'ils viennent faire dans son Épître, qui est un des plus étonnans galimatias que j'aie lus de ma vie. C'est une grande bêtise aux amateurs de vouloir être auteurs, et l'on pourrait leur dire ce qu'un bon ecclésiastique, secrétaire de feu mon oncle, lui répondit lorsque, effrayé de l'immensité de ses manuscrits, il craignit d'en faire un trop gros volume : « Rassurez-vous, monseigneur, lui dit l'abbé, quand ils auront été sous la presse, ils paraîtront fort plats. »

Il y a beaucoup à gagner à juger les autres sans se mettre à portée de l'être : on peut, sans être architecte, décider qu'une maison est mal bâtie. Madame Geoffrin, qui se connaît en livres, en tableaux, en statues, en habits, en géométrie, etc., n'a jamais fait qu'une fille sourde; c'est ce qui m'encourage à hasarder d'être quelquefois d'un avis différent du vôtre, liberté que je n'oserais prendre si j'avais produit dans le monde un autre ouvrage que ma fille, qui a bien ses deux oreilles.

Par exemple, je ne pense pas comme vous sur le mélange du chant et de la danse; il me semble que ces deux mouvemens ne sont point des imitations tout-à-fait disparates : c'est, je crois, dans l'état de pure nature plus que dans le travail des arts, qu'il faut chercher le vrai. Nos paysans, aux noces de leurs seigneurs, dansent et chantent; les sauvages, après leurs victoires, en font autant. Si les danseurs sont bons, que les fêtes soient bien amenées et que la musique en soit agréable, comme par exemple celle du ballet des Fleurs, dans *les Indes Galantes*, et des enchantemens de *Tancrède* et d'*Armide*, je ne puis trouver que cet assemblage soit monstrueux. Je vous avoue donc que je serais fâché qu'on le réformât, et que je le crois meilleur à perfectionner qu'à détruire.

Vous avez prévenu une partie de ce raisonnement

en disant que les premiers chants ont une origine différente que celle de la musique; c'est encore ce que je
ne crois pas : je pense que les premiers chants étaient
une première musique, comme les premières chansons
étaient une première poésie. Tout le monde est de votre
avis sur l'avantage qu'il y aurait à faire un tableau de
chaque ballet; et la preuve que l'esprit n'a pas besoin
d'être éclairé sur cette vérité, c'est le plaisir que donnent
ceux qui sont bien composés. Tâchez donc d'encourager
les auteurs à travailler avec plus d'intelligence, mais
ne leur dites pas que le fond de leur travail est absurde;
car cela pourrait nous priver de nos ballets, qui sont
nécessaires à nos opéras et à mes yeux aussi.

J'apprends dans ce moment la mort de M. de Clermont. Je n'avais pour son existence qu'un intérêt re-
latif, et j'attends, pour en être fâché, l'effet qu'un tel
événement produira sur le sort de sa femme : elle a
peu de bien, encore moins d'ordre; et la liberté, dans
les ménages de Paris, n'est qu'un mot qui n'a point de
réalité; les femmes n'y sont pas plus gênées que la presse;
elles crient cependant comme vous à la persécution,
mais le fait est que, tant de corps que d'esprit, chacun
travaille assez librement. Je suis ici entre Munster, pour
en gêner la garnison, et la West-Frise, pour protéger
les courses de nos troupes légères. Ces deux objets
peuvent nous mener jusqu'à la fin du mois d'octobre,
et j'espère toujours être à Paris dans les premiers jours
de novembre. Le plaisir de vous y revoir entre pour
beaucoup dans le désir que j'ai d'y retourner.

A Bolum, ce 3r octobre.

Vous trouvez donc, mon cher Grimm, que de très jolies femmes ornées de guirlandes de fleurs, à moitié nues, formant sur des airs voluptueux des pas quelquefois vifs et quelquefois languissans, ne sont point capables de désarmer un héros, de suspendre son ardeur pour la gloire, et de lui faire oublier la guerre pour les plaisirs : cependant le vaisseau de Cléopâtre, sa musique, ses Nymphes et ses Amours, enchantèrent Antoine; les délices de Capoue, qui ne valaient ni Pomponne ni Miré, arrêtèrent Annibal, et moi, qui suis tout aussi brave qu'un autre, je vous avoue que si je rencontrais dans un bois de Vestphalie un ballet de l'Opéra, je m'y arrêterais au moins une nuit. Il faut que vous ayez un cœur de fer ou des sens de glace, pour être insensible à ces objets. Votre jeune Hercule dont l'ame oppressée balance entre la volupté et la vertu, ne doit flotter dans cette incertitude qu'à l'aspect des plaisirs qu'on lui présente, et cette image des plaisirs devient une chose essentielle au fond de la pièce, puisqu'elle doit être assez vive pour laisser le spectateur balancer sur le parti qu'il prendrait s'il était à la place d'Hercule. Je continue donc à penser que les enchantemens d'*Amadis* et de *Tancrède* sont précieux à conserver.

Nous avons trois spectacles dont le goût, les caractères et les impressions doivent être différens : la comédie est la peinture des mœurs du temps, elle devrait corriger et amuser; la tragédie doit élever l'ame et la déchirer par des tableaux tendres ou effrayans; l'opéra est un spectacle de magie, qui doit amollir et enchanter les sens. Si vous nous ôtiez les uns et les autres, vous en feriez une tragédie chantée. Peut-être l'en estimeriez vous davantage, mais ce serait un genre de moins. Vous dites que c'est un monstre, mais c'est un monstre qui plaît. Quant à la musique, je suis fort de votre avis, et je désire qu'elle soit aussi harmonieuse, aussi agréable et aussi pittoresque que vous pouvez l'imaginer.

Je lisais, il y a quelques jours, dans un des ouvrages du temps, qu'il n'y avait rien de si ridicule que les chœurs, parce qu'il était contre le sens commun de faire avoir la même idée et les mêmes expressions à cinquante mille hommes à la fois. Cela ne me paraît pas bien juste, car ordinairement le ton est donné par un coryphée, et rien n'est plus commun que de voir le peuple répéter par exclamation ce qu'il entend dire à une seule voix. D'ailleurs cette méthode n'est pas de nos jours; et les Grecs, nos maîtres en tout genre, s'en sont servis avec succès dans la plupart de leurs tragédies.

Je n'ai point été aussi content de la *Lettre de Goûju* que je l'avais espéré; il me semble que la même idée y est trop souvent retournée, et que ce petit écrit est moins gai que ceux qui l'ont précédé.

Je ne vous reverrai pas aussitôt que je l'avais espéré; nous sommes condamnés à faire des malheureux jusqu'au 15. L'ennui que j'en ressens me prouve que les plaisirs des damnés ne sont pas fort vifs; et je ne me console point d'être ici par le chagrin des gens qui sont ruinés par notre présence.

Mon frère vous fait mille complimens. Je ne sais s'il voit sans jalousie les succès de Philidor; son espérance est que sa gloire musicale affaiblira sa science échectique. Adieu, j'espère prendre bientôt du café avec vous.

————

A Dortmund, ce 18 juin 1761.

Si je ne vous ai pas remercié de la *Conversation de l'abbé Grisel*, j'ai eu grand tort, car elle m'a fait grand plaisir : il me semble que jusqu'au moment où Voltaire a voulu faire de bonnes plaisanteries, il a passé pour n'être pas plaisant ; mais depuis quelques années on ne doit pas lui refuser ce mérite non plus que d'être fou, car ses ouvrages sont lardés de bassesse et de courage, de critique et d'adulation : il paraît, dans les uns, travailler pour reparaître en France et ramener la cour; dans les autres il attaque toutes les sociétés, et traite la religion comme il dit qu'il faut traiter les jansénistes pour les faire tomber. Cela me plaît infiniment [1].

Votre dixième feuille m'a fait grand plaisir ; il y a deux sortes de sots très communs : les uns ne voient dans un nouveau projet que le renversement des anciens usages; et sans réfléchir que chaque siècle a acquis sur celui qui l'a précédé, ils disent : Le monde a bien été jusqu'ici, il ira bien encor, et n'a pas besoin de réformateurs ; les autres leur sont directement opposés, et pourvu qu'un mémoire soit spécieusement écrit, ils croient tout ce qu'il propose bon et possible. La partie sur laquelle M. de Mirabeau et M. Pesselier ont écrit est peut-être celle où un homme qui n'a point

———

1. Le bon sens qui règne dans toute la correspondance de cet officier révèle suffisamment le fond de sa pensée sur la *folie* du patriarche de Ferney, lorsqu'il *attaque la religion et toutes les sociétés.*

été dans le cabinet peut prononcer le plus difficilement : toutes les branches de l'administration en ressortent. Le bien et la puissance sont deux choses plus difficiles à accorder que ne le croit le patriote systématique ; rendez au peuple l'aisance et l'esprit de liberté, il sera moins esclave de la cour. Les livres sont bons quand ils ont commencé à parler au cœur des rois, c'est là où réside toute réformation utile ; imprimons toujours, cela fait gagner les libraires.

Nous sommes partis le 13, de Vesel. Le mauvais temps a été jusqu'à ce jour notre seul ennemi ; jamais pluie plus abondante n'a humecté un plus vilain pays. Notre première marche sera sur Unna, et une partie de l'armée des alliés se rassemble à Verle, Roest et Buren, petites villes peu distantes de nous. Je crois que nous irons lentement, pour attendre les mouvemens de l'armée de Broglie qui ne doit marcher que le 25. En attendant, j'ai une position qui me serait fort agréable si elle ne me séparait pas de mon frère, je suis le premier officier-général de la réserve de M. le prince de Condé, réserve destinée à faire l'avant-garde de l'armée. Le baron n'a point apporté ici son recueil : ainsi point d'ouvrages de Drevenick, car j'ai soigneusement déchiré tout ce que j'avais fait, et je ne m'en repens pas. Mon frère me charge de mille choses pour vous. Bien mes complimens à M. Diderot.

SUR L'ÉMILE DE J.-J. ROUSSEAU[1].

A Paris, ce 1er juillet 1761.

Lorsque l'Université de Paris donna, il y a quelques mois, son *Mémoire sur les moyens de pourvoir à l'instruction de la jeunesse*, on devait s'attendre à y trouver un plan général et raisonné de l'éducation publique. Les anciens avaient entre autres grandes vues celle d'adapter l'éducation à la constitution de leur gouvernement ; un Spartiate ne ressemblait guère à un Athénien. Les modernes ont conservé sur ce point, comme sur beaucoup d'autres, les traces de la barbarie de leur origine. L'institution publique est à peu près la même dans toute l'Europe ; les universités, les académies, les collèges, depuis Pétersbourg jusqu'à Lisbonne, nous rappellent partout notre origine gothique et les tristes effets de l'esprit monacal qui avait envahi toute l'Europe pendant les siècles d'ignorance. J'ai déjà remarqué que dans les pays protestans ses traces s'effaçaient insensiblement, et qu'une raison plus épurée se faisait jour à travers le pédantisme de la méthode. Cette révolution, bien loin d'être indifférente au genre humain, influe nécessairement sur le bonheur même des pays catholiques, où la superstition exercerait sa tyrannie avec bien moins de ménagemens s'il n'y avait point de pays protestans au monde. C'est dans ce sens que la liberté du peuple anglais intéresse toute l'Eu-

---

1. Ce long préambule du premier article sur *Émile* avait été retranché par la censure impériale.

rope, que la gloire et les victoires de Frédéric importent même au peuple autrichien, et que le soutien de la cause protestante est nécessaire au bonheur des provinces d'Italie et d'Espagne. Le grand Julien vainqueur aurait épargné au genre humain des siècles d'horreur et de barbarie ; mais vaincu il eut tort : accablé sous la calomnie des prêtres, le peuple ne vit en lui qu'un incrédule poursuivi par la vengeance divine, et la superstition étendit son empire sur toute l'Europe. Frédéric, aussi grand philosophe que Julien, plus heureux, plus glorieux monarque que lui, vraisemblablement ne donnera pas ce triomphe aux prêtres. Non-seulement il y aura dans le continent de l'Europe un pays où les philosophes seront à l'abri de leurs persécutions, et où la liberté de penser sera respectée sous un roi philosophe. Mais les effets de ce sage et heureux gouvernement rejailliront sur tous les autres pays : le fanatisme y sera plus en horreur, la philosophie moins persécutée, la liberté des opinions plus sacrée. Le révérend père confesseur de l'archiduc Joseph ne montrera pas à son altesse royale le doigt de Dieu dans la punition d'un roi incrédule. Si le Très-Haut a doué monseigneur l'archiduc d'un grain d'esprit et de bon sens, il réfléchira un jour sur le grand et beau spectacle que l'ennemi de sa maison a donné au monde. Frédéric ne sera plus ; Joseph ne possèdera pas peut-être la Silésie, mais il aura quelques superstitions et quelques absurdités de moins dans la tête, qu'il aurait conservées si le sort des armes lui eût rendu cette belle province. Ainsi la perte de la Silésie pour la maison d'Autriche tournera au profit de ses autres sujets, et son plus redoutable ennemi aura contribué au bonheur de ses provinces, en détruisant dans la tête de leur souverain le germe de quelques superstitions et de quelques bêtises que les prêtres ne pourront plus faire pousser. C'est ainsi que le genre humain s'achemine insensiblement vers un peu plus de bonheur, et qu'au bout de vingt siècles il arrive à la fin un moment moins barbare. Ce n'est pas que les hommes ne soient, plus ou moins, livrés aux préjugés; la pure raison ne règnera jamais parmi eux. Mais les préjugés horribles de la superstition et du fanatisme ne sont pas sitôt détruits, que les grands et heureux préjugés de l'amour de la patrie, de l'honneur, de l'héroïsme, en prennent la place : alors le même généreux courage qui, avec un esprit aveugle et dégradé, aurait mis sa gloire à trahir, à sacrifier son ami pour la différence de quelques opinions dans le fond également absurdes, ce même courage plus éclairé et mieux dirigé, apprend à respecter la vertu dans son ennemi même, à honorer le mérite et à l'imiter partout où il se trouve, et, en méprisant partout la vanité et l'imbécillité des opinions humaines, à ne se distinguer parmi ses semblables qu'à force de vertus, d'élévation, d'actions nobles et généreuses.

Nous voilà un peu loin du Mémoire de l'Université de Paris, mais si ce Mémoire était l'ouvrage d'un corps de philosophes, comme c'est celui d'un corps de pédans, ces réflexions ne seraient pas si éloignées de leurs idées, qu'on n'en sentît la liaison et la force; elles seraient entrées dans les élémens de l'institution publique dont l'Université devait tracer le plan et les principes.

CONVERSATION AVEC DIDEROT.

A Paris, ce 1er août 1762.

J'assistais l'autre jour à la conversation d'un sage. Le sort, qui s'était plu à le douer des qualités les plus rares et les plus difficiles à réunir, en avait fait un des plus beaux génies dont la France pût se vanter dans un siècle où elle commence à en éprouver la disette. La réputation de ce sage était bien différente de ce qu'il était. Une imagination vive et trop inflammable, jointe à une ame droite et pure, ne lui permettait point de connaître le prix de ces vertus qu'on appelle discrétion, circonspection, prudence, et dont les hommes n'ont besoin que parce qu'ils ne sont ni justes, ni innocens. Il aimait la retraite, non par misanthropie, mais parce que, éloigné dans sa jeunesse du commerce du monde, il n'en avait pas contracté l'aisance : il n'en était que plus cher à ceux avec qui il aimait à vivre. Sa solitude le privait de la considération publique dont il aurait joui s'il se fût montré. Il était haï parce qu'il n'était pas connu. Ses ennemis attribuaient tantôt sa vie retirée à un orgueil démesuré qui méprisait trop les hommes pour se communiquer; tantôt d'autres ennemis, les plus cruels, les plus implacables de tous, les superstitieux et les hypocrites, calomniaient ses mœurs et sa vie, parce qu'il avait osé, d'une main hardie et sûre, déchirer le bandeau de l'erreur et briser le joug du fanatisme. Ils suscitaient souvent la clameur publique contre lui. Cependant le sage, ignorant leurs

efforts, vivait heureux ; et ceux qui avaient le bonheur de le connaître, en méprisant les vains cris de
la populace, respectaient ses vertus et admiraient son
génie ; ses amis se plaisaient à lui dire qu'il était singulièrement heureux sur deux points : en ce qu'il n'avait
jamais rencontré ni un méchant homme, ni un mauvais
livre ; car en lisant l'ouvrage le plus misérable, sa tête,
également féconde sur tous les objets, trouvait sans effort les plus belles, les plus heureuses idées qu'il croyait
ensuite de la meilleure foi du monde avoir lues dans le
livre qu'il avait tenu. Il dit un jour, en louant beaucoup un manuscrit qu'on lui avait confié, que ce qu'il
y avait surtout de beau dans cet ouvrage, était ce qui
n'y était point, mais ce qu'il dirait à l'auteur d'y mettre,
la première fois qu'il le verrait ; et lorsqu'il rencontrait
un inconnu, il assurait toujours que c'était le plus
honnête homme du monde, parce que la candeur et la
droiture de son ame ne lui permettaient pas de supposer
qu'un fripon puisse avoir le maintien et le langage d'un
honnête homme. Il était né pauvre et sans aucun de
ces talens qui font faire fortune ; mais la richesse et la
pauvreté sont indifférentes lorsqu'on a de la santé et
la paix avec soi-même ; et le sort lui avait accordé
le plus grand de tous les biens, une sérénité d'ame
inaltérable, avec une grande passion pour les ouvrages
de génie et pour le vent du nord. Au reste, ses amis
disaient de lui qu'il était comme l'Éternel, devant qui tous
les temps sont égaux. Toujours content de lui et des autres, il n'avait nulle idée de la durée, et le seul chagrin
qu'il causait à ses amis, était de le voir si peu avare d'un
temps qu'ils croyaient précieux pour lui et pour son

siècle, et dont la facilité de son caractère permettait de disposer à tous ceux à qui il en prenait fantaisie. Indulgent, doux, généreux, délicat, éloquent et sublime, tel était le sage retiré et calomnié.

On parlait de la proscription de Jean-Jacques Rousseau, qu'il avait tendrement aimé, et dont il n'avait pas à se louer. On disait que la première animosité avait été fort grande dans le parlement ; que plusieurs membres de ce corps avaient dit tout haut qu'il fallait brûler le livre et l'auteur, et que le citoyen de Genève aurait au moins couru risque d'être flétri, s'il ne s'était mis à l'abri des poursuites en quittant le royaume.

« Nul de nous, reprit le sage, ne connaît son sort ; aucun ne peut se flatter d'échapper toute sa vie aux dangers dont le fanatisme et la superstition environnent tous ceux qui ne plient point sous leur joug redoutable : Socrate a bu la ciguë ; Rousseau aurait pu être flétri et conduit aux galères. On nous prêche sans cesse la prudence ; mais considérez, s'il vous plaît, que s'il n'y avait jamais eu que des hommes prudens sur la terre, les écrits de Platon, de Cicéron, de Montesquieu, n'auraient jamais existé ; aucun ouvrage immortel n'aurait honoré son auteur et son siècle. Mais si tout dans la nature suit la pente inévitable de son sort ; s'il est vrai qu'il faut que le fanatique persécute, il faut sans doute aussi que le philosophe remplisse sa tâche au risque des malheurs qu'il peut s'attirer. Quelle peut donc être la consolation du philosophe qui voit sa destinée et ne peut l'éviter ? Socrate succombant sous la haine de ses ennemis, n'était point ce Socrate que les siècles suivans ont honoré comme le plus sage, le plus vertueux des hommes. Socrate, au moment de sa mort, était regardé à Athènes comme on nous regarde à Paris. Ses mœurs étaient attaquées, sa vie calomniée : c'était au moins un esprit turbulent et dangereux qui osait parler librement des dieux; c'était, dans l'opinion du peuple, un homme pour qui rien n'était sacré, parce qu'il ne tenait pour sacré que la vertu et la loi. Mes amis, puissions-nous en tout ressembler à Socrate, comme sa réputation ressemblait à la nôtre au moment de son supplice! C'est donc à la justice des siècles que le sage d'Athènes dut commettre les intérêts de sa mémoire et l'apologie de sa vie. La postérité a vengé Socrate opprimé; elle aurait enlevé la marque d'infamie des épaules du citoyen de Genève, et l'aurait imprimée pour jamais au front de ses juges. Ce n'est pas Rousseau qui aurait été deshonoré, c'est le siècle et le pays qui auraient vu porter cet inique jugement. »

On parla long-temps sur cette matière. Un docteur qui était là et qui aimait à raisonner, après avoir long-temps disserté sur les dangers de la liberté de penser et d'écrire, se rabattit sur la distinction aussi commune que fausse des vérités utiles et des vérités nuisibles, et finit par demander au sage s'il ne rachèterait pas volontiers au prix de sa vie, le maintien de certaines vérités utiles au genre humain.

« Je crains bien, répondit le sage, que les hommes ne soient jamais assez sensés pour se convaincre que les opinions sur l'existence de Dieu, sur la nature de l'ame, sur la liberté de l'homme et sur la nécessité, sont absolument indifférentes pour les choses de cette vie et pour l'ordre et la tranquillité des gouvernemens. Pour me persuader que telle opinion est plus nécessaire ou même plus favorable au maintien de l'ordre public que telle autre, il me faudrait non des raisonnemens, mais des faits. On peut tout établir et tout détruire par quelque raisonnement; mais rien ne prouve comme les faits. Montrez-moi un peuple parmi lequel l'idée de Dieu et de l'immortalité de l'ame, celle d'un jugement à venir, et d'autres chimères qu'on croit aujourd'hui essentielles à la soumission des peuples, aient aboli les roues et les potences; montrez-moi un autre peuple dont le gouvernement n'a pu subsister parce que la sanction de ses lois n'était fondée sur aucune de ces idées, et elles me paraîtront désormais nécessaires au bonheur du genre humain. Quant à la vérité, notre sort est de l'aimer et d'être toujours en proie à l'erreur, comme nous sommes obligés de tendre à la perfection malgré les défauts qui nous entourent et dont nous ne serons jamais délivrés. A en juger par l'usage que les hommes font de la vérité, je ne sais s'il y en a aucune qui vaille une goutte de mon sang ; proposez-moi plutôt, docteur, de racheter au prix de ma vie l'abolition de quelque erreur, de quelque préjugé parmi les hommes. Je la sacrifierais peut-être, si je pouvais, par exemple, anéantir pour jamais la notion de Dieu de l'imagination et de la mémoire des hommes; je serais persuadé alors d'avoir rendu au genre humain un des plus grands services qu'il pût recevoir: car, si vous voulez réfléchir, vous serez effrayé des crimes, des maux et des ravages de toute espèce que cette idée a causés sur la terre. »

La force de cette réflexion me frappa. Elle m'a long-temps occupé depuis, et je me suis convaincu que si nous devons à l'imagination tous nos avantages, tout notre bonheur, tout ce qui nous rend supérieurs aux autres animaux, c'est à elle aussi que nous pouvons attribuer tous les malheurs et tous les égaremens de notre race. Mais considérant alors que de certaines vérités n'étaient point faites pour être accueillies par les docteurs, je détournai la conversation, et je dis : « Il faut convenir que Rousseau est d'une mauvaise foi bien insigne ; car après avoir dit du christianisme plus de mal qu'aucun philosophe ne s'est jamais permis d'en dire en public, il le relève afin de pouvoir calomnier la philosophie à son tour. Il ose dire que nos gouvernemens doivent au christianisme leur plus solide autorité et leurs révolutions moins fréquentes ; que la religion, écartant le fanatisme, a donné plus de douceur aux mœurs chrétiennes, et que ce changement n'est point l'ouvrage des lettres. On ne saurait mentir avec plus d'intrépidité. Car si les révolutions des États sont moins fréquentes, il est manifeste que cette stabilité est une suite de la confédération générale qui a lié toutes les puissances de l'Europe entre elles, et que la religion n'y a contribué en rien. L'histoire du christianisme depuis son berceau jusqu'au moment où la culture des lettres en a énervé le fanatisme, est le tableau le plus affreux, le plus horrible qu'on trouve parmi les monumens de nos calamités et de notre misère ; il n'y a point de cruauté, point d'atrocité dont elle n'offre des exemples qui font frémir. Que voulez-vous en effet que produise une doctrine d'enthousiasme sur les hommes, dont le plus grand nombre est toujours porté à l'absurdité ? et quel frein pourraient-ils connaître, si une raison plus éclairée ne rendait à la fin leur cruel fanatisme odieux et ridicule ? Le fait est que cette religion n'a cessé d'exciter des troubles depuis qu'elle s'est montrée parmi les hommes; et s'ils sont aujourd'hui moins dangereux, peut-on donner une autre cause de ce changement que les progrès des lettres et de la raison ? Je ne sais, toutefois, comment nous osons nous vanter de mœurs plus douces et d'un siècle plus éclairé. Je doute qu'il y ait trace dans l'histoire d'une atrocité plus déplorable que celle qui vient d'arriver à Toulouse. Rousseau sait faire jusqu'à l'apologie du fanatisme ; il le trouve préférable à la philosophie par plusieurs bonnes raisons qu'il indique; et moi, je trouve qu'un tel écrivain serait digne d'être l'apologiste des juges de l'infortuné Calas. »

Le souvenir de cette horrible aventure de Toulouse nous jeta dans la tristesse et dans le silence. De telles horreurs glacent le sang, et font gémir sur la condition de l'homme. Le sage reprit à la fin la parole et dit : « Je n'ai point lu le Traité de l'Éducation; mais l'ayant trouvé l'autre jour sur une cheminée, j'en ouvris un volume au hasard, et j'y lus ces paroles : « Si la « Divinité n'est pas , il n'y a que le méchant qui rai- « sonne; le bon n'est qu'un insensé. » Je jetai le livre, et je dis : il ne faut pas réfuter un auteur qui sent ainsi; il faut le plaindre. »

Alors je me rappelai un autre endroit du livre de l'Education, et je dis au sage : « Philosophe, tes lois morales sont fort belles, mais montre-m'en , de grace , la sanction. Cesse un moment de battre la campagne, et dis-moi nettement ce que tu mets à la place du Poul-Serrho. » Le sage sourit . « Dites à Rousseau, me répondit-il, que je ne fonde la vertu et le bonheur de l'homme sur aucune idée absurde et métaphysique; que la nature les a fondés, sans nous consulter, dans notre cœur sur la notion éternelle et ineffaçable du juste et de l'injuste; que je le plains sincèrement s'il ne sent point que le sort de l'homme vertueux et malheureux est préférable au sort de l'homme méchant et heureux; qu'aussi long-temps que le méchant ne sera pas aussi franchement méchant que le bon est franchement bon, qu'aussi long-temps que le premier n'osera se perfectionner comme le second, je croirai la sanction de mes lois morales hors de toute atteinte : car aucun être ne peut sortir de sa nature, et celle de l'homme veut qu'il aime la vertu et qu'il abhorre le vice; il ne dépend pas de lui d'être autrement. Cette loi éternelle et universelle ne prévient pas, je le sais, les crimes; mais qu'on me montre une absurdité métaphysique qui les prévienne, et je la croirai utile au genre humain. Aussi long-temps qu'un culte absurde ne détruit pas, chez un peuple, jusqu'à la notion du crime, en sorte qu'on ne voie plus que de bonnes actions et aucune mauvaise, je ne pourrai lui accorder aucune supériorité sur les lois pures et simples de la nature. Il ne s'agit point de savoir si la confession produit chez les catholiques quelques bons effets; le poison aussi peut produire quelques effets salutaires, mais il reste toujours poison. Chez les peuples les plus aveugles et les plus barbares, il y a aussi des pratiques superstitieuses qui, avec une infinité de maux, produisent quelque bien. Ce que je vois, c'est que la religion ôte à l'homme vertueux sa noblesse et son excellence, en rendant sa vertu mercenaire par l'idée d'une récompense chimérique et vile, mais qu'elle n'a point su mettre un frein au crime, puisqu'il se mêle parmi les actions des hommes, comme il s'y est toujours mêlé, quels que soient d'ailleurs leurs opinions et leurs systèmes. Mais si aucune erreur, aucune chimère n'a su prévenir le crime et ses funestes effets, graces à la loi éternelle et invariable de la nature, aucune n'a pu non plus effacer l'amour et le charme de la vertu du cœur des hommes. Quelque pervers qu'ils soient, j'ose croire que s'ils étaient tous réduits à la malheureuse nécessité d'opter entre la condition de l'infortuné Calas expirant sur la roue, et celle de ses juges, il se trouverait beaucoup d'ames généreuses qui préféreraient la première, et que si la lâcheté ordinaire aux ames vulgaires les empêchait de prendre un parti généreux, il ne se trouverait du moins aucun homme assez dégradé pour choisir le rôle des juges, sans répugnance et sans remords. Docteurs, sophistes, fanatiques, montrez-moi parmi vos absurdités une sanction qui vaille celle-là. »

LETTRE DE MADAME LECLER, A GRIMM[1].

Chinon, ce 8.

MONSIEUX,

Je sui dan le dernié desespoir sur ee jai tapri de ma fille Manon qui vous satecri par ou elle condes-

---

[1]. Ces lettres adressées à Grimm ont un caractère de vérité qui repousse toute idée de supposition. L'expression des sentimens de ces correspondantes ne nous a pas semblé moins curieuse que la singularité de leur orthographe.

sandoit a des proposition de libertinage dont au quel une honeste famille a lieu d'être bien sensible sur tou quan vous saurés monsieux que deffun mon mari et moi lui avon toujour remontré la crainte de Dieu et de conservé son honesteté pour Dieu monsieux sy elle ne la pas encor fait je vous demande votre misericorde pour une jeunesse. Tiré la du vice au lieu de ly mettre, je peu attandre ca dun seigneur come vous qui a sune ausi charmante reputation, car je me suis laissé dire que vous zétié un filosofe de grand esprit et que cetoit rapor a ca que les messieux de Franquefor vous zavoit fait minisse vou voïré que ces a cause de ca aussi que ma fille Manon ces amouraché de vous, car pour ce qui est de lesprit jai toujour vue quel aimoit les plus gran, malgé quelle a un petit air modesse, quan que lon ma dit quelle était au zopera, allé monsieur jai bien pleuré, car quoique je n'ai qu'un rouoit pour gaigner ma vie, jay de lonneur et jaimerai mieu voir Manon ravaudeuse que dans le chemain de perdition ou elle est. Mais jespere monsieu qun home qui a tant desprit aura ausi de la pitié pour une povre inocente qui ne savoit guere ce qui se pratique a Paris quan con y entre, je me dis don monsieux, en vous prometan mes priere pour votre prospérité, avec un venerable respect,

Votre tres humble servante la veuve

Le Cler.

Je demeure au Puy des Banc, quartier St. Etienne à Chinon.

———

LETTRES AU MÊME DE MADEMOISELLE MANON LECLER, DANSEUSE DE L'OPÉRA.

Ce 3 février 1760.

MONSIEUX ET CHER MINISTE,

J'ai zoui dir le bruit de votre réputassion, zet que **vous** étiaiz fort amoureux de ma persone, charmé que **vous** ete content de mon petit sçavoir faire, zainsi que **de** ma legereté. Je sis trais sansible à votre ressouvenire, je ne le sis pas moins de vous avoir pour mon **cher** zamant, aianz appris que vous étiais fort savant, **je ne** doutte pas de votre constance, car zon di que **vous** ete plein de centimens, les miens seront fort **touchés** de votre amitiée que je ne doutte pas qui soit cinserre. J'accepte donc les offres de votre cœur et me bornerez au simple necessere aiant de la filosofie et préférant un filosofe come vous à tous les princes de la terre.

J'attens donc votre reponse et votre excellense **cette** nuit au bal de l'Opera et je sis d'avanse contente **de** tout ce que vous m'i proposerés. Ne serai-je pas **trop** heureuse d'avoir un envoié come vous. En l'attendant je suis de votre excellenze la tres humble et tres **obligée** et très tendre.   MANON LECLER.

Je vous avertis qu'il y a sur le palais roial un petit appartement à louer qui ne nous coutera que 3000 fr. par an. Adieu mon petit ange je t'embrasse. Qu'il me tarde de te tenir. A ce soir. Je t'embrase encor.

———

Ce 10 février 1760.

L'as tu dû penser, monsieur et cher ministe, qu'un cœur tout à toi put changer, et qu'attachée à zun filosofe, je lui prefere jamais ces êtres machines qui tourbillonnans, bourdonnans sans cesse autour de moi sans cesse m'obsedent? Leurs idées, leurs propos vagues et cahottans ne séduiront jamais une ame que tu as charmée; la volupté de mes pas, leur expression, mes yeux ne te le jurent-ils pas quatre fois par semaine? Ah incomparable et cher amant, que ma figure et mes talens me deviendroient odieux, si j'oubliois qu'ils m'ont fait distinguer de mon ministe, si tu ni attachois ton bonheur, et s'il m'en restoit d'autre enfin que celui de te plaire! Avec quelles délices j'ai présentes encore tes dernières caresses, que je leur dois d'intéressantes découvertes! Tant d'idées sublimes et nouvelles pour moi m'attachent encore plus à ton excellence, l'intérêt ni les honneurs n'ont jamais flattés ta maitresse, ce n'est point zune queue trainante qu'elle ambitionne, c'est son cher ministe tendre, élevé, charmant et sans cesse enchanté : oui, ame de ma vie, charme de mon cœur, Saxon sans pareil, ta petitte qui ne veut que toi pour toi, t'attend cette nuit au bal, apres le bal, toujours et toujours te deffie d'y arriver plus amoureux qu'elle; si elle t'égalle en sentimens, elle te surpasse en transports en yvresse : tous les feux du monde entier ont je crois, passés dans le cœur de ton amante, ne les y laisse jamais éteindre : elle t'en conjure, pour un empire elle ne voudroit pas t'aimer moins : elle t'attend et t'embrasse mille mille et cent fois.

Ce dimanche, 10 février 1760.

Perfide zais ce de la magnieres dont on zen use avec zune personne dont la tendresse t'a tetee si zingenumment prouvée ! il me revient de touttes parts, ingrat, que par tout, dans touttes les maisons tu fais des gorges chaudes de mes lettres, de ces lettres si tendres, et que je croiois adresser au plus discret des amans : si tu ne les pas plus avec ta ville, que de chagrins tu lui prépares et que je la plains.

Mes compagnes aujourd'hui se moquent de moi de leur avoir refusé des ministres de toutte couleur. Je preferois la tienne barbare zinhumain et me vla bien chanecuse... Va t'en za ton pays des Saxons et ne viens plus me ficher malheur a zune victime innocente de tes charmes que j'abjure et déteste a jamais.

Malheureuse que t'avois-je fait, mais pourquoi m'etonner. J'apprends que tu es un eretique encore si tu avois des talens turcs je te passerois peut-être tes magnieres à la française, et pourquoi m'avoit-on zassuré qu'un filosofe regarde l'amour comme chose sacrée, ce n'est pas t'ainsi que tu penses profane, tracassier zimpudent. Je sis si peu t'accoutumez aux noirceurs aux immondices que la main m'en tremble d'horreur, cette main que je ne devois, disois-tu, destiner qu'à tes plaisirs et que tu méprises apres. Adieu, zexcommunié que tes Saxonnes te trompent. Je n'en prendrai plus la peine. Regrettes un cœur comme le mien, tu mérites ton pardon si tu l'oses. Il n'est plus de bal pour moi cette nuit, l'ingrat ira-til, n'ira-til pas, emploira-til des violences ordinaires pour m'appaiser, en auroit il

eu besoin s'il eut sçu se taire. Il sçavoit si bien que mes
portes ne ferment point, il aura tout oublie. Non il n'est
plus rien pour moi ni bal ni consolation. Il m'en faudra
mourir. Estoit ce de cette magniere. Je m'egarre, adieu
perfide et bavard petit maitre.

AU MÊME, DE MADEMOISELLE MAGDELEINE MIRÉ,
DANSEUSE DE L'OPÉRA.

Le 11 février 1760.

Jappran an se moman que ma bonne amie le Clair
vient de mourir, j'ai su la tendre amitié quelle avoit
pour vous, je lai vu peu dheur avau sa fin. Elle de-
mandoit can cesse son chair sacson et dans son trans-
pore elle vouloit partire avec son chair meniste pour
aller à Franqore, et je ne sai combien dautre discour
qui vous auret fandu lame. O milieu de sette triste situation on es venu anonser moncieur le curé de sint
Ustache, on a fet sortir tout le mondde es moi come
lais autres. Je fondez an larme, es je nai pu diner de
la journée. A la fin pourtant je fet reflecsion que la
filosofi consolet de tou; jé santi que vote exquellanse
auret besoin de consolasion, et jé me crérai traize
heuruse si vous me permettais di contribuer. On ma
fet lirre le petit pronfete, et depuy ce moman jé santi
pourre l'oteur les cantiman lais plus tandes, qelle gloare
pour moi si j'avois lhonneur de devenir profetesse. Come
profete vous savois tou se qui ce passe dan le queur,
que ne lisais vou dan le mien toutte la tandraise que

jé pourre vous ! Que jé serez hureuse si jé pouvés remplacer ma chere le Claire, a qui Dieu face pai ! Mon chagrin mampeche dan dirre davantage. Adieu chair et adaurable meniste. Personne na jamés aime votre exquellance ossi cinsserement que

MAGDELEINE MIRÉ.

● Jéme la filosofi come la povre defunte, e jé me contanteré dais mai mes condissions.

— ‹•›œ —

LETTRES DE DIDEROT SUR LES ATLANTIQUES ET L'ATLANTIDE.

A Paris, ce 15 octobre 1755.

Je vais vous parler cette fois, mon ami, de ces temps innocens où le ciel était encore en commerce avec la terre, et ne dédaignait pas de visiter ses enfans; de ces premiers et vénérables agriculteurs qui n'habitèrent presque jamais des villes, qui vécurent sous des tentes et dans les champs, qui eurent de nombreux troupeaux, une grande famille, un peuple de serviteurs; qui épousaient quelquefois les deux sœurs ensemble, et qui faisaient des enfans à leurs servantes; qui furent pâtres et rois, riches sans or, puissans sans possessions, heureux sans lois. Alors la pauvreté était le plus grand vice des hommes, et la fécondité la vertu principale des femmes. De grandes richesses et beaucoup d'enfans étaient les marques d'une bénédiction spéciale de la Divinité, qui ne promit jamais à ses fidèles adorateurs que des biens temporels.

M. Baer, aumônier de la chapelle royale de Suède à Paris, prétend que les habitans de l'Atlantide et les patriarches sont les mêmes hommes. Cette idée lui est venue à la lecture du *Timée* et du *Critias* de Platon. J'aime cet aumônier hérétique, puisqu'il lit le *Timée* et le *Critias*; il n'y a pas un de nos prêtres catholiques qui sache ce que c'est.

Platon introduit Critias dans un de ses dialogues, racontant l'histoire de cette contrée dont il dit que la plus grande partie avait disparu sous les eaux.

Critias, grand-père de Platon, tenait cette histoire de son grand-père, qui la tenait de son oncle, Solon, qui la tenait des prêtres de Saïs en Égypte où il avait voyagé. C'était donc, comme vous voyez, une tradition moitié orale, moitié écrite, qui avait passé par six générations.

Platon proteste que son récit n'est point une fable. Si les noms des chefs des provinces, des frontières, des villes principales et des peuples voisins, sont grecs dans sa description, il en apporte pour raison que Solon, se proposant d'insérer dans son poëme ce qu'il avait appris des prêtres égyptiens sur l'Atlantide et ses habitans, avait traduit littéralement les noms égyptiens selon le sens qu'ils avaient dans cette langue, comme les Égyptiens les avaient traduits littéralement selon le sens qu'ils avaient dans la langue atlantique.

D'après cette réflexion de Platon, de quoi s'agit-il donc, sinon de comparer les noms propres répandus dans les deux dialogues de Platon, avec les noms propres correspondans répandus dans l'histoire des Israélites, et juger, d'après cette comparaison, s'il est possible ou non que l'Atlantide et la Palestine aient été des contrées différentes ?

Platon dit que l'Atlantide fut premièrement occupée par un nommé Évenor et par sa femme Leucippe; qu'ils eurent une fille appelée Clito ; et que Clito épousa Neptune et en eut Atlas et neuf autres fils, auxquels Neptune distribua la contrée. Atlas l'aîné occupa la capitale, et eut l'empire sur tous ses frères qui régnèrent chacun souverainement dans leurs provinces.

Diodore fait descendre les Atlantiques d'un Uranus; il leur donne Atlas pour fondateur. Il dit qu'Atlas n'eut qu'un frère appelé Saturne, mais qu'il eut plusieurs fils.

Qu'est-ce que cet Uranus? C'est, répond M. Baer, Abraham, ainsi appelé, par les Égyptiens et par Diodore, du pays d'Ur dont il était originaire.

Et Atlas? C'est Jacob. Lorsque Jacob eut lutté contre le Seigneur, il lui fut dit : « Tu ne t'appelleras plus Jacob, mais Israël ou le Lutteur. » Et que signifie Atlas en grec? l'athlète ou le lutteur.

Et Saturne? C'est Esaü. Que veut dire Esaü en hébreu? Le velu, celui qui est né vêtu. Et d'où vient Saturne ? De Satar qui signifie la même chose.

Selon Platon, le successeur d'Atlas, celui qui occupa la contrée qui touche les Colonnes d'Hercule, s'appela Eumélus ou Gadir, et sa province Gadirica. Mais un des enfans de Jacob a nom Gad. Eumélus est un composé de la proposition *eu*, caractéristique de bonté, et de *melos*, brebis; et Gadah en hébreu signifie bélier. De plus, la partie de la Palestine occupée par la tribu de Gad touchait à la province de l'Arabie appelée le Désert de Gades, ou le Gadirtha, ou le Gadara.

Le troisième chef des Atlantiques s'appela, selon Platon ou Solon, Ampherès, d'*anafero*, qui signifie en grec qui s'élève ; et Joseph signifie aussi, en hébreu, qui a été élevé ou qui s'élève.

Le quatrième eut nom Eudémon, le bienheureux, qui se rendrait exactement en hébreu par Ascher, nom d'un des fils de Jacob.

Mnescus fut le cinquième. Mnescus signifie en grec qui donne des arrhes de mariage, et Isaschar a le même sens en hébreu.

Le nom du sixième, Autochthon, né de la terre ou demeurant sur la terre, se traduirait en hébreu par Sabulon.

Élasippus ou le Vainqueur, nom du septième, est la même chose que Nephtali en hébreu.

Le huitième s'appela Mestor, homme sage, et Dan a la même signification.

Azaès, le Loué, fut le neuvième, et la mère de Juda, en mettant cet enfant au monde, s'écria : « Je louerai le Seigneur, » et l'appela Juda ou le fils de la Louange.

Le dixième fut nommé Diapreprès, l'Éminent, qui se rendrait en hébreu par Ruben, sens auquel Jacob fit allusion lorsqu'il dit à ce fils : *Ruben, primogenitus meus, tu fortitudo mea ; prior in donis ; major in imperio.*

Considérez, avant de nous enfoncer davantage dans ces broussailles étymologiques, quel moment c'était pour les pères et pour les mères, chez le peuple d'Israël, que la naissance des enfans. Les mères sentaient arriver les douleurs de l'enfantement avec joie ; leurs cris étaient mêlés de louanges, de prières, de remerciemens, d'invocations; et les pères nommaient presque toujours le nouveau-né d'après quelque circonstance de sa naissance.

On objecte à M. Baer que les inductions étymologiques sont suspectes, et il en convient en général; que les langues orientales nous sont peu connues, et il en est assez fâché, et qu'un même mot susceptible de plusieurs sens donne beau jeu à l'étymologiste, et il faut encore ici tendre les épaules.

On objecte encore à M. Baer que Jacob eut douze enfans, qu'il y eut douze tribus, et qu'en confondant Atlas avec Israël ou Jacob, il lui manque trois frères de cette famille. Pourquoi n'y a-t-il dans Platon rien qui réponde à Lévi, à Manassès, à Ephraïm, à Benjamin et à Siméon? C'est, répond M. Baer, que la tribu de Lévi n'eut point de district; que celles d'Éphraïm et de Manassès, fils de Joseph, furent comprises sous la dénomination de leur père, et qu'après le massacre de la tribu de Benjamin, ses restes se fondirent dans celle de Juda, qui engloutit encore les enfans de Siméon, selon la prédiction qui leur en avait été faite.

Il faut convenir qu'ici l'histoire sert l'auteur assez heureusement. Je tire aussi bon parti de la date des expéditions des Atlantiques, de la contrée dont ils sont venus, et de celle où ils se sont arrêtés.

Critias dit dans le dialogue de Platon, d'après les prêtres de Saïs, que depuis l'expédition des Atlantiques jusqu'au temps du voyage de son oncle, il s'était écoulé neuf mille ans. « Entendez, dit M. Baer, ces années de mois lunaires; divisez neuf mille par douze, et le quotient 750 différera d'un très-petit nombre d'années de l'intervalle de temps qu'il y eut vraiment entre l'entrée des Israélites dans la terre promise, et le voyage de Solon en Égypte. »

« Et pour vous assurer que les années égyptiennes ne sont que des mois lunaires, divisez par douze les vingt-trois mille ans que les Égyptiens comptaient depuis leur premier roi, le Soleil, jusqu'à l'expédition d'Alexandre, et les 1916 ans que vous trouverez pour quotient, seront, à très-peu de chose de près, la distance réelle de ces deux époques. »

L'Égypte s'appelle aussi la terre de Cham. Le Soleil fut, disent les Égyptiens, leur premier roi; et, selon Moïse, Mitzraïm, qui signifie en hébreu chaleur, ardeur du soleil, fut fils de Cham, fondateur du peuple égyptien.

D'où Critias ou Platon fait-il venir les Atlantiques? De la mer de ce nom; et il ajoute que pour atteindre la contrée qu'ils avaient à conquérir, ils avaient dépassé les Colonnes d'Hercule. Qu'est-ce que ces Colonnes d'Hercule? Nous n'avons jamais entendu parler que de celles qui se sont trouvées dans le voisinage de Gibraltar; et la mer qui baigne les côtes du Portugal, de l'Espagne et de l'Afrique, est la seule mer Atlantique que nous connaissions.

Pour satisfaire à ces questions, l'auteur vous fait lire dans Strabon, que l'Arabie Heureuse est située sur les bords de la mer Atlantique, et occupée par les premiers cultivateurs que la terre ait eus après les Syriens et les Juifs; dans Hérodote, que la mer Atlantique dont il s'agit, est la même que la mer Rouge; dans Denis le Périegète, que les Éthiopiens habitent l'Erythrie, proche de la mer Atlantique ; dans le premier lexicon , qu'Erythros, en grec, signifie rouge, et qu'Edom , en hébreu, a la même signification ; et dans la *Bible*, que le pays d'Edom était situé entre la Palestine et la mer Rouge.

Critias raconte qu'au temps de l'expédition des Atlantiques, la mer de ce nom était guéable, et Diodore assure que, de son temps, les habitans voisins de la mer Rouge disaient, d'après leurs ancêtres, que les eaux de cette mer atlantique s'étaient un jour partagées en deux, de manière qu'on pouvait en voir le fond.

« Donc, conclut M. Baer, il y a une autre mer Atlantique que celle que nous connaissons ; et cette mer était certainement la mer Rouge. »

Cela se peut , M. Baer. Point de dispute. Mais nous prouverez-vous aussi qu'il y a eu d'autres Colonnes d'Hercule que les nôtres ? Sans doute, je vous le prouverai, dit M. Baer. Voyons, M. Baer.

Hercule fut un des dieux de la Phénicie. L'hercule Phénicien s'appelait Chonos, et la Phénicie Chna ; ce qui rappelle à l'homme le moins attentif le Chenaan ou Chanaan de la *Bible*. Partout les Phéniciens élevaient des temples à leur Hercule , et dans tous ces temples il y avait deux colonnes, l'une consacrée au feu, et l'autre aux nuées et aux vents. Il ne s'agit donc plus que de trouver entre la mer Rouge et la Palestine quelque temple fameux dédié à l'Hercule de Phénicie. Or, l'histoire nous apprend qu'il y en avait un ; elle fait même mention des colonnes de ce temple , et il est écrit que le partage de Gadir, l'un des chefs atlantiques, commençait à l'extrémité de la contrée, et s'étendait jusqu'aux Colonnes d'Hercule; l'embouchure du Nil voisine de ces Colonnes s'appelait même l'embouchure Herculéenne. Voilà donc d'autres Colonnes d'Hercule que les nôtres, et M. Baer bien joyeux.

A Paris, ce 1er novembre 1762.

Les prêtres de Saïs dirent assez impoliment à Solon : « Vous autres Grecs, vous n'êtes que des enfans, et « il n'y a jamais eu un Grec vieillard. L'Atlantide, « avant l'arrivée des Atlantiques, était occupée par vos « ancêtres, qui furent les restes d'un petit nombre « d'hommes échappés à une grande calamité; c'était « la patrie commune des Athéniens et des Égyptiens. « La contrée voisine du fleuve Éridanus et de la ville « Elissus fut submergée, et là il se forma un lac bour- « beux, innavigable, et dont les exhalaisons sont mor- « telles. Vous ne savez pas cela, parce que, malgré « votre vanité, vous n'êtes que des ignorans. » Et M. Baer, qui a écouté avec une avidité incroyable ce discours des prêtres de Saïs, dit : « Qu'est-ce que cette grande calamité, sinon le fer destructeur des Israélites? Et ce lac bourbeux, innavigable, et dont les exhalaisons sont mortelles, sinon le lac de Sodome et de Gomorrhe, ou Asphaltide? Et ce fleuve Éridanus, sinon le Jordanus, en changeant seulement la tête? Et cette ville Élissus, dont Solon a fait le nom du verbe grec *elisso*, je roule, sinon la ville de Gilgal, dont le nom signifie en hébreu roue, et qui fut située sur la rive du Jourdain, proche de la mer Morte? » Que j'aime ces prêtres de Saïs qui disent des choses si dures et si bien placées aux Grecs, et qui suggèrent de si belles conjectures à M. l'aumônier de la chapelle de Suède !

Mais ce n'est pas tout. L'Atlantide avait, selon Platon et son interlocuteur Critias, 3,000 stades en longueur, sur deux mille en largeur vers la mer ; elle s'étendait du nord au midi ; elle était au nord bordée de montagnes ; sa forme était presque carrée, mais plus longue que large.

« Qui est l'homme assez ignorant en topographie, s'écrie M. Baer, pour ne pas reconnaître ici la Palestine ? »

Car 1° le degré était de 774 stades, donc 3,000 stades équivalent à 3 degrés 52 minutes. C'est la longueur de la Palestine. Donc 2,000 stades équivalent à 2 degrés 34 minutes. C'est à peu près la largeur de la Palestine, la distance du Liban à l'Euphrate ; et en ajoutant les conquêtes de Salomon, c'est la vraie distance du port de Gaza au lac de Tibérias. Ma foi, cela est bien séduisant, et peu s'en faut que je ne sois de l'avis de M. Baer.

2° Platon dit que l'Atlantique touchait à l'Egypte, du côté de la Libye, et à Tyrrhenia du côté de l'Europe. Or, il y avait une Libye sur les bords de la mer Rouge ; le pays d'Ammon était situé au milieu d'une Libye ; cette Libye était voisine de Gerar, et partant de l'Arabie et des côtes de la mer Rouge. Permettez ensuite à M. Baer d'entendre par Tyrrhenia, le district de la ville de Tyr, et tout ira bien. Les Grecs ont appelé Tyr ce que les Orientaux appelaient Tsor, et par conséquent Tyriens ce que ceux-ci appelaient Tsorins. Voilà qui est clair.

Examinons à présent si les noms des villes de la Palestine, comparés aux noms des villes de l'Atlantide, ne nous fourniront pas quelque nouvelle preuve.

On lit dans Diodore de Sicile, que les Amazones, filles des Atlantiques, bâtirent une grande ville proche du lac Triton, à laquelle, à cause de sa situation, elles donnèrent le nom de Chersonèse, ou pays désert et sablonneux.

Vous allez dire: Qu'ont à faire ici les Amazones, les filles des Atlantiques, leur ville, le lac Triton et la Chersonèse? *Piano di grazia.* Vous allez voir.

Dans l'idiome oriental, les villes dépendantes d'une capitale s'appellent ses filles.

Dans Diodore, les filles des Atlantiques sont appelées Amazones, mot composé de *am*, qui signifie peuple en hébreu, et de *tzon*, qui signifie troupeau dans la même langue; et voilà les femmes fabuleuses à une mamelle, restituées à l'histoire sous la dénomination d'un peuple pasteur.

Et cette Chersonèse, que croyez-vous que ce soit? C'est la ville de Sion. Oui, mon ami, la ville de Sion. Sion en hébreu, veut dire précisément terre sablonneuse et déserte, comme Chersonèse en grec. Levez donc vos mains au ciel, et écriez-vous : *La bella cosa che la scienza etimologica!* et ne parlez pas de ces merveilles à notre ami l'abbé Galiani, car la tête lui en tournerait.

Des gens difficiles à contenter objectent que Platon dit en cent endroits que l'Atlantide était une île, et que la Palestine n'en est pas une; mais ces gens-là ne savent pas que le mot J en hébreu, signifie indistinctement île et demeure, et qu'on dit même aujourd'hui l'île des Arabes.

Platon dit qu'au milieu du pays, il y a une plaine belle et fertile qui décline en s'abaissant vers la mer, et proche de cette plaine une petite montagne. M. Baer voit là exactement la situation de Salem, et à sa place vous verriez comme lui.

Le palais du roi et le temple des Atlantiques étaient sur cette montagne; cela convient aussi aux Israélites.

Les Atlantiques n'avaient que trois ports, et les Israélites non plus, Gaza, Joppé, et un autre sur la mer Rouge.

M. Baer voit dans le récit de Platon et celui que Moïse fait de la fertilité du pays, des conformités étonnantes.

Platon dit pourtant que l'Atlantide abondait en éléphans, et il n'y en eut jamais en Palestine. C'est que le mot *elephas*, qui n'est pas grec, vient de l'hébreu *elaphim*, qui signifie bœuf. Les Phéniciens donnaient aux bœufs le nom d'élaphim; et les Grecs et les Romains quelquefois aux éléphans le nom de bœufs.

M. Baer voit le temple de Jérusalem dans celui des Atlantiques; il voit les sacrifices des Hébreux dans les leurs. Il est parlé d'une solennité générale et annuelle, c'est la pâque; d'une colonne sur laquelle les lois étaient écrites, ce sont les tables mosaïques ; d'une imprécation contre les transgresseurs, Moïse avait ordonné la même chose.

Le temple des Atlantiques était consacré à Neptune et à Clito. Ce Neptune, c'est l'ineffable Jehovah. Cette Clito dont le nom vient de *cleos*, qui veut dire gloire, en grec, est la gloire de Jehovah, le Schechinah, ornement symbolique du temple de Jérusalem, qui signifie aussi gloire de Dieu.

Je n'ai pu voir un grand rapport entre le gouvernement et les mœurs des Atlantiques et des Israélites. M. Baer y en voit beaucoup; chacun a sa façon de voir.

Quant à la langue de ces peuples, Diodore de Sicile nous apprend qu'on donnait aux nymphes le nom d'Atlantides, parce que dans la langue des Atlantiques, le mot *nymphé* signifiait femme, et M. Baer remarque très-bien que nymphé, dans la langue hébraïque, signifie nouvelle mariée, et que la racine de nymphé est *nuph*, distiller, tomber en gouttes, qui va très-bien aux nymphes; pour aux nouvelles mariées, ce n'est pas mon affaire.

Un Jupiter, oncle paternel d'Atlas, eut dix fils qu'on nomma les Curètes. Or, ce mot Curètes est tout-à-fait hébreu; il signifie district, famille.

Tant que les Atlantiques demeurèrent fidèles à leurs lois, à leurs chefs et à leurs dieux, il furent riches, puissans et heureux; mais lorsqu'ils eurent perdu leur innocence et oublié tout devoir, les dieux irrités s'assemblèrent, et on ne sait pas ce qu'ils firent; car le reste du dialogue de Platon nous manque. *Hiatus valde deflendus.* Ce qui n'empêche pas M. Baer de croire et d'assurer que le sort des Atlantiques fut le même que celui des Israélites corrompus; et moi qui n'aime pas à disputer, j'y consens.

Lorsque vous réfléchirez, mon ami, que s'il y avait seulement dans tout l'alphabet de deux peuples deux caractères communs et désignant les mêmes sons, il y aurait plus d'un million à parier contre un, que ces deux peuples ont communiqué par quelque endroit, et que vous vous rappellerez combien il y a de ressemblances entre le récit de Moïse et celui de Platon, vous ne douterez point que vraiment l'Atlantide des prêtres de Saïs ne soit la Palestine de la *Bible*. Eh bien, mon ami, parcourez les extraits des dialogues du *Timée* et du *Critias* de Platon que M. Baer a très-maladroitement ajoutés à la fin de son ouvrage, et je veux mourir si vous ne regardez l'auteur comme un enfant qui s'amuse à observer les nuées à la chute du jour. Le jour est bien tombé depuis environ deux mille cinq cents ans que Platon écrivait, et M. l'aumônier de Suède a vu dans les nuées de l'auteur grec tout ce qu'il a plu à son imagination aidée de beaucoup de connaissances, d'étude et de pénétration. Excellent mémoire à lire pour apprendre à se méfier des conjectures des érudits.

Mais je m'aperçois, mon ami, que je me suis arrêté trop long-temps à cette histoire de la vie patriarcale que vous aimez tant, et pour laquelle vous êtes si bien fait; j'en excepte pourtant l'usage d'épouser Rachel et Lia à la fois, et de faire encore des enfans aux servantes. Voilà un côté des mœurs primitives qui ne me déplaît pas trop à moi, et que vous ne vous soucieriez pas de renouveler, car vous êtes scrupuleux.

RÉPONSE DU MARQUIS ALBERGATI CAPACELLI, SÉNATEUR DE BOLOGNE, A UNE LETTRE DE VOLTAIRE[1].

Bologne, ce 30 juin 1761.

MONSIEUR,

L'amitié est un doux sentiment qui naît même parmi les personnes qui ne se sont jamais vues, s'accroît par des services que l'on se rend mutuellement, et se nourrit par une commerce de lettres; agréable moyen de réunir les esprits de ceux qui sont forcés à vivre éloignés. L'estime est un sentiment plus solide et plus réfléchi, dans lequel la sympathie, la reconnaisance et le hasard ne doivent entrer pour rien.

Ce fut quand je fis paraître sur le théâtre italien votre admirable *Sémiramis;* que j'osai vous écrire la première fois, pour avoir certaines instructions que je crus nécessaires; la politesse de votre réponse m'encouragea à continuer ce commerce honorable. Aux expressions simplement polies et cérémonieuses succédèrent celles de sentiment, et enfin à quelques faibles écrits de mon cru, que je vous envoyai, vous répondîtes par le don de quelques-unes de vos productions qui n'étaient pas encore répandues, et de plusieurs livres anglais fort rares et fort estimables.

Je compte donc le grand Voltaire pour mon ami; et

[1]. Voltaire avait partout des correspondans qu'il savait rendre utiles à sa célébrité par les plus adroites flatteries. Sa Correspondance renferme une lettre au marquis Albergati, à la date du 23 décembre 1760. Cette lettre, qui a plus de 20 pages, est une des plus curieuses de ce volumineux recueil. La réponse du bon sénateur de Bologne nous a paru mériter d'être recueillie.

je m'applaudis de ma conquête : applaudissez-vous de votre générosité, qui vous a rendu si affectionné envers moi.

Le titre que vous donnez à mon union est trop pompeux pour que j'ose l'accepter. Je ne fais qu'aimer et admirer les arts que vous possédez en maître.

Vous vous êtes plaint à moi fort souvent de petits-maîtres qui s'érigent en juges, et parlent décisivement de toutes choses ; mais la France n'est pas le seul pays qui en soit infecté. Hélas ! l'Italie en fourmille, ma patrie en regorge. Imaginez-vous ce que peut être la copie d'un misérable original. Plusieurs de nos jeunes gens se transplantent avec leur fantaisie dans votre pays, et se croient être suffisamment naturalisés dès que leur petite figure est parée d'une façon extraordinaire, dès qu'ils ont le courage de franchir toutes les bornes de la bienséance et de la retenue, et dès qu'ils ont acquis un certain fonds d'impertinence et d'effronterie qui les met au-dessus de tous les égards. Le bon goût pour le théâtre, graces à ces messieurs-là, ne bat que d'une aile, et est prêt à tomber. La musique et la danse en ont exilé la brillante comédie et la tragédie passionnée : bien loin de mettre le temps à profit, on aime à le tuer. Dans les loges, dans le parterre, ce sont les spectateurs qui veulent fixer l'attention, et se faire remarquer par leur bruit. Ils doivent être contens de l'argent qu'ils gagnent. Quel dommage ne serait-ce pas, en effet, si les amateurs des spectacles devaient se tenir muets dans leurs places, et entendre patiemment parler les Voltaire, les Racine, les Corneille, les Molière, les Goldoni ! L'on n'a qu'à faire le tour des loges, et après descendre au parterre, pour être extasié des traits d'esprits, des saillies, des bons mots, et de l'importance des discours qui y règnent et empêchent qu'on ne s'endorme aux fadaises de vous autres auteurs.

En vérité, mon ami, quelques-uns de nos théâtres vous consoleraient bien de la peine que vous font les spectateurs français.

Le bon sens étant proscrit, il n'est pas étonnant si les opéras et la danse exercent leur despotisme, car ce sont les spectacles les mieux goûtés par ces compagnies d'étourdis que l'oisiveté rassemble, que la médisance anime, et que le libertinage soutient; les ennuques et les danseurs, dont nous sommes véritablement inondés, sont pour l'art comique et tragique autant de Goths, d'Hérules et de Vandales, qui, dans les théâtres, ont apporté ou secondé l'ignorance et le mauvais goût. L'extravagance des opéras sérieux, les grimaces des burlesques, et la mimique des ballets, sont restés maîtres de la place.

Le célèbre Goldoni, qui a mérité vos éloges, a fait connaître que l'on peut rire sans honte, s'instruire sans s'ennuyer, et s'amuser avec profit. Mais quel essaim de babillards et de censeurs indiscrets s'éleva contre lui! Pour ceux que je connais personnellement, je les divise en deux classes : la première comprend une espèce de savans vétilleux que nous appelons *parolai*, juges et connaisseurs de mots, qui prétendent que tout est gâté dès qu'une phrase n'est pas tout-à-fait *cruscante*, dès qu'une parole est tant soit peu déplacée, ou l'expression n'est pas assez noble et sublime. Je crois qu'il y

aurait à contester pour long-temps sur ces imputations;
mais laissons à part tout débat; la réponse est facile;
c'est Horace qui la donne.

> ...Ubi plura nitent in carmine, non ego paucis
> Offendar maculis, quas aut incuria fudit
> Aut humana parum cavit natura.

Et Dryden a ajouté fort sensément,

> Error, like straws, upon the surface flow;
> He, who whould search for pearls, must dive below[1].

La seconde classe, qui est la plus fière, est un corps
respectable de plusieurs nobles des deux sexes, qui crient
vengeance contre M. Goldoni parce qu'il ose exposer
sur la scène le comte, le marquis et la dame, avec des
caractères ridicules et vicieux, qui ne sont pas parmi
nous, ou qui ne doivent pas être corrigés. Le crime
vraiment est énorme, et le criminel mérite un rigoureux
châtiment. Il a eu tort de s'en tenir aux sentimens de
Despréaux.

> La noblesse, Dangeau, n'est pas une chimère,
> Quand, sous l'étroite loi d'une vertu sévère,
> Un homme issu d'un sang fécond en demi-dieux,
> Suit comme toi la trace où marchaient ses aïeux.
>   Mais je ne puis souffrir qu'un fat, dont la mollesse
> N'a rien pour s'appuyer qu'une vaine noblesse,
> Se pare insolemment du mérite d'autrui,
> Et me vante un honneur qui ne vient pas de lui.

---

1. Les fautes surnagent comme la paille; celui qui veut les perles, doit
plonger au fond.

Goldoni devait respecter même les travers des gens
de condition et se borner à un rang obscur et indifférent qui lui aurait fourni d'insipides matières pour ses
comédies.

> Ridendo dicere verum
> Quid vetat?

M. Goldoni a répété tout cela plusieurs fois pour
obtenir son pardon, mais on ne l'en a pas jugé digne.
Je me trouvai à la représentation de *Del Cavaliere e la
Dama*, qui est une de ses meilleures pièces : vous en
connaissez le prix, nous en connaissons tous la vérité;
et ce fut justement la vérité des actions et des caractères qui souleva contre l'auteur ses premiers ennemis
dans notre ville. On lui reprocha de s'être faufilé trop
librement dans le sanctuaire de la galanterie, et d'en
avoir dévoilé les mystères aux yeux profanes de la populace. Les chevaliers errans se piquèrent de défendre
leurs belles; celles-ci les excitèrent à la vengeance par
certaine rougeur de commande, fille apparente de la
modestie, mais qui l'est réellement de la rage et du
dépit.

Enfin, Monsieur, on pourra jouer sur la scène l'a-
mour d'un roi, dans Pyrrhus, qui manque à sa parole;
l'impiété d'une reine, dans Sémiramis, qui se porte à
verser le sang de son époux pour régner à sa place; les
amoureux transports d'une princesse, dans Chimène,
pour le meurtrier de son père, et tant d'autres monarques empoisonneurs, traîtres, tyrans, sans qu'il soit
permis d'y exposer nos faiblesses.

Voilà le procès que l'on fait à Goldoni; imaginez-vous quels en peuvent être les accusateurs. Il a continué son train, et par là il a obtenu la réputation d'auteur admirable et de peintre de la nature; titres que vous-même lui avez confirmés. Mais revenons.

Je vous remercie de tout mon cœur des complimens que vous me faites sur mon penchant pour le théâtre et sur le goût que j'ai pour la représentation, mais cela a encore ses épines.

Je ris des discours de ces aristarques qui, d'un ton caustique et sévère, passent la journée à ne rien faire, et médisent charitablement de ce que les autres font. Le chant des cigales est ennuyeux, mais il faudrait être bien fou, nous dit le célèbre Bocalini, pour se donner la peine de les tuer; avant que le soleil se couche, elles crèveront toutes d'elles-mêmes.

Ce serait vous ennuyer mortellement que de vous faire un détail de toutes les contradictions que j'ai soutenues et des oppositions que j'ai rencontrées dans mes amusemens de théâtre. Il n'en a pas fallu davantage pour faire que ce qui était en moi un simple goût, devînt ma passion prédominante.

> C'est l'effet que sur moi fit toujours la menace. .
>
> SÉMIRAMIS.

Le jeu, la table, la chasse et la danse seront des passe-temps applaudis, et c'est par là que la jeunesse de notre rang brille dans le monde, tandis que la représentation théâtrale sera blâmée et que l'on tournera en ridicule ceux qui s'y amusent! C'est estimer plus les hommes qui végètent, que ceux qui vivent. Je ne dis pas qu'on doive ranger au nombre des occupa-

tions sérieuses et importantes le jeu théâtral ; je ne le
conseillerais à un jeune homme que pour un délassement utile et pour un agréable moyen de donner un
plein essort à cette vivacité fougeuse et bouillante qui
pourrait le porter à des jeux moins innocens. Les personnes toujours oisives ou naturellement stupides n'ont
que faire de cet exercice , et leurs talens n'y suffiraient
pas.

Ne croyez pas, Monsieur, que je veuille faire
rejaillir sur moi l'éloge que je fais de l'art théâtral :
je l'aime passionnément, je vous l'avoue ; mais je m'y
connais à peine dans la médiocrité, et j'en use avec toute
la modération, non que je craigne les critiques, mais
pour ne pas émousser en moi le goût qui m'y entraîne,
le papillon revenant sans cesse sur les mêmes fleurs ,
parce qu'il ne fait que les effleurer légèrement.

Il ne peut y avoir d'apologie plus sensée et plus éloquente en faveur de l'art théâtral, que ce que vous en
dites vous-même dans la lettre que vous m'avez fait
l'honneur de m'adresser ; mais vos belles pièces en font
un éloge encore plus complet.

Votre *Tancrède* a reçu jusqu'à présent tout le lustre
qui pouvait convenir à un excellent ouvrage ; composé par M. de Voltaire, traduit en vers blancs par
M. Augustin Paradisi, l'un de nos meilleurs poètes, dédié
à madame de Pompadour, dont vous avez fait connaître en ce pays le goût et la bienséance ; on ne peut
rien ajouter à sa gloire.

La traduction en est très-bonne. Vous connaissez
les talens du traducteur, et vous seriez bien aise de le
connaître aussi personnellement : vous verriez un jeune

homme qui joint aux graces de la plus brillante jeunesse la maturité d'un véritable savant, sans cet air de
pédanterie qui décrie la sagesse même. Ce n'est pas
l'amitié que je proteste au digne cavalier qui me fait
parler, mais plutôt c'est elle qui me fait taire, crainte
de blesser sa modestie par mes louanges. Je vais l'avoir
avec moi à ma maison de campagne, où d'ici à quelques
jours je jouerai *Tancrède*.

J'aimerais bien que la respectable dame qui en pro-
tège l'impression en protégeât aussi la représentation
et les acteurs. Que ne puis-je l'en voir spectatrice! que
ne puis-je vous y voir auprès d'elle! je me vanterais
alors d'avoir rassemblé chez moi les trois Graces, non
pas feintes ou idéales, mais véritablement réelles.

A la représentation de votre *Tancrède* je joindrai
la *Phèdre* de Racine, que j'ai traduite en vers blancs
moi-même; n'en déplaise aux mânes du célèbre écrivain.

Les troubles littéraires qui inquiètent en France la
république des savans ne seraient pas à blâmer, s'ils
étaient les effets d'une noble émulation; mais qu'ils
seraient honteux si c'était l'envie et la cabale qui les fît
naître! Je n'ose entrer dans cet examen, faute de connaissances; et quand même celles-ci ne me manqueraient
pas, il me faudrait garder trop de réserve.

A l'égard de la religion, le pays où vous vivez achève
votre apologie: la religion y est libre, et vous y pourriez
sans masque faire paraître au grand jour votre manière
de penser; c'est pourquoi je ne saurais révoquer en
doute la vénération que vous protestez hautement
à notre saint pontife et la déférence à son autorité.

Je me réjouis avec vous, Monsieur, des persécutions

que forment contre vous vos calomniateurs. *Censure*, dit très bien le docteur Swift, *is a tax to the publick for being eminent*[1]. Il n'y a pas de pays littéraire qui n'ait ses Frérons, mais il n'y a que la France qui puisse se glorifier d'un Voltaire; et si vous êtes en butte aux critiques et aux impostures, c'est que votre nom excite l'envie aussi-bien que l'admiration.

Il est dommage pourtant que l'art satirique soit devenu le partage de l'ignorance et de la malignité.

> On peut à Despréaux pardonner la satire :
> Il joignit l'art de plaire au malheur de médire ;
> Le miel que cette abeille avait tiré des fleurs
> Pouvait de sa piqûre adoucir les douleurs.
> Mais pour un lourd frélon méchamment imbécile,
> Qui vit du mal qu'il fait et nuit sans être utile,
> On écrase à plaisir cet insecte orgueilleux,
> Qui fatigue l'oreille et qui choque les yeux.

Quelquefois des zélateurs sincères sont des censeurs indiscrets, et alors il faut leur dire avec Cicéron : *Istos homines sine contumeliâ dimittamus ; sunt enim boni viri, et quoniàm ita ipsi sibi videntur, beati.* Mais il est fort rare, et je dirai presque impossible, que le zèle sincère produise jamais la médisance.

J'ai lu *l'Oracle des nouveaux philosophes, la Lettre du diable,* et d'autres pièces détestables où l'on vomit contre vous mille injures et invectives. J'y entrevois la rage qui les dicte, et point du tout la raison, ni la vérité. Ce même acharnement vous donne gain de cause, et rend plus facile la décision entre vous et vos adver-

---

[1]. La critique est une taxe que le public impose au mérite supérieur.

saires. Voici ce que dit Leibnitz dans une lettre à la comtesse de Kilmansegg : « Un cordonnier à Leyde, « quand on disputait des thèses à l'université, ne man- « quait jamais de se trouver à la dispute publique. Quel- « qu'un qui le connaissait lui demanda s'il entendait le « latin : « Non, dit-il, et je ne veux pas même me donner « la peine de l'entendre.—Pourquoi venez-vous donc si « souvent dans cet auditoire ?—C'est que je prends plaisir « à juger des coups.—Et comment en jugerez-vous sans « savoir ce qu'on dit ?—C'est que j'ai un autre moyen de « juger qui a raison.—Et comment ?—C'est que quand « je vois à la mine de quelqu'un qu'il se fâche et qu'il « se met en colère, je juge que les raisons lui manquent « et qu'il a tort. »

Il me semble que cet artisan raisonnait fort juste, et je m'en tiens à son raisonnement dans plusieurs occasions. En faisant de même, vous répondrez par mille remerciemens à tous vos persécuteurs. Le temps viendra que tout le monde pourra s'écrier sur votre compte :

> Envy itself is dumb in wonder lost,
> And factions strive who shall applaud him most[1].

Je vais dans peu de jours me tranquilliser à la campagne. Le recueil de vos ouvrages est l'ami le plus fidèle, le plus gai et le plus utile qui m'accompagne.

Je vous souhaite de tout mon cœur : *long life, goold health, and uninterrupted peace*[2].

---

1. L'envie même étonnée devient muette, et les différens partis se défient à qui vous applaudira le plus hautement.

2. Une longue vie, une bonne santé, et une paix non interrompue.

LETTRE DE L'IMPÉRATRICE DE RUSSIE A D'ALEMBERT.

A Moscou, ce 13 novembre 1762.

M. d'Alembert, je viens de lire la réponse que vous avez écrite au sieur Odar, par laquelle vous refusez de vous transplanter pour contribuer à l'éducation de mon fils. Philosophe comme vous êtes, je comprends qu'il ne vous coûte rien de mépriser ce qu'on appelle grandeurs et honneurs dans ce monde; à vos yeux tout cela est peu de chose, et aisément je me range de votre avis. A envisager les choses sur ce pied, je regarderais comme très-petite la conduite de la reine Christine qu'on a tant vantée, et souvent blâmée à plus juste titre; mais être né ou appelé pour contribuer au bonheur et même à l'instruction d'un peuple entier, et y renoncer, me semble, c'est refuser de faire le bien que vous avez à cœur. Votre philosophie est fondée sur l'humanité : permettez-moi de vous dire que de ne point se prêter à la servir tandis qu'on le peut, c'est manquer son but. Je vous sais trop honnête homme pour attribuer vos refus à la vanité, je sais que la cause n'en est que l'amour du repos pour cultiver les lettres et l'amitié; mais à quoi tient-il? Venez avec tous vos amis; je vous promets et à eux aussi, tous les agrémens et aisances qui peuvent dépendre de moi, et peut-être vous trouverez plus de liberté et de repos que chez vous. Vous ne vous prêtez point aux instances du roi de Prusse et à la reconnaissance que vous lui avez; mais ce prince n'a

---

1. Ces deux lettres ne se trouvent ni dans les œuvres de d'Alembert, ni dans celles de Diderot.

pas de fils. J'avoue que l'éducation de ce fils me tient si fort à cœur, et vous m'êtes si nécessaire, que peut-être je vous presse trop. Pardonnez mon indiscrétion en faveur de la cause, et soyez assuré que c'est l'estime qui m'a rendue si intéressée.

Signé CATHERINE.

Dans toute cette lettre je n'ai employé que les sentimens que j'ai trouvés dans vos ouvrages; vous ne voudriez pas vous contredire.

' Il paraît par cette lettre, qui fait tant d'honneur à la philosophie et qui doit faire un grand plaisir à tous ceux qui la cultivent, que M. d'Alembert a allégué parmi les motifs de ses premiers refus, les obligations qu'il avait au roi de Prusse, son premier bienfaiteur; et que les bontés de ce monarque n'ayant pu le déterminer à se fixer à Berlin, il ne pouvait faire pour personne ce qu'il n'avait pas fait pour lui. Au reste, M. d'Alembert persiste dans son refus; mais il ne lui aura pas été aisé de répondre à la lettre de l'impératrice. Cette princesse a signalé les premiers momens de son avénement au trône de Russie par son goût pour les lettres et pour la philosophie. Voici la lettre qu'elle fit écrire à M. Diderot, dès le 20 août de l'année dernière.

LETTRE DE M. DE SCHOUVALLOW A M. DIDEROT.

A Saint-Pétersbourg, ce 20 août 1762.

Monsieur, comme votre réputation est aussi étendue

1. Ces réflexions et celles qui suivent la lettre de M. de Schouvallow, sont de Grimm.

que la république des lettres, l'éloignement ne porte aucun préjudice à l'admiration universelle que vous méritez à si juste titre. L'impératrice, ma souveraine, protectrice zélée des sciences et des arts, a pensé depuis long-temps aux moyens propres à encourager le fameux ouvrage auquel vous avez tant de part; c'est par son ordre, Monsieur, que j'ai l'honneur de vous écrire pour vous offrir tous les secours que vous jugerez nécessaires pour en accélérer l'impression. En cas qu'elle trouvât des obstacles ailleurs, elle pourrait se faire à Riga ou dans quelque autre ville de cet empire. L'*Encyclopédie* trouverait ici un asile assuré contre toutes les démarches de l'envie. S'il faut de l'argent pour subvenir aux frais, parlez sans détour, Monsieur. J'attends impatiemment votre réponse pour en faire rapport à ma souveraine. Il m'est flatteur d'avoir pu être l'organe de ses sentimens, et je n'ambitionne rien tant que de pouvoir vous prouver efficacement l'estime et la considération avec lesquelles j'ai l'honneur d'être, etc.

Signé J. SCHOUVALLOW.

La lettre de l'impératrice de Russie à M. d'Alembert était accompagnée d'une offre de lui constituer en France un revenu de 100,000 livres de rente, de lui donner un hôtel à Pétersbourg, auquel on attacherait toutes les immunités et tous les droits des ambassadeurs, sans compter une infinité d'autres agrémens. On lui a même fait entendre que s'il craignait de déplaire au roi de Prusse en donnant la préférence à la Russie, l'impératrice se faisait fort d'engager ce monarque à solliciter M. d'Alembert de se rendre aux instances

de Sa Majesté Impériale. On ne saurait pousser plus
loin la passion des philosophes. Mais rien n'a pu déterminer M. d'Alembert à consacrer six ou huit ans de sa
vie à l'éducation du grand-duc.

LETTRE A SOPHIE, OU REPROCHES ADRESSÉS A UNE JEUNE PHILOSOPHE.

A Paris, ce 15 août 1763.

D'où vous vient, Sophie, cette passion de la philosophie
inconnue aux personnes de votre sexe et de votre âge?
Comment au milieu d'une jeunesse avide de plaisirs,
lorsque vos compagnes ne s'occupent que du soin de
plaire, pouvez-vous ou ignorer ou négliger vos avantages, pour vous livrer à la méditation et à l'étude?
S'il est vrai, comme Tronchin le dit, que la nature en
vous formant, s'est plu de loger l'ame de l'aigle dans
une maison de gaze, songez du moins que le premier de
vos devoirs est de conserver ce singulier ouvrage.

Vous demandez le principe de tant de contradictions
que vous remarquez dans l'homme, et qui ont été de
tout temps l'étonnement et l'objet des recherches de la
philosophie? Cet être si faible dans ses organes, si
hardi dans ses pensées, audacieux à la fois et craintif,
fier et timide, mesure en un clin d'œil l'espace et le temps,
et ne sait calmer l'émotion de son sang. Un instant est
accordé à son existence, et il en dispose pour s'ériger
en arbitre de l'aveugle et inflexible loi de la nécessité,
déjà prête à l'entraîner. Par une méditation opiniâtre,
il énerve une organisation délicate et frêle, et attaque

sa vie jusque dans les sources, lorsque tout le presse d'en jouir. L'illusion est le principe de ses plus douces jouissances, l'erreur et le mensonge l'environnent de toutes parts, et il travaille sans relâche à les dissiper. La vérité ne lui montre que doutes et incertitude, et il brûle de la connaître ; et la vanité de l'avoir osé envisager semble le consoler du résultat de ses recherches, de la fatale connaissance de son néant.

Sophie, l'imagination est la source de tant de grandeur et de tant de misère. Cette qualité si sublime et si funeste que l'homme a reçue en partage, dérange à tout instant l'accord et l'harmonie de son organisation. Plus elle est vive et forte, plus des organes délicats, souples, faciles à ébranler, nous livrent au pouvoir des objets extérieurs, et nous rendent le jouet de toutes les impressions étrangères. C'est elle, Sophie, qui nous a rendus menteurs et poètes, qui nous a appris à exagérer toutes les idées, et à changer toutes les formes. Elle a créé cette foule d'êtres invisibles et chimériques avec lesquels elle nous a établi des relations ; aux maux physiques et nécessaires elle a donné des causes surnaturelles et fabuleuses ; et lorsque le devoir de l'homme se réduit à être heureux, juste et bienfaisant, elle lui a formé un code bizarre de devoirs imaginaires et factices qui ont perverti le but de son existence, dégradé sa nature, et en ont fait par toute la terre un être religieux, cruel et absurde.

Les égaremens de l'homme ont donc le même principe qui a immortalisé son génie par tant de chefs-d'œuvre. Un être doué d'imagination a dû partout substituer la chimère à la réalité, à la simplicité des faits

la fable et le mensonge des systèmes. La délicatesse des
organes, sans laquelle l'imagination n'a ni jeu ni force,
nous a rendus faibles, inconséquens, craintifs et inquiets, et au lieu de chercher à pénétrer les causes véritables et physiques de tant de diverses impressions si
secrètes et si involontaires, notre goût pour la fiction
leur a substitué en tout lieu des causes morales et imaginaires. Considérez, Sophie, ces immenses édifices que
l'erreur a de tout temps élevés à côté de l'immuable vérité, et vous trouverez peut-être que le génie de l'homme
dans ses égaremens n'est pas moins fécond, moins varié
que la nature dans ses ouvrages, et qu'il lui a fallu plus
d'effort pour imaginer tant d'absurdités et tant de chimères, qu'il ne lui en aurait fallu pour expliquer et pour
connaître la loi uniforme et éternelle de l'univers.

Vous qui aimez à remonter à l'origine des choses,
et vous servir d'une imagination brillante et vive pour
deviner les différentes formes et modifications par lesquelles le genre humain doit avoir passé jusqu'au moment où nous commençons à connaître son histoire,
voyez chez tous les peuples les antiques vestiges d'une
religion tantôt simple et grossière, et semblable à la
naïveté rustique des mœurs primitives, tantôt raffinée
et inintelligible, et par-là même d'autant mieux révérée,
mais toujours fondée sur le mensonge et sur l'invincible
penchant de l'homme à chercher des causes surnaturelles à des effets physiques. C'est ainsi que les fables de
l'existence des êtres invisibles, de l'immatérialité et de
l'immortalité des ames, conçues par les peuples les plus
spirituels et ornées d'une mythologie féconde en poésie
et en images, se communiquèrent aux nations les plus

grossières : car les peuples qui n'ont pas assez d'imagination pour inventer, en ont toujours assez pour se
plaire aux mensonges qu'on leur présente; et si la simple
et droite raison peut plaire à quelques sages, les opinions absurdes et extravagantes doivent exercer un empire général et absolu sur des êtres qui ne connaissent
de besoin plus pressant, de plaisir plus exquis que
celui d'être ému par des causes inconnues et secrètes,
d'être agité par des images.

C'est une grande et belle vue philosophique que celle
qui attribue aux révolutions physiques de notre globe
les premières idées religieuses des peuples anciens. Les
premiers regards que nous jetons sur l'histoire de la
nature, nous démontrent et l'antiquité de la terre et
les bouleversemens qu'elle doit avoir éprouvés. L'homme,
en proie à de grandes calamités physiques, en a dû
chercher la cause dans quelque puissance inconnue ; il
a dû se créer des dieux, et se faire l'objet de leur amour
ou de leur·haine. Les animaux échappés au danger en
perdent bientôt le souvenir, qui ne se retrace dans leur
mémoire que lorsqu'un nouveau danger les environne
et les presse ; mais l'imagination de l'homme, frappée
par les périls qui menacent son existence, effrayée par
les grands phénomènes de la nature, a dû bientôt créer
le système des châtimens et des récompenses, et la fable
d'un dieu vengeur qui s'irrite des fautes de la faiblesse
humaine. Aussi, malgré les attributs de bonté, de justice, de bienfaisance, dont nous nous plaisons d'embellir
l'idée de la Divinité, vous trouverez, Sophie, que dans
le fait et dans sa conduite, le Dieu des nations est un
être capricieux, cruel, bizarre, vindicatif et féroce :

chez tous les peuples il cherche à entraîner dans le crime, afin d'avoir le plaisir barbare de punir et d'exercer ses vengeances. Tel est le dieu des Juifs que les chrétiens, malgré toutes leurs subtilités métaphysiques, n'ont jamais pu rendre véritablement juste et bienfaisant envers le genre humain ; tel est chez presque toutes les nations l'aveugle et implacable Destin qui décide, par une fatalité inévitable, du bonheur et de la vertu des mortels. On a eu raison de dire que sans la crainte d'une puissance vengeresse et malfaisante, jamais l'idée de Dieu ne serait entrée dans la tête des hommes.

Je trouvai l'autre jour par hasard les *Épîtres morales et philosophiques* d'un poète anglais dont j'ignore le nom. J'ouvris sans dessein ce recueil qui ne fait que de paraître ; j'y trouvai une vignette qui me parut sublime. On voit un sculpteur en bois occupé à achever la figure d'une grue placée sur son établi. Pendant qu'il s'applique à lui dégager les pieds, qui n'ont pas tout-à-fait pris leur forme, sa femme est déjà prosternée devant la grue, et apprend à son enfant à l'adorer. C'est le mot de Lucrèce mis en tableau :

Quod finxère timent.

Sophie, tel est le génie de l'homme : il n'a pas sitôt inventé des fantômes, qu'il s'en fait peur à lui-même.

Je donne à votre messager les *Recherches sur l'origine du despotisme oriental* que vous me demandez. Vous y trouverez quelques-unes de ces idées développées. C'est l'ouvrage d'un philosophe hardi et un peu sauvage. Il ne cherche point à vous accoutumer peu à peu à la vérité, mais il vous arrache le bandeau de l'er-

reur sans ménagement. Si vous pardonnez cette hardiesse, vous désirerez du moins à votre guide ce charme
qui séduit et subjugue l'esprit, qui embellit la vérité la
plus sévère. Une diction pure et facile, un coloris
aimable et doux rendent la philosophie touchante, et
nous inspirent de la confiance et de la passion pour ses
organes. Les Grecs nous ont appris à aimer la grace
unie à la force; que ceux qui veulent nous éclairer et
nous instruire, imitent la manière de nos maîtres.

Vous qui méprisez les systèmes et les assertions téméraires dans tous les genres, vous reprocherez peut-
être au philosophe que vous allez lire, d'établir ses
opinions avec trop d'empire et de vous donner pour
démontré ce qui n'est que vraisemblable. Vous aimez,
Sophie, que celui à qui vous voulez devoir votre instruction n'accorde à ses idées un plus grand degré
d'évidence que vous ne leur pouvez en accorder vous-
même; vous voulez qu'il vous associe à ses travaux et
à ses recherches, qu'il ne dise pas tout, si bien qu'il
ne vous reste rien à penser, rien à deviner. Il faut au
peuple des vérités communes et claires; être bienfaisant
et juste, ne peut avoir qu'un sens dans toutes les langues, et la morale ne doit pas être une science de l'é-
cole; mais le philosophe qui traite de l'origine des
choses, qui remonte aux causes premières, qui cherche
à pénétrer le génie de la nature et de l'homme, ne doit
écrire que pour les esprits accoutumés à la méditation.
Plus les questions qu'il examine sont enveloppées de
doutes et de ténèbres, moins il doit se livrer à l'engoue-
ment de ses idées : moins il leur attachera d'importance,
plus vous serez disposée à leur en trouver. Une vue

grande et sublime, une idée profonde et lumineuse, négligemment jetées, vous frapperont bien plus sûrement qu'une vérité laborieusement démontrée par un écrivain dogmatique.

Bannissons, Sophie, bannissons à jamais de nos recherches cette triste et stérile méthode dont le moindre tort est d'avoir enseigné aux esprits ordinaires d'usurper le langage et les droits des hommes de génie. La marche de la vérité, semblable à celle de l'éclair qui part du firmament, est rapide et partout lumineuse. Vous n'avez qu'un instant pour l'apercevoir, mais cet instant suffit aux esprits tels que le vôtre : les autres ressemblent à ces enfans qu'un charlatan amuse en contrefaisant les météores de l'air ; ils en sont plus contens à proportion qu'ils en reviennent les yeux éblouis. Laissons faire les charlatans, mais ne perdons pas notre temps avec eux.

Le philosophe vous salue et vous regrette. Il m'a affligé ces jours passés, car il savait le jour du mois et de la semaine ; mais il prétend que c'est votre absence qui en est cause. Sophie, s'il apprend jamais à dater ses lettres, c'en est fait de son bonheur et de son génie. Revenez, et qu'il ne vous doive point cette funeste science. Nous comptons les momens en attendant celui qui doit vous ramener dans le sein de l'amitié et de la philosophie. Nous marchons les soirs sur cette terrasse près les rives tranquilles de la Seine, mais nos entretiens sont moins animés, et les cris d'une joie indiscrète ne troublent plus le silence de la nuit. Au reste, nous disputons toujours sur le pouvoir de la vérité. Il voit toujours la vérité et la vertu comme deux grandes statues élevées sur la surface de la terre et immobiles au milieu des ravages et des ruines de tout ce qui les environne. Moi, je les vois aussi ces grandes statues, mais leur piédestal me paraît semé d'erreurs et de préjugés, et je vois se mouvoir autour une troupe de niais dont les yeux ne peuvent s'élever au-dessus du piédestal ; ou, s'il se trouve parmi eux quelques êtres privilégiés qui, avec les yeux pénétrans de l'aigle, percent les nuages dont ces grandes figures sont couvertes, ils sont bientôt l'objet de la haine et de la persécution de cette petite populace hargneuse, remplie de présomption et de sottise. Qu'importe que ces deux statues soient éternelles et immobiles, s'il n'existe personne pour les contempler, ou si le sort de celui qui les aperçoit ne diffère point du sort de l'aveugle qui marche dans les ténèbres ? Le philosophe m'assure qu'il vient un moment où le nuage s'entr'ouvre, et qu'alors les hommes prosternés reconnaissent la vérité et rendent hommage à la vertu. Ce moment, Sophie, ressemblera au moment où le fils de Dieu descendra dans la nuée. Nous vous supplions que celui de votre retour soit moins éloigné.

NOTICE SUR M. BOULLANGER, AUTEUR DU DESPOTISME ORIENTAL.

Les *Recherches sur l'origine du despotisme oriental,* dont il est question dans l'article précédent, ont été imprimées à Genève, il y a environ un an; mais peu d'exemplaires ont pénétré en France; c'est un ouvrage posthume de M. Boullanger, inspecteur des ponts-etchaussées. Son métier l'ayant mis à portée d'examiner souvent les différentes couches de la terre, il se livra à l'étude de l'histoire de la nature ; et comme les premiers pas qu'il fit dans cette science lui démontraient la nécessité de remonter à la plus haute antiquité, il se livra avec plus d'ardeur encore à l'étude des langues anciennes, et surtout de la langue hébraïque ; il y fit en peu de temps de grands progrès, comme ses *Recherches sur le despotisme* le prouvent. Il est mort, il y a quatre ans, dans la force de l'âge, n'ayant pas, je crois, plus de trente-six ans. C'est, comme on a remarqué, un philosophe un peu sauvage ; mais il étonne quelquefois par la hardiesse de ses vues, qu'il a le défaut de répéter trop souvent. Son livre plus court de la grande moitié et ses idées proposées d'un ton moins dogmatique, feraient beaucoup plus d'effet. On lit à la tête de ces *Recherches* une lettre adressée à M. Helvétius, dans le temps de la grande rumeur excitée par le livre de *l'Esprit.* Ce morceau est mieux écrit que l'ouvrage même de M. Boullanger. Cet auteur a encore laissé quelques autres manuscrits qui se trouvent dans le cabinet de quelques curieux ; mais la mort l'a empêché de donner un peu de perfection à aucun de ses ouvrages.

Il existe un livre intitulé : *le Christianisme dévoilé, ou Examen des principes et des effets de la religion chrétienne*, par feu M. Boullanger, volume in-8°. On voit d'abord qu'on lui a donné ce titre pour en faire le pendant de *l'Antiquité dévoilée ;* mais il ne faut pas beaucoup se connaître en manière pour sentir que ces deux ouvrages ne sont pas sortis de la même plume.

'On peut assurer avec la même certitude que celui dont nous parlons ne vient point de la fabrique de Ferney, parce que j'aimerais mieux croire que le patriarche eût pris la lune avec ses dents : cela serait moins impossible que de quitter sa manière et son allure si complètement qu'il n'en restât aucune trace quelconque. Par la même raison, je ne crois ce livre d'aucun de nos philosophes connus, parce que je n'y trouve la manière d'aucun de ceux qui ont écrit. D'où vient-il donc ? Ma foi, je serais fâché de le savoir, et je crois que l'auteur aura sagement fait de ne mettre personne dans son secret. C'est le livre le plus hardi et le plus terrible qui ait jamais paru dans aucun lieu du monde. La préface consiste dans une Lettre où l'auteur examine si la religion est réellement nécessaire ou seulement utile au maintien ou à la police des empires, et s'il convient de la respecter sous ce point de vue. Comme il établit la négative, il entreprend en conséquence de prouver, par son ouvrage, l'absurdité et l'incohérence du dogme chrétien et de la mythologie qui en résulte, et l'influence de cette absurdité sur les têtes et sur les ames. Dans la seconde partie, il examine la morale chrétienne, et il prétend prouver que dans ses principes généraux elle n'a aucun avantage sur toutes les morales du monde, parce que la justice et la bonté sont recommandées dans tous les catéchismes de l'univers, et que chez aucun peuple, quelque barbare qu'il fût, on n'a jamais enseigné qu'il fallût être injuste et méchant. Quant à ce que la morale chrétienne a de particulier, l'auteur prétend démontrer qu'elle ne peut convenir qu'à des enthousiastes peu propres aux devoirs de la société, pour lesquels les hommes sont dans ce monde. Il entreprend de prouver, dans la troisième partie, que la religion chrétienne a eu les effets politiques les plus sinistres et les plus funestes, et que le genre humain lui doit tous les malheurs dont il a été accablé depuis quinze à dix-huit siècles, sàns qu'on en puisse encore prévoir la fin. Ce livre est écrit avec plus de véhémence que de véritable éloquence ; il entraîne. Son style est châtié et correct, quoiqu'un peu dur et sec ; son ton est grave et soutenu. On n'y apprend rien de nouveau, et cependant il attache et intéresse. Malgré son incroyable témérité, on ne peut refuser à l'auteur la qualité d'homme de bien fortement épris du bonheur de sa race et de la prospérité des sociétés ; mais je pense que ses bonnes intentions seraient une sauve-garde bien faible contre les mandemens et les réquisitoires.

***

SUR L'ÉGLISE DE SAINTE-GENEVIÈVE ET SUR L'ARCHITECTURE ANCIENNE ET MODERNE[1].

A Paris, ce 15 octobre 1764.

L'attention du public sur l'édifice de Sainte-Geneviève a donné occasion à M. Le Roy, historiographe de l'Académie royale d'Architecture, et membre de l'Institut de Bologne, de publier, en quatre-vingt-dix pages in-8º, une Histoire de la disposition et des formes différentes que les chrétiens ont données à leurs temples

1. La *Correspondance*, première édition, ne contient que deux pages de ces deux lettres, qui contiennent des réflexions très-instructives et très-piquantes. Nous ne rétablissons ici que les fragmens supprimés.

depuis le règne de Constantin-le-Grand jusqu'à nous. Nous devons déjà à cet académicien le livre magnifique des *Ruines de l'ancienne Grèce*, où ces ruines ont été dessinées, gravées et expliquées, à l'imitation du superbe recueil que les Anglais ont publié des *Ruines de Palmyre*. C'est le fruit des voyages que M. Le Roy a faits dans ces régions consacrées par tant de monumens précieux.

Le but de M. Le Roy, dans l'ouvrage qu'il vient de donner sur les temples chrétiens, est de montrer la suite des idées qui se sont succédé dans la construction des églises depuis que la religion chrétienne est devenue le culte dominant des peuples de l'Europe. C'est proprement l'histoire des pensées de tous les grands architectes qui ont entrepris de tels édifices, et la marque caractéristique et différentielle qui distingue ces monumens l'un de l'autre. On y voit comment les idées des premiers artistes ont été successivement employées, complétées, perfectionnées, corrigées par les artistes suivans.

M. Le Roy commence par examiner la forme des basiliques anciennes, ou palais royaux, qui ont d'abord servi de temples aux chrétiens, et dont ils ont même transporté le nom aux lieux de leurs exercices religieux. La première basilique chrétienne, selon lui, ne diffère d'une basilique ou d'une cour de justice, que par la forme de la croix, que les chrétiens ont dès-lors donnée à des temples qui devaient sans cesse retentir du miracle de la croix. M. Le Roy montre comment cette première basilique a servi de modèle à Sainte-Sophie de Constantinople, où les musulmans adorent aujourd'hui le dieu de Mahomet. De là il passe à l'histoire

de l'église de Saint-Marc de Venise, à celle de Sainte-
Marie-des-Fleurs de Florence, ensuite à une petite
église des Augustins, près de la place Navone à Rome.
Il prétend que sans ces trois édifices l'église de Saint-
Pierre de Rome n'aurait jamais existé. Après avoir
examiné ce superbe et magnifique monument, il passe
à l'église de Saint-Paul de Londres, de là à la chapelle
des Invalides à Paris, et à la chapelle du roi à Versailles,
et enfin aux églises de Sainte-Geneviève et de la Ma-
deleine que l'on construit actuellement. Cette dernière est
de l'invention de M. Contant, dont on ne connaît encore point de chef-d'œuvre, quoiqu'il ait couvert Paris
de ses bâtimens. Dans cette liste de temples, vous voyez
qu'il n'est point question des églises gothiques dont
toute l'Europe s'est cependant trouvée remplie : M. Le
Roy n'en parle qu'en passant et très-légèrement.

En général, ce qui manque à son ouvrage c'est la
netteté des vues et la lumière. Il n'y a que deux manières d'écrire sur les arts : l'une, de détailler avec précision et clarté les ouvrages existans, les comparer, les
apprécier, etc. ; l'autre, d'ajouter à ces détails des vues
lumineuses et profondes, si vous en êtes capable. Le
projet de montrer la succession des pensées des grands
artistes dans la construction des temples chrétiens était
beau ; mais l'exécution ne satisfait que faiblement.

On ferait un ouvrage savant et curieux sur l'état et
les progrès de l'architecture depuis la renaissance du
goût et des arts en Europe ; mais un seul grand architecte vaudrait encore mieux que cinquante savans qui
écriraient avec succès sur l'architecture. Il en est de
cet art comme de la poésie ; un seul grand modèle vaut

mieux que vingt traités, tout comme l'*Iliade* est préférable à toutes les poétiques faites et à faire.

Nous avons eu raison sans doute de quitter notre goût gothique pour cette belle architecture grecque que les grands hommes d'Italie ont rétablie en Europe depuis environ trois cents ans; mais imiter les anciens, ce n'est pas copier leurs ouvrages, c'est créer à leur exemple avec ce génie qui sait trouver à chaque chose ses propriétés et ces convenances. Un poète qui copierait les sublimes tragédies du théâtre d'Athènes n'obtiendrait pas pour cela une place à côté de Sophocle et d'Euripide. Imiter ces grands hommes consiste à inventer des situations, des scènes, des discours assez pathétiques, assez vrais, assez sublimes, assez forts pour pouvoir soutenir la comparaison de leurs pièces; mais les théâtres modernes n'ayant plus le même but que les théâtres anciens, et ne servant qu'à l'amusement de l'élite d'une nation, tandis qu'ils étaient consacrés anciennement à l'instruction publique du peuple, il est évident que l'ordonnance de nos spectacles ne devrait avoir rien de commun avec celle des spectacles d'Athènes et de Rome.

Il en est de même de l'architecture, où il me semble que nous avons encore plus servilement copié les anciens que dans les autres arts. Pour construire des églises chrétiennes, nous avons porté nos études sur les temples anciens; mais quelle ressemblance y a-t-il entre un temple de Jupiter ou de Diane et un temple de Jésus-Christ? Aucune. Je trouve dans les anciens un lieu propre à une boucherie, parce qu'ils étaient destinés aux sacrifices. Nous ne faisons dans nos temples rien de ce que les anciens faisaient dans les leurs, et nous les avons choisis pour modèles. Quelle absurdité! En général, l'architecture me paraîtra au berceau aussi longtemps qu'il ne suffira pas de la simple inspection de l'extérieur d'un édifice pour faire juger l'homme le plus ignorant de l'usage auquel il est destiné. Il faut qu'un arsenal ait l'air arsenal, avant d'être rempli d'instrumens et d'attirails de guerre; il faut que dans une église catholique tout serve à la pompe du sacrifice de la messe, il faut que dans une église protestante tout indique que la prédication et l'instruction du peuple sont le principal exercice de ce lieu; il faut qu'au premier coup-d'œil, je puisse discerner une place royale d'une place marchande, et celle-ci d'une place militaire, un hôtel-de-ville d'une salle de spectacle, etc. Tout est encore à inventer; et l'esprit, la convenance, l'usage, ont été trop négligés dans nos ouvrages d'architecture.

M. Le Roy parle en plusieurs endroits du péristyle du Louvre comme d'un superbe monument, et il a raison sans doute. C'est d'ailleurs la mode depuis quinze ans, de l'élever au-dessus de tous les monumens qui existent en Europe, et je ne conseillerais à personne de hasarder la plus légère critique sur ce chef-d'œuvre de Perrault. Remarquons toutefois qu'il se pourrait que ce monument superbe ne fût beau qu'autant que le Louvre ne serait point achevé, et que plus il ressemblera à une ruine, plus il trouvera d'admirateurs, parce que rien n'empêche alors mon imagination de supposer toutes les convenances qui lui manquent. Mais si jamais le Louvre s'achève, je serai obligé de faire taire mon imagination, de n'en croire que mes yeux, et de n'écouter

que la raison. Je demanderai alors comment cette superbe colonnade se trouve au premier étage, au-dessus
de la principale porte d'entrée, sans être soutenue par
aucun ordre d'architecture ? Car être élevé sur un mur
percé de portes ou de croisées et de fenêtres dans toute
sa longueur, ce n'est pas là une chose bien satisfaisante
pour l'œil; ce mur a l'air très-bourgeois, et ne donne
aucune idée d'un palais royal. Je demanderai ensuite
par où l'on arrive à cette galerie formée par une colonnade si superbe? Car je ne vois aucune escalier qui y
conduise, puisque ces escaliers sont dans l'intérieur de
l'édifice, et que les hommes que je verrai mouvoir dans
cette galerie auront l'air d'y être entrés par quelque
trappe ou quelque porte dérobée. Si je voyais de magnifiques escaliers s'élever depuis la place jusqu'à cette
galerie, je dirais que je reconnais là l'abord du palais
d'un grand roi. Mais, me dira-t-on, cette galerie n'est
point destinée à servir d'entrée au palais; elle servira
dans les jours de solennité au monarque pour s'y montrer à son peuple au milieu de toute sa cour. Soit; mais
outre que le roi et son cortège seront soupçonnés
d'avoir passé par une trappe pour entrer dans cette galerie, puisqu'on n'aperçoit point d'abord qui réponde à
la magnificence et à la grandeur de la colonnade, ne
voyez-vous pas que le monarque et sa cour auront dans
cette immense galerie l'air du roi et de la cour de Lili-
put transplantés dans le palais royal des Brobdingnacs.
A quoi se réduit donc le mérite de Perrault ? A avoir
dessiné avec beaucoup de goût et de connaissance
l'ordre le plus riche de l'architecture grecque, suivant
les plus belles proportions connues, à l'avoir embelli

de tout ce que l'ordre corinthien peut supporter d'ornemens dans ses colonnades, dans ses niches, dans ses
plafonds, etc., et à avoir placé à la principale façade du
palai sdu Louvre un superbe monument d'architecture, sans but et sans jugement. *Non erat his locus.*

Cette imitation servile des ordres anciens est encore
plus choquante dans les palais particuliers. La distribution intérieure de nos édifices ne ressemble en rien à
celle des Grecs et des Romains, et nous voulons conserver l'extérieur de leur architecture ! En France surtout,
où le goût et la recherche dans les ameublemens, dans
les distributions d'appartemens, et la science des formes
agréables et commodes, sont poussés au plus haut degré
de perfection, l'ordre extérieur est sacrifié à tout instant, et exposé à mille outrages pour donner à l'intérieur tous les agrémens dont il peut être susceptible.
Un architecte français vous coupera sans miséricorde
une corniche, un pilastre par le beau milieu; il parta-
gera une croisée en deux étages pour faire des entre-
sols, si cela lui convient, ou bien il la fera passer tout
à travers une corniche. Il est vrai qu'il aura arrangé dans
l'intérieur un appartement à tourner la tête. Il y aura
des dégagemens, des escaliers dérobés, des aisances, des
recherches et des agrémens à l'infini; ce goût est même
poussé si loin, que le plus simple particulier se trouve
logé à Paris, avec plus de commodité que les plus
grands personnages ailleurs. Mais ne vaudrait-il pas
mieux s'en tenir, quant à l'extérieur, à une simple architecture bourgeoise, et renoncer à tout ornement, que
de les défigurer avec si peu de scrupule?

Celui-là serait un grand architecte qui saurait combiner la beauté extérieure des palais d'Italie avec les agrémens de l'intérieur des maisons de Paris. Celui-là serait un homme d'un grand génie qui, dans la construction d'une église, saurait joindre la légèreté et la hardiesse gothiques à la beauté et à la majestée de l'architecture grecque.

———

A Paris, ce 1er novembre 1764.

Après avoir entendu parler M. Le Roy de colonnes, de corniches, d'architraves, de pendentifs, employés à tort et à travers dans la construction des temples chrétiens, par les architectes modernes, je vais essayer à mon tour de tracer l'esquisse d'une histoire des temples chrétiens.

Nous connaissons six ordres d'architecture : l'égyptien, le grec, le romain, le gothique, l'arabesque, le moderne. Le premier de ces ordres fut imité, embelli, perfectionné par le second, qui devint à son tour le modèle du troisième. L'idée primitive de ces trois ordres, celle qui sert de base à leurs proportions, était la cabane, c'est-à-dire une charpente faite de bonnes poutres, bien équarries et surmontées d'un toit angulaire. Les Goths choisirent pour leur modèle d'architecture leur habitation ordinaire, les forêts dont les arbres s'entrelacent et se terminent en berceaux. Les Arabes eurent pour première idée des cintres immédiatement posés sur des piliers. Les modernes, n'ayant d'autre projet que d'imiter servilement les anciens, ont tout gâté, tout perdu. Nous avons fait presque toujours, mais surtout en architecture, comme les enfans qui, voyant faire des évolutions sur une place d'armes, se mettent à contrefaire l'exercice : ce qui fait admirer une troupe guerrière devient risible dans ses singes. A la renaissance des arts notre goût s'est formé, nous nous sommes aperçus de la perfection et de la beauté de l'architecture grecque, et nous avons dit : Les Grecs faisaient des colonnes, faisons donc des colonnes. Il fallait voir, avant tout, que les Grecs ne faisaient rien en architecture qui ne fût profondément raisonné, et il fallait dire: Tâchons de raisonner nos ouvrages aussi profondément qu'eux.

J'ai déjà remarqué combien cette maxime, essentielle à tout peuple qui veut exceller dans les arts, a été négligée par Perrault, dans ce péristyle tant vanté du Louvre. En lisant l'ouvrage de M. Le Roy, vous verrez comment cette colonnade du Louvre a été spirituellement transportée dans l'intérieur de la chapelle du château de Versailles. Ce double emploi dans deux édifices si différens, suffit pour faire la critique des architectes ; mais lorsque vous examinerez un peu mieux cette chapelle de Versailles, aussi fort vantée, vous trouverez que Mansart, avec tous ses efforts, n'a su lui ôter en bas l'air gothique, et que ces voûtes gothiques de la nef ont été surmontées, on ne sait pourquoi, d'un superbe ordre corinthien qui s'élève à la hauteur de la tribune du roi :

> . . . Ut turpiter atrum
> Desinat in piscem mulier formosa superne....
> O imitatores, servum pecus !

Mais pour faire sentir toute notre absurdité dans la

construction des temples, il faut reprendre les choses d'un peu plus haut.

Le but des peuples anciens qui les premiers ont élevé des temples, était de loger leurs dieux. Nous nous sommes mis à couvert avec nos femmes et nos enfans, laisserons-nous nos dieux sans habitation ? Leur puissance doit rendre leurs demeures respectables et sacrées ; nos dieux valent infiniment mieux que nous, il faut que leurs maisons soient plus grandes et plus magnifiques que les nôtres. Voilà le raisonnement de ces peuples simples et grossiers, voilà l'origine et le but de l'architecture des temples née en Égypte, portée par les Grecs au plus haut degré de perfection, imitée ensuite par les Romains. Un temple était le logement d'un dieu, comme la cabane l'était d'un chef de famille et des siens. La statue du dieu était placée au milieu de sa demeure ; mais remarquez que les sacrifices, les cérémonies religieuses, se célébraient au dehors. La foule du peuple n'entrait donc jamais dans les temples pendant les solennités ; ce privilège était réservé aux prêtres comme attachés au service du maître de la maison, ou à quelques ames dévotes qui avaient la statue du dieu à orner, un vœu à remplir, une offrande à faire, un oracle à consulter ; mais le peuple n'y avait que faire. Tout ce qui se passait dans l'intérieur était particulier et mystérieux. Voilà pourquoi les temples étaient obscurs et peu spacieux, n'avaient qu'une seule porte, point de fenêtres, peu de jour ; ils avaient été imités d'après le premier refuge de l'homme, ils en avaient conservé l'image. Il a fallu une infinité de siècles au genre humain pour lui persuader qu'un homme ait besoin de plus d'un réduit; ce n'est même que depuis environ trois cents ans qu'on sait ce que c'est qu'un appartement : les recherches et les commodités de toute espèce n'ont été connues que de nos derniers temps. Si les Égypticns avaient eu une idée d'appartement dans leurs palais, je suis convaincu que leurs temples auraient été partagés en plusieurs compartimens, dont la distribution aurait répondu à celle de l'intérieur du palais du roi, car ce peuple superstitieux n'aurait pas voulu que ses dieux fussent plus mal logés que ses souverains.

Quelle est donc la raison qui ait pu engager nos architectes à prendre les temples anciens pour modèles dans la construction de nos églises ? Avons-nous des dieux à loger ? Notre culte a-t-il les mêmes cérémonies que celui des Grecs et des Romains, ou plutôt nos églises ne sont-elles pas destinées à des usages tout-à-fait différens ? Un critique sévère qui serait persuadé que le jugement est le premier attribut du génie, tiendrait peut-être à l'architecte de Sainte-Geneviève le discours suivant : « Je croirai sans peine, M. Soufflot, « que la plupart de vos censeurs n'ont guère réfléchi « aux objections qu'ils vous ont faites. Ceux qui ont « trouvé votre principale porte trop étroite, ignoraient « vraisemblablement à quel point ils avaient raison. « Pour leur répondre, vous avez fait graver le portail « des temples anciens les plus fameux par leur belle « architecture, et ils se sont peut-être crus battus ; mais « il se pourrait que ces temples fussent très-beaux, et « que le vôtre n'en fût pas moins absurde. Il n'y a point « d'exemple dans l'histoire, que les Athéniens se soient

« plaints des portes trop étroites de leurs temples, et je
« ne voudrais pas garantir qu'on ne s'étouffât à l'entrée
« de votre église, le jour qu'on y dira la première messe.
« Savez-vous la raison de cette différence ? C'est que
« dans aucune solennité le peuple n'avait à faire dans
« le temple de Minerve, et que dans toute solennité il
« faudra qu'il entre dans l'église de Sainte-Geneviève.
« Toutes les cérémonies religieuses se passaient à Athènes
« sous le péristyle et sur la place du temple ; toutes les
« cérémonies chrétiennes se font dans l'intérieur de l'é-
« glise, et le peuple est obligé d'y être. Vous dites qu'il
« vous était impossible de faire votre porte plus large
« que l'entre-colonne du péristyle, et rien n'est plus cer-
« tain ; mais montrez-moi donc la nécessité de ce péri-
« style ; ou bien, voulez-vous qu'une colonnade inutile
« serve d'excuse à une porte incommode ? M. Soufflot,
« je vous loue d'avoir étudié l'architecture grecque et
« romaine, c'est l'école du génie ; mais il ne fallait pas
« vous laisser entraîner par l'exemple des architectes
« modernes, qui ont partout montré plus de science que
« de jugement. Lorsque vous fûtes chargé de la con-
« struction de Sainte-Geneviève, au lieu d'avoir recours
« à vos études et à vos porte-feuilles, il fallait vous de-
« mander ce que c'est qu'un temple chrétien ; et si votre
« génie vous eût fait rencontrer et remplir la véritable
« définition d'un tel édifice, votre église de Sainte-Ge-
« neviève, au lieu d'être la copie d'un temple de Junon
« ou de Diane, serait devenue elle-même un grand et
« illustre modèle. Ce modèle est encore à trouver ;
« et les modernes, avec leurs colonnades et leurs ri-
« chesses d'architecture presque toujours prodiguées à

« contre-sens, n'ont réussi qu'à nous faire regretter
« la beauté agreste mais raisonnée des églises go-
« thiques. »

SUR LE TESTAMENT DU CARDINAL DE RICHELIEU.

A Paris, ce 15 novembre 1764.

Une nouvelle édition qu'on vient de faire du *Testa-*
ment politique du cardinal de Richelieu a renouvelé
la dispute sur l'authenticité de cet ouvrage. Il y a quinze
ans que M. de Voltaire, dans son écrit *des Mensonges*
imprimés, prétendit prouver que ce livre ne pouvait
être l'ouvrage du cardinal. M. de Foncemagne, de l'Académie Française, sous-gouverneur de M. le duc de Char-
tres, écrivit alors en faveur du *Testament*, dont chaque
ligne lui paraissait déceler son illustre auteur. La dissertation de M. de Foncemagne, en forme de lettre, vient
d'être considérablement augmentée, et réimprimée à la
suite de la nouvelle édition du *Testament politique ;*
mais M. de Voltaire ne s'est pas tenu pour battu. Il nous
a envoyé des *Doutes nouveaux sur le Testament attribué*
au cardinal de Richelieu, qu'on a imprimés ici, et qui
font une brochure de soixante-dix pages. Il vient de
nous en envoyer une nouvelle, qui paraîtra sous peu de
jours, intitulée : *Arbitrage entre M. de Foncemagne et*
M. de Voltaire. Si cette dispute n'est pas dans le fond
moins frivole que la plupart des disputes littéraires, elle
peut du moins servir comme un modèle de politesse et
d'égards qu'on devrait imiter dans toutes les querelles;
du reste il est arrivé dans cette dispute ce qui arrive

toujours, elles dégénèrent ordinairement en escrime et combats d'esprit où il ne s'agit plus de la vérité, mais d'avoir raison.

Je crois que tout bon critique qui, après avoir lu le *Testament*, voudra examiner avec impartialité les pièces du procès, faire abstraction de la platitude qui règne dans la Lettre de M. de Foncemagne et du prestige avec lequel M. de Voltaire sait présenter ses idées, avoir enfin égard au caractère personnel du cardinal et à l'esprit de son siècle, ne s'écartera guère des résultats que je vais indiquer ici.

Le cardinal de Richelieu, grace à la fondation de l'Académie Française, a été tant loué depuis un siècle, que le problème de littérature française le plus difficile à résoudre aujourd'hui est de trouver, pour un discours de réception, une tournure neuve de cet éloge indispensable. Non-seulement ceux qui entrent dans la troupe immortelle sont obligés de faire une belle page en faveur du cardinal, mais il y a apparence que tous ceux qui y aspirent ont leurs phrases toutes prêtes pour l'éloge de ce fameux ministre : or, jugez en combien de portefeuilles cet éloge est multiplié et périt ignoré, indépendamment des occasions où le renouvellement des Quarante lui permet de paraître. Il est à croire, par exemple, que l'abbé Le Blanc le porte sur lui tout fait depuis plus de quinze ans, et vraisemblablement c'est un éloge perdu qui ne verra jamais le jour. L'archidiacre Trublet a sollicité pendant vingt ans une place à l'Académie, et y est enfin entré en tapinois, lorsque personne ne pensait plus à lui. On prétend que dans ce long intervalle où il s'est trouvé à la tête des postulans, il avait préparé un éloge

14

funèbre de chacun des Quarante, afin d'être toujours
prêt à tout événement, et un de ses compétiteurs n'é-
tait pas sitôt élu par l'Académie, que l'archidiacre se
renfermait dans son cabinet pour composer son éloge,
dans l'espérance de lui succéder un jour. Il faut donc
que nous ayons perdu au moins quarante ou soixante
discours de réception, seulement de la plume de l'archidiacre Trublet, et si l'éloge du cardinal s'est trouvé
varié dans chacun de ces discours, jugez de l'immensité
de cette perte.

Pour parler plus sérieusement, il faut convenir que
le cardinal de Richelieu a été trop loué. C'était sans
doute un grand ministre, mais était-ce un grand homme
d'État ? Il ne devrait pas y avoir de différence entre
ces deux qualifications; elle est cependant immense. Le
nom du premier peut en imposer pendant un certain
temps ; la gloire du dernier est seule durable. Remarquons en général que tout homme en place qui aura de
la fermeté ne pourra manquer de faire un grand effet
dans son siècle ; mais le caractère de sa réputation dé-
pendra de l'étendue de ses idées et de l'élevation de son
ame : suivant le degré et la mesure de ces qualités, il
sera ou l'épouvantail ou l'idole du genre humain. Le
cardinal de Richelieu avait une grande fermeté dans le
caractère ; mais il avait peu d'esprit et encore moins de
lumières. Placé au timon des affaires malgré un roi
faible, irrésolu et timide, il ne pouvait manquer de devenir le despote de son maître ; gouvernant l'État au
sortir des guerres civiles, son caractère devait ou rétablir l'autorité royale en forçant, par la rigueur des sup-
plices, les esprits les plus indociles au joug de la sou-

mission, ou bien il pouvait encore une fois bouleverser
le royaume : cela dépendait de ceux qu'il devait trouver
rebelles à ses vues. Supposons pour un moment à Monsieur, frère de Louis XIII, un génie supérieur, un grand
courage, de grandes ressources dans l'esprit, et Richelieu était perdu. Quarante ou cinquante ans plus tôt il
aurait cent fois couru le risque d'être assassiné en sortant du cabinet du roi ; mais de son temps le goût de ces
expédiens était déjà passé en France. Malgré ses succès,
Richelieu n'intéresse point; sa réputation et sa mémoire
ne seront jamais chères à personne. Si son courage était
inflexible, son esprit était aussi rétréci qu'altier ; ce
grand ministre était sot, vain et dur.

Si l'on avait jugé à propos d'établir ce préliminaire
dans la dispute qui s'est élevée sur l'authenticité de son
Testament, on l'aurait, je crois, beaucoup abrégée. M. de
Voltaire a beau jeu de prouver que ce *Testament* est
un mauvais ouvrage ; mais s'il en infère qu'il ne peut
être du cardinal, je ne puis lui accorder cette conséquence. Il y a sans doute beaucoup de sottises dans ce
livre ; mais lorsque je repasse dans ma tête toutes les
idées que l'étude de l'histoire m'a laissées, je trouve qu'il
ne renferme rien qui ne soit d'accord avec les lumières du
cardinal et de son siècle, avec son caractère et ses passions, et leur langage tantôt faux et apprêté, tantôt vrai
et naïf malgré lui.

M. de Voltaire y trouve de très-mauvaises maximes,
et moi aussi ; mais elles décèlent presque toujours le
caractère dur et violent du cardinal, et sont pour moi
une forte preuve de l'authenticité de l'ouvrage ; car un
auteur de profession qui n'écrit que pour débiter ses

lieux communs, ne se fait pas une morale aussi dure.

Il y trouve des bévues, l'auteur confond les noms et les faits historiques; mais peut-on exiger d'un ministre aussi occupé que le cardinal, l'exactitude d'un écrivain de profession? l'un écrit de mémoire, l'autre compose avec soin. Ces bévues sont donc pour moi encore une preuve en faveur de l'authenticité. Je conviens, du reste, que ce *Testament* s'est trouvé imparfait à la mort du cardinal, et que l'éditeur y a pu insérer des sottises qui n'y étaient pas.

M. de Voltaire demande comment le cardinal aurait pu donner au roi des conseils tout-à-fait contraires à ses propres intérêts ; et moi je lui demande depuis quand il a trouvé les discours des hommes d'accord avec leurs actions ? Lorsque le cardinal conseillait au roi de restreindre l'autorité des ministres sur certains points, ce n'est point de la sienne qu'il comptait parler, c'est de celle de ses successeurs ; celui qui propose la loi se regarde toujours au-dessus d'elle, et s'en excepte tacitement; c'est une chose connue de tout le monde. L'abbé de Galiani, qui aime à parler en paraboles comme Jésus-Christ, dit que le législateur ressemble à ce peintre que la police fit venir pour empêcher les saloperies que les Welches font dans les culs-de-sac de leur capitale , appelés impasses en français. Elle lui ordonna de peindre en gros caractères sur les murs du cul-de-sac : *défenses sont faites de faire ici aucune ordure sous peine d'amende ou de punition corporelle*: c'est l'inscription élégante qu'on lit dans tous les endroits écartés de Paris. Le peintre se met à la besogne. Au milieu de son ouvrage il lui prend un besoin ; il descend de l'échelle, met

bas ses culottes, et tout en se soulageant contre l'esprit
de la loi, il contemple et admire la beauté de son ouvrage. Dans cette parabole, la noblesse de l'image n'est
pas moins digne d'attention que le sens profond de la
morale.

M. de Voltaire demande enfin si un grand ministre
comme le cardinal aurait fait, dans son chapitre *des
qualités d'un conseiller d'État*, un assemblage insipide
de lieux communs, au lieu de traiter des intérêts les plus
importans de la monarchie; M. de Voltaire oublie à
quel point le cardinal avait la manie de bel esprit et
la prétention d'auteur. Je parierai que ce chapitre lui
paraissait un chef-d'œuvre. Je défie encore le plus grand
génie de faire d'un tel chapitre autre chose qu'un amas
de lieux communs plus ou moins beaux, suivant le talent de l'auteur. La morale du *Télémaque* de l'aimable
archevêque de Cambrai, est très-différente de celle du
dur et superbe cardinal de Richelieu. Celle-ci peut gâter
l'esprit et le cœur d'un jeune homme, l'autre peut le former à mille vertus; mais ni l'une ni l'autre ne lui ap-
prendra le secret d'être homme d'État, cela s'apprend
dans une autre école. M. de Voltaire est de mauvaise
foi quand il fait répondre par le maréchal de Villars,
une partie des lieux communs du cardinal à Louis XIV,
lorsque celui-ci l'envoie tenter la défense de la monarchie réduite aux abois. Sans doute cette manière de
répondre eût été fort ridicule, lorsqu'il s'agissait de
concerter un plan, d'arranger ses parties, d'écarter ou
de vaincre des obstacles, etc.; mais si le maréchal de
Villars, la guerre finie, avait voulu faire un livre en
forme de testament militaire, c'eût été un recueil de

lieux communs, illustrés et appuyés par des exemples historiques. Le roi de Prusse qui donne à son frère l'instruction d'une campagne en Saxe, et le philosophe de Sans-Souci qui compose pour son neveu un poëme sur l'art de la guerre, sont deux personnages très-différens.

Il me semble que si j'en avais le loisir et l'envie, je défendrais avec avantage l'authenticité du *Testament*, sans avoir peur ni de l'autorité, ni des armes d'un aussi grand et redoutable adversaire que notre illustre patriarche ; il est vrai que je ne ferais guère du livre le cas qu'en fait M. de Foncemagne, ni de l'auteur l'estime qu'en paraît faire M. de Voltaire. Je conviendrais encore facilement qu'il s'en faut bien que le cardinal ait tout fait, tout écrit ; au contraire, suivant l'usage, ses valets beaux esprits travaillaient sur ses idées , et lui donnaient les leurs, qu'il trouvait fort belles, ainsi que les siennes. M. de Voltaire et M. de Foncemagne disputent beaucoup sur le temps où le cardinal a fait cet ouvrage, et en tirent tour à tour des inductions favorables à leur opinion ; mais je pense que ce temps ne peut s'indiquer au juste. Le cardinal travaillait à ce livre dans ses momens de loisir, pendant plusieurs années ; c'était son délassement, lorsque la manie de faire des tragédies lui avait passé. Il mourut avant d'y mettre la dernière main ; il comptait certainement s'immortaliser par cet ouvrage, autant que par les événemens de son ministère ; toutes ces prétentions entraient dans sa tête. Son silence sur la naissance du Dauphin ne prouve autre chose sinon que ce chapitre, ou n'était pas fait, ou s'est égaré. Sans doute que le cardinal comptait bien faire sur l'éducation d'un dauphin un chapitre rempli des plus beaux lieux communs, tout aussi admirable et tout aussi utile que celui *des qualités d'un conseiller d'État.*

Résumé général. Je ne dis pas que le cardinal ait écrit son *Testament* d'un bout à l'autre ; je ne dis pas qu'il ne puisse être l'ouvrage de plusieurs mains ; je ne dis pas qu'il soit complet et tel que le cardinal l'aurait avoué ; je ne dis pas qu'il n'ait pu être falsifié en certains endroits, et qu'il ne soit venu au monde sans aveu ; mais je dis que les idées et les connaissances que ce livre contient me paraissent en général s'accorder avec celles du cardinal et de son siècle ; que son goût ainsi que son style leur conviennent encore merveilleusement bien, quoique l'un et l'autre n'en vaillent pas mieux ; je dis que, supposé que ce soit un ouvrage fabriqué par un imposteur, le cardinal, quoique grand ministre, n'en aurait pas fait un meilleur, ni pour le style, ni pour les idées, ni quant au fond, ni quant à la forme.

On peut dire que M. de Voltaire a supérieurement défendu une mauvaise cause. Quand on a lu le *Testament*, il reste une conviction intime sur l'authenticité de cet ouvrage ; quand on lit les *Doutes* de M. de Voltaire, on est presque ébranlé ; mais ce n'est pas par la solidité de ses raisons, c'est par l'habileté du raisonneur.

M. de Foncemagne, en revanche, a défendu une bonne cause on ne peut pas plus mal. Beaucoup d'érudition gauloise ; nulle critique, nul discernement, nulle philosophie ; un style plat et trivial. Il cite parmi les plus belles maximes politiques de ce *Testament*, celle-ci : « Si « les peuples étaient trop à leur aise, il serait impos-

« sible de les contenir dans les règles de leur devoir.

« La raison ne permet pas de les exempter de toutes
« charges : parce qu'en perdant la marque de leur sujé-
« tion, ils perdraient aussi la mémoire de leur condi-
« tion ; et que s'ils étaient libres de tributs, ils pense-
« raient l'être de l'obéissance, etc. »

Ce passage serait en effet très-beau dans un code
visigoth.

PARODIE EN CHANSON DE LA LETTRE DE M. LE CON-
TRÔLEUR LAVERDY A M. LE DUC D'AIGUILLON[1].

En vérité, monsieur le duc,
Vos états ont le mal caduc,
Et leurs accès sont effroyables ;
Sur mon honneur, ils sont si fous
Qu'il nous faudra les loger tous
En peu de jours aux Incurables.

4 décembre 1764.

1. Voici cette lettre :

« En vérité, M. le duc, la folie des Etats devient incurable ; il ne reste
d'autre parti qu'à faire régler au conseil les affaires du 12 octobre ; après
cette discussion solennelle il n'y aura plus de remède. 1° L'intention de la
noblesse et de M. de Kgnesec, est-elle donc que toutes les impositions
cessent dans la province de Bretagne, et que les autres sujets du Roi paient
pour les Bretons ? 2° Veut-il forcer le gouvernement à se monter sur le ton
de rigueur, et à quitter le ton de douceur qu'il avait pris ? Lorsque la raison
et l'honnêteté conduisent les hommes, l'autorité peut céder quand il n'y a
pas d'inconvénient, mais lorsque la déraison et la révolte s'emparent des
esprits, il ne reste d'autre parti que celui de la sévérité, et il y aurait du
danger à en user autrement ? Croient-ils que le Roi laisse à ce point, avilir
son autorité ? 3° Croient-ils par là hâter le retour des mandés ? Si la conduite de la noblesse avait été telle qu'elle devait être, le Roi eût accordé à
votre instance les mandés ; mais le Roi s'irrite. Il m'a parlé encore hier d'une

Je vais faire dans le conseil,
Avec le plus grand appareil,
Juger l'affaire des trois ordres;
Et puis après ce réglement,
Pas pour un diable assurément
On ne pourra plus en démordre.

Je vous dirai premièrement
Que les Bretons certainement
Doivent être contribuables,
Et tous ceux qui refuseront
Aux yeux du conseil paraîtront
Révoltés et déraisonnables.

Votre monsieur de Kgnesec
Qu'on donne pour un si grand grec,
Et tout l'ordre de la noblesse
Peuvent-ils nous faire la loi,
Et que tous les sujets du Roi
Paieront pour les tirer de presse?

manière à me faire sentir son mécontentement, et si avant huit jours l'ordre de la noblesse n'a pris le parti convenable, le Roi est prêt à partir. On croira que ce que je vous mande ici est un conte, mais cependant, M. le duc, c'est la vérité toute pure. Vous connaissez l'attachement et tous les autres sentimens avec lesquels j'ai l'honneur d'être, M. le duc, etc.

Signé LAVERDY.

« Je vous prie de lire ma lettre à la noblesse. »

Les anciens oracles se rendaient toujours en vers, afin qu'on les retînt avec plus de facilité, et par la même raison on les mettait en chant; on a cru devoir les mêmes honneurs aux sacrées paroles de M. le contrôleur Laverdy, en donnant une traduction en vers français, de sa lettre du 4 octobre, au duc d'Aiguillon. Les lois scrupuleuses de la traduction n'ont pas laissé beaucoup d'essor à l'enthousiasme poétique. On prie le lecteur d'excuser le poète en faveur du traducteur. Pour la commodité, on a encore mis cet hymne nouveau sur l'air noble et célèbre: *Accompagné de plusieurs autres, etc.*

(Note du correspondant.)

Je vous dirai secondement,
Qu'ils forcent le gouvernement
A prendre un ton des plus sévères,
A se monter à la rigueur
Et quitter le ton de douceur,
Qu'on avait pris pour leurs affaires.

On voit souvent sans nul danger
Le maître à ses sujets céder,
Même dans le temps où nous sommes,
Quand la raison, l'honnêteté,
Vis-à-vis de l'autorité,
Conduisent les esprits des hommes.

Mais aussi lorsque le démon
De révolte et de déraison
S'emparera de la noblesse,
Pense-t-on que Sa Majesté
Laisse avilir l'autorité
En reculant avec faiblesse ?

Je vous dirai troisièmement,
Que les mandés du parlement
Sont quittes de reconnaissonce
Vers les gentilshommes bretons,
Qui, se conduisant comme ils font,
Ont retardé leur audience.

Si l'ordre s'était comporté
Comme il devait en vérité,
Et n'avait pas fait résistances,
Le retour de tous les mandé
Dès long-temps était accordé,
Monsieur le duc, à vos instances.

Mais je ne dois pas vous céler,
Ni vous, leur laisser ignorer

Que tous les jours le Roi s'irrite.
Hier il disait hautement
A quel point il est mécontent
Des états et de leur conduite.

Pour les en faire revenir
Et les faire tous consentir,
Mettez donc toute votre peine ;
Je vois le Roi prêt à partir
Si vous ne pouvez réussir,
Monsieur le duc , avant huitaine.

Ceci de l'un à l'autre bout
Semble un conte à dormir debout ;
Mais cependant je vous assure
Que les trois articles présent ,
Et le dernier très-nommément ,
Sont la vérité toute pure.

Vous connaissez l'attachement
Et tous les autres sentimens
Avec lesquels j'ai l'honneur d'être
Votre très-humble serviteur,
De Laverdy, le contrôleur.
Publiez, s'il vous plait, ma lettre.

SUR LE COMPOSITEUR MONSIGNY , L'OPÉRA FRANÇAIS ET L'ENCYCLOPÉDIE.

A Paris, ce 15 mai 1766.

M. de Monsigny n'est pas musicien de profession, et il n'y a rien qui n'y paraisse. Sa composition est remplie de solécisme; ses partitions sont pleines de fautes de toute espèce. Il ne connaît point les effets ni la magie de l'harmonie; il ne sait pas même arranger les différentes parties de son orchestre et assigner à chacune ce qui lui appartient : ses basses sont presque toujours détestables, parce qu'il ne connaît pas la véritable basse du chant qu'il a trouvé, et qu'il met ordinairement dans la basse ce qui devrait être dans les parties intermédiaires. Aussi, toute oreille un peu exercée est bientôt excédée de cette foule de barbarismes; et en Italie, M. de Monsigny serait renvoyé du théâtre à l'école, pour étudier les premiers élémens de son art, et expier ses fautes sous la férule; mais en France, le public n'est pas si difficile, et quelques chants agréables mis en partition comme il plaît à Dieu, des romances surtout, genre de musique national, pour lequel le parterre est singulièrement passionné, ont valu à ce compositeur les succès les plus flatteurs et les plus éclatans. On le regardait même comme l'homme le plus propre à opérer une révolution sur le théâtre de l'Opéra, et à faire la transition de ce vieux et misérable goût qui y règne, à un nouveau genre, sans trop choquer les partisans de la vieille boutique, et sans trop déplaire aux amateurs de la musique.

M. de Monsigny a mal justifié ces espérances : il n'a pas fait faire un pas à l'art. Son opéra de la *Reine de Golconde* est un opéra français dans toute la rigueur du terme, et je défie les plus grands rigoristes de lui reprocher la moindre innovation, la plus petite hérésie. Il en est arrivé une chose bien simple; c'est que M. de Monsigny n'a contenté aucune classe de ses juges. Les amateurs de la musique l'ont abandonné aux vieilles perruques, qui ne lui ont pas rendu justice. Ce compositeur a oublié de faire une observation de la plus grande importance pour un musicien qui veut réussir; c'est qu'on vante la musique de Lulli, non parce qu'on la trouve réellement belle, mais parce qu'elle est vieille. Ainsi, tout homme qui travaille à s'approcher du vieux goût, est sûr de déplaire même à ceux qui en sont les plus chauds défenseurs.

Sans être chargé des pleins pouvoirs d'aucun parti, je vais tracer ici quelques articles préliminaires, sans l'observation desquels je promets à M. de Monsigny et à tout compositeur qui voudra essayer un opéra français, qu'ils n'obtiendront jamais de succès durable. On ira toujours à l'Opéra, parce que l'oisiveté et le désœuvrement y conduiront toujours; mais les gens de goût ne s'y plairont jamais.

Je dirai donc, en premier lieu, que la France n'aura jamais de spectacle en musique, si l'on ne sépare pas distinctement l'air et le récitatif. Celui-ci ne doit point être chanté, il doit être une déclamation notée et parlée : cette déclamation doit tenir le milieu entre la déclamation ordinaire et commune et le chant. Quoique mesuré et soutenu d'une basse, le récitatif ne doit point se débiter en mesure; il suffit qu'il soit ponctué avec justesse, et que les véritables inflexions du discours y soient bien marquées; tout le reste doit être abandonné à l'intelligence de l'acteur. Je dis de l'acteur et non du chanteur : le récitatif ne peut faire de l'effet que lorsque le poète a fait une belle scène, et que l'acteur la joue bien.

L'air doit être réservé aux momens de situation, de

chaleur, de passion, d'enthousiasme. Tout air doit être pour ainsi dire une situation, et c'est ainsi que l'illustre Metastasio l'emploie toujours, si vous en exceptez les airs qui renferment un tableau ou une comparaison ; et j'avoue que je retrancherais volontiers ce dernier genre d'airs de la musique théâtrale.

Le récitatif obligé a une nuance de chant plus forte que le récitatif ordinaire ; il tient le milieu entre celui-ci et le chant de l'air.

Mettez les airs les plus beaux et les plus sublimes l'un à la suite de l'autre, et vous n'en aurez pas fait exécuter quatre de suite, sans que votre oreille ne soit enivrée, excédée , et que vous n'ayez réussi à détruire tout charme, tout effet, par cette succession immédiate des uns aux autres.

Le récitatif était donc ce qu'il y avait de plus important à trouver pour l'exécution d'un opéra. Sans lui , point d'action, point de dialogue, point de scène , point de repos, point de charme , point d'effet musical.

Aussi il n'y a rien de tout cela dans un opéra français, parce que son récitatif est un chant lourd, traînant et languissant, que l'acteur débite à force de cris et de poumons, et qui dure depuis le commencement jusqu'à la fin. Ce récitatif détestable qui a été imité d'après le plain-chant de l'église , et qui n'est proprement ni chant ni déclamation, est cause qu'il n'y a ni air ni récitatif dans un opéra français, et que l'auditeur le plus intrépide en sort harassé.

La faute la plus grave de M. de Monsigny, c'est d'avoir adopté ce plain-chant avec tous ses défauts, et de n'avoir pas songé à distinguer avec précision l'air et le récitatif. C'était se mettre dans l'impossibilité de mieux faire que ses prédécesseurs, depuis le plat Lulli jusqu'au dur et lourd Rameau.

Secondement, la chanson et le couplet ne sont point du ressort de la musique théâtrale : ils peuvent y être placés historiquement, c'est-à-dire qu'un berger, par exemple, peut dire à sa bergère qu'on lui a appris une telle chanson, et la chanter; mais il est contre le bon sens de placer sur le théâtre la chanson et les couplets en action, parce que le chant du couplet est toujours un chant appris par cœur, et ne peut jamais avoir l'air d'être créé par l'acteur dans la chaleur de l'action ou dans les accès et dans la fougue de la passion. Rien ne ressemble moins au couplet que l'air ou l'*aria* des Italiens, qui est le véritable chant du théâtre, et qui, comme nous l'avons dit, doit toujours être placé en situation. Il paraît que c'est la danse qui a fourni la première idée de l'air à celui qui l'a créé en Italie, et introduit sur le théâtre. L'application du cadre que la danse a fourni aux paroles du poète, cette association du modèle primitif et du technique d'un air de danse avec l'expression d'un sentiment, les actions d'une passion, est un effort de génie des plus rares. L'air est donc devenu l'expression d'un seul sentiment, d'une seule idée musicale, d'une seule passion, d'une seule situation, avec toutes les variétés des nuances que chaque sentiment, chaque passion renferme.

L'opéra français ne connaît point l'air. On n'y sait rompre la monotonie de ce plain-chant qu'ils appellent récitatif, que par des chansons et des romances, genre de musique faux et absurde au théâtre. Ce qu'on appelle l'ariette , introduite en ces derniers temps dans la musique théâtrale, à l'imitation de *l'aria* des Italiens, est d'un genre non moins faux que les couplets et d'un goût encore plus pitoyable. Bien loin d'exprimer un sentiment ou une passion, l'ariette ne renferme que des paroles oiseuses que le poète place à propos de rien dans un divertissement, et que le musicien ne sait exprimer qu'en jouant sur les mots de la manière la plus puérile.

M. de Monsigny n'a rien innové à ce misérable protocole. Comme il a surtout réussi par ses romances dans ses autres pièces, il a cru qu'il n'y avait qu'à les multiplier dans celle-ci autant qu'il serait possible, et il n'a pas prévu qu'elles se feraient tort les unes aux autres, et qu'à la troisième tout le monde serait excédé. Quant à ses ariettes qu'il a placées dans les divertissemens suivant l'usage, elles ne sont en rien supérieures aux mesquines et pitoyables ariettes de Rameau et consors. Ainsi l'air, *l'aria*, reste toujours à créer dans l'opéra français.

Troisièmement, les chœurs ne sont pas plus que les couplets propres à la musique de théâtre. Aussi rien n'est plus froid et plus ennuyeux que tous ces chœurs dont un opéra français est farci, et que ses partisans ont l'imbécillité de regarder comme un grand avantage. Lorsque le poète introduit dans sa pièce le peuple ou la foule comme acteurs, je sens que cette foule peut pousser un cri de joie, d'admiration, de douleur, de surprise, d'effroi, etc.; mais de lui faire chanter un long couplet en parties, et par conséquent non-seulement un chant appris par cœur, mais concerté d'a-

vance entre les exécutans, et qui cependant au théâtre
doit avoir l'air d'être suggéré par l'action du moment.
C'est offenser grièvement le bon sens et porter l'absurdité à son comble, à moins que ce chœur ne consiste
dans l'exécution de quelque hymne ou de quelque autre
chant consacré par la religion et l'usage, et que le
peuple peut être supposé de savoir par cœur. On a emprunté les chœurs du théâtre ancien, mais en cela
comme en beaucoup d'autres choses, on a montré peu
de jugement. La représentation théâtrale avait tout un
autre but chez les peuples anciens que chez nous ; c'é-
tait un acte de religion et d'instruction publique. Cette
dernière partie était particulièrement confiée au chœur.
C'était pour ainsi dire un personnage moraliste et in-
termédiaire entre l'acteur et le spectateur, chargé d'inspirer à celui-ci de bons sentimens moraux résultans
du fond du sujet. Quand il quitte le rôle de moraliste,
et qu'il se mêle à l'action, la foule se tait, et il n'y a
plus qu'un ou deux interlocuteurs qui parlent. Le caractère distinctif des ouvrages anciens, est ce jugement
sûr et profond qui accompagne toujours les opérations
du vrai génie. Nous autres peuples modernes, nous ne
sommes que des enfans et des singes qui avons imité à
tort et à travers, et souvent contre le bon sens, ce que
nous avons trouvé établi chez nos maîtres. Aussi il n'y
a rien qui n'y paraisse ; et pour s'en convaincre on
n'a qu'à comparer la gravité des chœurs de Sophocle
avec la frivolité et la pauvreté des chœurs de Quinault.

M. de Monsigny, au lieu de donner un bon exemple
en retranchant les chœurs de son opéra, les a multipliés à l'excès, et a perpétué, autant qu'il a dépendu

15

de lui, un défaut qu'on a la sottise de regarder comme une beauté, tandis que les Italiens l'ont retranché depuis long-temps, et avec beaucoup de jugement, de leur spectacle musical.

En quatrième lieu, aussi long-temps que l'on mêlera la danse avec le chant, les scènes et les ballets, il sera impossible qu'il y ait jamais un véritable intérêt dans un poëme d'opéra ; et le moyen d'attacher et de procurer du plaisir par la représentation théâtrale, lorsqu'elle est dépourvue d'intérêt, ou que cet intérêt se réduit à une scène dans tout le cours de la pièce, au lieu qu'il doit commencer avec elle, et croître par gradation de scène en scène, jusqu'au dénouement ? Les Italiens ont absolument banni et séparé la danse de leur opéra, et ont montré en cela autant de discernement que de goût. En France, au contraire, on regarde la réunion de la danse et du chant dans le même spectacle, comme un chef-d'œuvre de l'art et comme une preuve de la supériorité de l'opéra français sur l'opéra italien. Belle chimère ! Prétention bien fondée ! Premièrement, c'est le comble de la barbarie et du mauvais goût de mêler ensemble deux arts d'imitation, et si vous étudiez les premiers élémens du goût, vous sentirez que celui qui imite par le chant ne doit jamais se trouver dans la même pièce avec celui qui imite par la danse, l'unité de l'imitation n'étant pas moins essentielle que l'unité de l'action. En second lieu, je mets en fait que ce mélange de danse et de chant détruit nécessairement l'intérêt, parce qu'à chaque fois le ballet arrête l'action, et que lorsque la danse est finie, l'ame du spectateur est loin de l'impression qu'une scène touchante aurait pu lui faire. Aussi les ballets ne sont si agréables et si désirés à l'Opéra, que parce que le poëme est insipide et froid, et qu'il ennuie; mais dans une pièce véritablement intéressante, je défie le poète le plus habile, quelque art qu'il puisse avoir, d'amener un ballet sans arrêter l'action, et par conséquent sans détruire à chaque fois l'effet de toute la représentation. Remarquez que la danse peut être historique dans une pièce, comme la chanson. Donnez-moi un génie sublime, et je vous montrerai Catherine de Médicis faisant ses préparatifs du carnage de la Saint-Barthélemy, au milieu des fêtes et des danses de la noce du roi de Navarre. Le contraste de la tranquillité apparente qui va faire éclore de si affreux forfaits, ce mélange de galanterie et de cruauté, si je sais l'art d'émouvoir, vous fera frissonner jusque dans la moelle des os; mais je ne crains pas que vous puissiez avoir jamais vu rien de semblable sur le théâtre de l'Opéra, ni qu'aucun de ceux qui s'en mêlent soit en état d'en concevoir seulement l'effet. On ne nous donne sur nos théâtres que des jeux d'enfans, parce qu'on sait bien qu'on ne joue pas devant des hommes, et que jusque dans les amusemens on redoute une certaine dignité et une certaine énergie.

MM. Sedaine et de Monsigny ne se sont pas doutés du mauvais effet de ce mélange du chant et de la danse. Ils ont voulu en tout se conformer au protocole de la boutique de l'Opéra français, et le public leur a rendu justice en rangeant leur opéra dans la classe de ces ouvrages insipides et barbares qui seront enterrés sous les ruines de cette vieille masure, le jour que les Français sauront ce que c'est qu'un spectacle en musique,

M. le chevalier de Châtellux a écrit l'année dernière
un *Essai sur l'union de la poésie et de la musique* qui
contient, de très-bons principes que nos jeunes poètes
surtout auraient dû étudier avec le plus grand soin.
Pas un n'en a profité jusqu'à présent, et rien ne prouve
mieux l'inutilité des préceptes et des poétiques. Un seul
beau tableau apprend plus sur la peinture, que vingt
traités qui traitent de l'art. L'écrit de M. le chevalier
de Châtellux n'a pas même fait de sensation. Il est vrai
qu'il est un peu froid, et qu'on a de la peine à se faire
à un ton si froid sur un art si plein de chaleur et d'enthousiasme; mais enfin cet écrit contient des vues tout-
à-fait neuves, du moins en France, et dont certainement
aucun poète lyrique ne se doute.

J'ai aussi tâché d'exposer mes idées dans l'*Encyclopédie*,
à l'article *Poème lyrique*. Si vous daignez le parcourir,
je le recommande à votre indulgence; je n'ai point eu
le loisir de lui donner la perfection dont il aurait été
susceptible. Vous y trouverez peut-être quelques vues
trop hasardées et qui pourront même paraître extravagantes; mais je vous supplie de ne les pas rejeter légèrement; et si j'en avais le temps, je ne croirais pas
impossible de les porter à un haut degré de probabilité.
Au reste, je n'ai pas vu cet article imprimé, et ne
sais quel air il a dans ce fameux dictionnaire : car jusqu'à présent les sages précautions du gouvernement
nous préservent toujours efficacement du venin de
l'*Encyclopédie*, tandis que les provinces et les pays
étrangers sont abandonnés à l'activité de son poison.
On a même mis M. Le Breton, premier imprimeur.
ordinaire du roi, à la Bastille, pour avoir envoyé vingt

ou vingt-cinq exemplaires à Versailles à différens sou-
scripteurs. Ceux-ci ont eu un ordre du roi de rapporter
leurs exemplaires à M. le comte de Saint-Florentin,
ministre et secrétaire d'État. Dans le fait, le gouvernement n'a pas voulu punir, mais prévenir les criailleries
des prêtres, surtout pendant l'assemblée du clergé, à
laquelle on a voulu ôter le prétexte de faire des représentations à ce sujet. L'indiscret imprimeur, qui a pour
son compte l'intérêt de la moitié dans les frais et dans
les profits de cette immense entreprise, est sorti de la
Bastille au bout de huit jours de prison. Cette *Encyclopédie*, malgré toutes les traverses qu'elle a essuyées,
ou plutôt par la célébrité que ces persécutions lui ont
attirée, aura produit un profit de quelque cent mille
écus à chacun des entrepreneurs. Aussi les libraires
n'aiment rien tant que les livres dont les auteurs sont
harcelés; la fortune est au bout. Mais si l'*Encyclopédie*
a enrichi trois ou quatre libraires, ceux-ci n'ont pas
cru devoir enrichir les auteurs de ce fameux dictionnaire. On sait que M. Diderot, sans les bienfaits de
l'impératrice de Russie, aurait été obligé de se défaire
de sa bibliothèque. M. le chevalier de Jaucourt, qui,
après M. Diderot, a le plus contribué à mettre fin à
cet ouvrage immense, non-seulement n'en a jamais tiré
aucune récompense, mais s'est trouvé dans le cas de
vendre une maison qu'il avait dans Paris, afin de pouvoir payer le salaire de trois ou quatre secrétaires, employés sans relâche depuis plus de dix ans. Ce qu'il y a
de plaisant, c'est que c'est l'imprimeur Le Breton qui
a acheté cette maison avec l'argent que le travail du
chevalier de Jaucourt l'a mis à portée de gaguer. Aussi

ce Le Breton trouve que le chevalier de Jaucourt est un bien honnête homme. Je ne connais guère de race plus franchement malhonnête que celle des libraires de Paris. En Angleterre, l'*Encyclopédie* aurait fait la fortune des auteurs; ici elle a enrichi des libraires sans sentiment et sans justice, et qui s'estiment de très-honnêtes gens parce qu'ils n'ont pas pris de l'argent dans la poche des auteurs.

SUR LES COMMISSIONS EXTRAORDINAIRES EN MATIÈRE CRIMINELLE.

On a distribué secrètement un écrit de plus de cent pages in-douze bien serrées, intitulé : *des Commissions extraordinaires en matière criminelle* avec cette belle épigraphe, tirée de Tacite, qui sera toujours la devise du souverain jaloux d'être un objet de vénération lorsque l'intérêt et la flatterie seront condamnés au silence : *Nerva Cæsar res olim dissociabiles miscuit, principatum ac libertatem, auxitque facilitatem imperii Nerva Trajanus.* Tout considéré, il vaut mieux ressembler à Titus, à Trajan, aux Antonins, qu'aux Claude et aux Caligula. La circonstance actuelle du fameux procès en Bretagne a donné une vogue étonnante à cet écrit, qui a été attribué par quelques-uns à M. Lambert, conseiller au parlement de Paris, fort connu. La fin en vaut infiniment mieux que le commencement. L'auteur y repasse en revue toutes ces célèbres victimes qui ont été sacrifiées, en différens temps de la monarchie, par des commissions extraordinaires, à la haine et à la

puissance de leurs ennemis. L'auteur dit à cette occasion des choses fort touchantes; tout bon Français lira
avec émotion son apostrophe à Henri IV, et deux ou
trois autres morceaux de cette trempe. Mais le commencement de l'écrit est d'un pauvre homme. L'auteur
s'y récrie sur la constitution française, admirable sans
doute en ce que tous les ordres de citoyens y ont des
prétentions, et qu'aucun d'entre eux n'a un seul droit
incontestable et indépendant de la volonté du prince.
J'appelle droit incontestable celui qui n'a jamais été
disputé ni enlevé à un citoyen, et je n'en trouve pas
qui mérite ce nom en France, si ce n'est celui qu'ont
les ducs de faire entrer leurs carrosses dans la cour
royale, et les duchesses de prendre le tabouret chez
la reine. L'auteur de l'écrit dont nous parlons, ferait
un code de droit public, à coup sûr pitoyable, s'il en
était chargé. Il étend le pouvoir du souverain et la prérogative royale tant qu'on veut; mais aussi il renou-
velle toutes les prétentions des parlemens, qu'il veut
nous faire regarder comme les représentans de la nation. Il faut compter sur des lecteurs peu instruits dans
l'histoire, quand on veut leur faire adopter ces maximes.
Son début est surtout bien absurde : « Ce spectacle,
« dit-il, si admirable d'un gouvernement heureux qui
« sait accorder la puissance du souverain avec la liberté
« légitime des sujets, que Rome ne fit qu'entrevoir sous
« le règne adoré des Trajans, nés pour la consoler un
« moment de l'odieux despotisme sous lequel elle avait
« gémi et sous lequel elle retomba, la constitution de la
« monarchie française l'offre à l'Europe, sans interrup-
« tion, depuis quatorze siècles. » Voilà qui est bien

trouvé! Ce spectacle n'a-t-il pas été bien admirable sous le débonnaire Louis XI? sous le tendre cardinal de Richelieu? La France, avec sa constitution tant vantée, a eu précisément l'avantage de Rome sous ses empereurs, et de tous les empires de la terre, c'est-à-dire d'avoir été heureuse sous de bons rois, et d'avoir gémi sous le poids de l'oppression et de la calamité publique sous ses mauvais princes. Mais que les momens de bonheur ont été rares en France comme partout ailleurs! A peine l'auteur en trouverait-il deux ou trois dans l'intervalle de ses quatorze siècles. Un auteur de droit public qui raisonne comme le nôtre, peut se vanter d'être encore trois ou quatre siècles en arrière de la bonne philosophie.

VERS ADRESSÉS A M. DE CHOISEUL AU NOM DU CURÉ DE SAINT-EUSTACHE.

M. le duc de Choiseul ayant été nommé marguillier d'honneur de la paroisse Saint-Eustache pour l'année courante, on lui a adressé les vers suivans au nom du curé. On dit que ces vers sont de M. l'abbé de Voisenon; mais je les crois de M. de La Condamine.

1er janvier 1767.

Toi que je n'ose encore inviter à confesse,
Et que pourtant dans quatre mois
Je dois attendre à ma grand'messe,
Choiseul, de ton curé daigne écouter la voix,
Et reçois les vœux qu'il t'adresse.

Quoique tu sois grand ouvrier,
Puissé-je ne te voir que rarement à l'œuvre!

De Laverdy le sage devancier,
Dont l'écu porte une couleuvre,
Et qui fut comme toi grand homme et marguillier,
Ce Colbert, qu'aujourd'hui le peuple canonise,
Et qu'autrefois il osa déchirer,
Fit peu d'ordure en mon église,
Avant de s'y faire enterrer.
Je sais fort bien que tes confrères
De Saint-Eustache et de la cour
Aimeraient mieux qu'ici tu fisses ton séjour.
Je sais que maint dévot offre au ciel ses prières
Pour ton salut qui ne t'occupe guères :
Ton vieux curé consent à ne te voir jamais ;
Et s'il forme quelques souhaits,
C'est que tu restes à Versailles,
Où par toi le dieu des batailles
Est devenu le dieu de paix.
Amen ! Ainsi soit-il ! Si pourtant chaque année,
Choiseul, tu pouvais une fois
Quitter le plus chéri des rois
Qui t'a fait son ame damnée,
Viens te montrer en ces saints lieux,
Viens un peu changer d'eau bénite ;
Mais surtout retourne bien vite
Exorciser tes envieux.

AMÉLISE, TRAGÉDIE DE DUCIS [1].

A Paris, ce 15 janvier 1768.

Le théâtre de la Comédie Française a commencé
l'année par la représentation d'une tragédie nouvelle en

---

1. Cette analyse, qui nous a paru fort spirituelle, avait été supprimée
par respect pour le vénérable Ducis, qui vivait encore. En la rétablissant,

vers et en cinq actes, intitulée : *Amélise*. Cette infortunée a fait, le 9 de ce mois, une chute des plus rudes et des plus éclatantes. Nos poètes semblent vouloir porter l'art de tomber à sa dernière perfection, et c'est à qui mieux mieux. L'auteur d'*Amélise*, M. Ducis (c'est ainsi qu'on me l'a nommé), n'est pas auteur de profession. Il a femme et enfans; et c'est une affaire de conscience de faire le poète dans sa position : car enfin, pour peu que madame Ducis ait de l'attachement pour son époux, elle doit avoir très-mal soupé et très-mal dormi le jour de la tragédie, d'autant qu'elle s'était avisée d'assister à son enterrement en grande loge à la vue de tout le public. Un honnête homme n'expose pas sa femme à de si dures épreuves, et quand il ne meurt pas de faim, il ne fait que des tragédies qui puissent réussir. Heureusement nous n'avons point de jeune poète tragique en succès, sans quoi il pourrait prendre fantaisie à madame Ducis de se dédommager par les succès d'un amant des chutes du mari, et que deviendraient le repos et la gloire de M. Ducis, dans cet enchaînement de désastres?

On dit que ce poète malheureux a suivi, en qualité de secrétaire, M. le comte de Montazet dans toutes les campagnes que cet officier général a faites pendant la dernière guerre dans les armées d'Autriche en Bohème, en Saxe et en Silésie; aussi n'a-t-il pas manqué de mettre le lieu de la scène dans un camp. Sa pièce est tout entière de sa composition ; sujet, fable, intrigue, incidens, caractères, catastrophe, tout est sorti de sa

nous ne croyons pas offenser la mémoire d'un auteur qui a expié par tant d'ouvrages distingués ce péché de sa jeunesse.

pharmacie. Il nous a servi cette médecine en cinq pilules bien dures à avaler; j'espère que vous me saurez gré d'avoir réduit ce cinq pilules en un seul bol que je tâcherai d'amincir le plus qu'il me sera possible.

La veuve Amélise, connue dans la paroisse des comédiens ordinaires du roi, sous le nom de Dumesnil, avait épousé en légitime nœud feu Phraate, roi des Parthes, et en avait eu un fils nommé Arsacès. Orobase, frère de Phraate, était un de ces esprits entreprenans et tracassiers qui porteraient le trouble dans les ménages les mieux unis. Celui-ci avait seulement formé le petit projet de se faire roi à la place de son frère. Pour l'effectuer, il fallait trouver le moyen de se défaire du frère, de la belle-sœur et du petit-neveu; il fallait aussi chercher à se faire un parti puissant dans l'empire et à gagner la confiance du peuple. C'est par où Orobase a commencé. Un dehors composé et des mœurs austères lui donnent bientôt la réputation de patriote et d'homme vertueux. Quand il croit avoir assez cimenté son édifice, il commence à travailler à l'écroulement de celui de son frère.

D'abord il sème des bruits injurieux à la vertu et à la réputation d'Amélise. Il fait répandre que le jeune prince Arsacès n'est pas fils de son père, mais qu'Amélise l'a eu d'un ministre du roi son époux avec lequel elle entretenait, suivant les émissaires d'Orobase, un commerce scandaleux et très-préjudiciable à l'honneur de Phraate. Quand il s'aperçoit que ces bruits commencent à s'accréditer, il engage son frère dans une guerre contre les Arméniens, et le fait subitement partir pour l'armée. Il s'y rend de son côté.

Phraate, convaincu de la vertu d'Amélise, et fâché de l'avoir quittée sans l'avoir tranquillisée sur ces mauvais bruits, lui ordonne de se rendre au camp avec son fils. Il se proposait de reconnaître le jeune Arsacès pour son fils légitime, et de le faire proclamer son successeur à la tête de l'armée. Ce n'était pas là le compte d'Orobase ; mais Orobase sait prendre une résolution. Il engage une escarmouche avec l'ennemi ; il fait en sorte que le roi s'y trouve en personne, et dans la mêlée il prend son moment pour assassiner son cher frère. Ce qu'il y a de singulier, c'est que ce roi avait vraisemblablement ses gardes autour de lui, qu'il était fort aimé, et qu'il est la victime d'un fratricide, sans que personne s'en aperçoive.

Ainsi, lorsque Amélise arrive au camp avec son fils, pour embrasser son époux, elle le trouve enterré. Elle en prend le deuil, et c'est ici que la pièce commence. La veuve Amélise est dans la plus profonde douleur. Elle connaît son ennemi, ses artifices et sa scélératesse ; elle craint tout pour elle et son fils. Le seul appui qui lui reste, c'est Gélanor, chef d'un corps auxiliaire de Grecs qui fait partie de l'armée des Parthes.

Ce Gélanor est en effet un jeune héros qui a autant de vertus et d'élévation qu'Orobase a de vices exécrables. Malgré la grande douleur que celui-ci fait semblant de ressentir de la mort de son frère, Gélanor l'a pénétré, et entrevu l'horrible complot qui a coûté la vie à Phraate, et sous lequel Amélise et son fils sont prêts de succomber. S'il n'a pu prévenir le premier crime, il se promet bien de le venger et d'empêcher le criminel d'en recueillir le fruit, en immolant encore deux autres victimes à sa soif de régner. Gélanor a été l'ami intime de Phraate; mais il ne faut vous rien cacher : un intérêt plus pressant et plus tendre le porte à venger la mort de son ami, et à défendre les jours de sa veuve et de son fils au péril des siens. C'est que Gélanor est amoureux d'Amélise. Vous avez beau me représenter qu'il n'est pas naturel que Gélanor-Molé, jeune homme plein d'agrémens, soit épris des charmes d'Amélise-Dumesnil qui n'a jamais été charmante, et qui vers la fin de son automne l'est moins que jamais; vous avez beau me dire que cet amour couvrira de ridicule ce pauvre Gélanor, et le rendra la fable de l'armée et du parterre : je lui ai fait toutes ces observations, mais M. Ducis lui a persuadé qu'il n'y avait rien de si beau que d'aimer la vieille veuve de son ami; et Gélanor est amoureux comme un roman.

Cet amour est bien fatal à la veuve, car il ne lui est pas sitôt déclaré, que son excessive délicatesse lui fait rejeter la protection de Gélanor qu'elle était venue implorer. J'ai encore fait mes remontrances à la veuve, à ce sujet. Je lui ai représenté que dans la position où elle se trouvait sa délicatesse était très-déplacée; qu'elle n'avait d'autre appui, d'autre défenseur contre la méchanceté d'Orobase, que ce Gélanor; que cet amant respectueux et tendre n'exigeait aucun retour pour prix de ses secours; que si, pour une simple déclaration d'amour, elle aimait mieux s'en passer et périr, elle n'avait pas du moins le droit d'en priver son fils; que la métaphysique délicate et raffinée dont elle se servait avec Gélanor pouvait être à sa place dans un boudoir de veuve à

Paris, et faire refuser un écran que l'ami du défunt aurait apporté pour étrennes, après avoir risqué sa déclaration, mais qu'une mère de famille ne refusait point l'épée d'un galant homme dont elle a un si urgent besoin, parce que ce galant homme a ressenti le pouvoir de ses beaux yeux. J'ai fait toutes ces représentations, et j'en ai été pour ma rhétorique : les personnages de M. Ducis sont d'une obstination diabolique.

Pendant qu'Amélise s'amuse de ces miévreries, Orobase ne perd pas son temps. Il se lie avec le grand-prêtre, dont le pouvoir sur l'esprit du peuple est sans bornes, et tandis qu'il témoigne à sa belle-sœur les plus grands regrets des nuages qu'on a répandus sur la naissance de son fils, il forme avec le grand-prêtre le complot de sacrifier la mère et le fils aux dieux, qui auront la complaisance de demander ces victimes par la bouche de leur ministre. En attendant ce funeste arrêt, Amélise et Arsacès sont confinés dans le temple pour être sous la protection immédiate des dieux.

Ces dieux les auraient mal défendus contre les entreprises d'Orobase; mais heureusement leur grand-prêtre est un de ces honnêtes gens qui savent être fripons avec les fripons, et couvrir dans l'occasion une sainte perfidie sous le masque de l'amitié.

Orobase assemble l'armée pour entendre l'oracle des dieux. Amélise se croit perdue. Elle harangue l'armée. Elle lui présente son fils. Elle crie aux guerriers :

Formez autour du roi de vivantes murailles.

Elle n'épargne pas les invectives contre l'usurpateur; elle lui souhaite que la couronne

Devienne un fer brûlant qui s'attache à sa tête.

Orobase répond par d'autres imprécations. L'armée est indécise. Le grand-prêtre fait cesser cette terrible bagarre en révélant tous les crimes d'Orobase. Cette révolution aussi soudaine qu'inattendue ne fait pas perdre courage à ce scélérat hardi. Il veut encore commander l'armée; mais Gélanor arrive à propos à la tête des Grecs. Orobase est abandonné par ses troupes, et obligé de se punir lui-même en s'enfonçant un poignard dans le ventre.

Vous direz qu'on ne peut voir un plan plus absurde, plus extravagant, plus opposé au sens commun que le plan d'*Amélise*, et qu'il n'est pas étonnant que cette pièce ait été sifflée. Ce n'est pourtant pas la platitude et l'absurdité du plan qui l'ont fait tomber, et nous avons vu des tragédies en plein succès, quoique leur plan fût pour le moins aussi ridicule que celui de M. Ducis. Quand je ne me rappellerais que la tragédie de *Zelmire*, par M. De Belloi, je prouverais, je crois, aisément, que M. Ducis n'a aucun avantage du côté de l'absurdité sur son heureux rival. Mais si le public de Paris est d'une facilité beaucoup trop grande sur ce qui dans les ouvrages d'esprit est du ressort de l'invention et du jugement, il est, en revanche, d'une sévérité intraitable sur tout ce qui tient à la diction et au style, et la platitude à cet égard est une maladie dont les auteurs ne relèvent jamais. Le *fer brûlant* et *les vivantes murailles* ont fait plus de tort à M. Ducis que toutes les extravagances qu'il aurait pu ajouter, dans la conduite de sa pièce, aux extravagances qui y sont déjà.

Il n'y a presque point de scène dans cette tragédie infortunée, qui ne rappelle une situation à peu près semblable de *Mérope*, d'*Iphigénie*, d'*Andromaque*, d'*Athalie*. C'est une des maladresses les plus insignes de ce pauvre poète. Partout il a l'air de vous dire : voyez comme je suis loin des modèles que j'ai voulu piller !

J'avais à côté de moi un homme qui était au fait de l'histoire de M. Ducis et qui nous la contait. Il nous apprit entre autres, que M. Ducis avait un logement à la Ménagerie. « Parlez donc français, lui dit son voisin, et dites une loge. » Bonsoir à M. Ducis dans sa loge !

SUR LES ÉCONOMISTES.

A Paris, ce 15 février 1768.

Il faut compter la congrégation des pauvres d'esprit et simples de cœur rassemblés dans la sacristie de M. le marquis de Mirabeau sous l'étendard du docteur François Quesnai et sous le titre d'*économistes politiques et ruraux*, au nombre de ces confréries religieuses, qui forment leur domination dans l'obscurité et qui ont déjà une foule de prosélytes, lorsqu'on commence à s'apercevoir de leur projet et de leurs entreprises. Le vieux Quesnai a toutes les qualités d'un chef de secte. Il a fait de sa doctrine un mélange de vérités communes et de visions obscures. Il écrit peu lui-même, et s'il écrit, ce n'est pas pour être entendu. Le peu qu'il nous a manifesté lui-même de ses idées est une apocalypse inintelligible ; la masse de sa doctrine qui s'appelle dans le parti *la science* tout court et par excellence, est répandue par ses disciples, qui ont toute la ferveur et toute l'imbécillité nécessaire au métier d'apôtre. Leur admiration pour le maître est sans bornes, et ce qui est tout-à-fait naturel, c'est que son mépris pour ses disciples est sans mesure. Il aime à les humilier lorsqu'ils sont assemblés autour de lui bouche béante pour écouter ses oracles ; et il ne se cache pas dans ses tête-à-tête avec les postulans et les novices, ou avec les députés des provinces et des pays étrangers, du peu de cas qu'il fait des interprètes de sa doctrine. Le ton cynique qu'il a pris convient encore très-bien à un chef de secte. Lorsque, en qualité de médecin de madame de Pompadour, il était logé dans l'entresol de son appartement de Versailles, il avait choisi le rôle d'homme sévère et de frondeur de la cour, et ce n'est pas la plus mauvaise tournure que l'ambition puisse prendre : la flatterie et la bassesse même l'ont souvent choisie avec succès pour parvenir à leurs fins.

La folie du docteur Quesnai serait de jouer en Europe le rôle que Confucius a joué à la Chine, et de produire une révolution, ou du moins de créer une secte nombreuse et répandue dans tous les pays, par un mélange de principes d'agriculture, de gouvernement et de morale, et par des lieux communs que personne n'ignore, mais dont la trivialité nous est dérobée sous un style emphatique et louche ou par une exagération extravagante et outrée. C'est sous ce point de vue et avec ces armes que ses disciples prêchent la science du maître ; il a senti du moins que ce n'était pas le moment où l'on réussirait à former une secte par de nouvelles opinions religieuses, ou en réformant les anciennes.

Mais devait-il se flatter d'établir une secte quelconque, dans un siècle où personne n'est cru sur sa parole, où personne n'est dispensé de produire ses titres, où l'esprit de discussion est porté au plus haut degré de liberté, où les Voltaire et les Montesquieu, les Buffon et les Diderot nous ont accoutumés à une réunion de génie et de goût, de clarté et de raison, qui caractérise un siècle éclairé? Oui, sans doute : le ténébreux Quesnai et ses barbares apôtres réussiront à jouer pendant quelque temps un rôle, même dans le siècle de Voltaire. La ferveur et l'opiniâtreté viennent toujours à bout de leurs entreprises. Il existe parmi les hommes de tous les temps, une classe d'esprits faibles et rétrécis créés pour la conquête de ceux qui ne dédaignent pas de s'en emparer, et cette classe est peut-être de toutes la plus considérable. Le besoin et la facilité de jouer un rôle dans un parti lui attirent, dans sa nouveauté, encore un grand nombre de prosélytes que leur nullité aurait retenus dans la foule. Il faut des associations aux hommes d'une certaine tournure ; dans les pays où ils ne peuvent plus se faire moines, ils se font quakers, ou méthodistes, ou herrnhuter, et dans les pays où la religion a fait son temps, ils se réunissent en confréries politiques, ou philosophiques, ou littéraires ; les économistes sont les piétistes de la philosophie.

Il est vrai que la secte des économistes politiques ne fera pas grande fortune à Paris ; il y faut trop de preuves pour justifier sa mission : mais elle étendra ses conquêtes dans toutes les provinces du royaume. Elle a déjà un parti considérable en Suisse. La fortune des

sectes commence toujours par la populace, et la populace littéraire est aussi nombreuse qu'aucune autre. Il
est vrai que le livre *de l'Ordre essentiel et naturel des
sociétés politiques*, qui devait produire une si grande révolution dans toute l'Europe, est tombé dans un discré-
dit total ; mais cet échec n'est que l'effet d'une ambition démesurée. Si le livre de M. de La Rivière n'avait
pas été annoncé avec trop d'emphase; si l'auteur n'a-
vait pas eu un moment la sottise de vouloir s'égaler au
président de Montesquieu et même renverser la statue de
ce grand homme, son ouvrage aurait été jugé avec moins
de rigueur, et il aurait pu même conserver une certaine
réputation. C'est, à mon avis, un des plus mauvais livres
qui aient été faits de notre temps; mais il en aurait imposé
à un grand nombre d'esprits superficiels par ce faux air
de logique et d'enchaînement d'idées qu'il affecte, et qui
couvre au fond un tissu de sophismes d'une platitude
révoltante. Il faut même dire la vérité : quoique cet ouvrage soit entièrement tombé, beaucoup de personnes
s'imaginent qu'il ne peut avoir été annoncé si magnifiquement et avec tant de confiance, sans valoir quelque
chose. Ils s'en prennent de son mauvais succès à la platitude du style, et ont bien de la peine à ne pas croire
qu'il ne manque pas de mérite du côté de la logique et
de l'enchaînement des idées : c'est-à-dire que ce qui me
le fait particulièrement mépriser, c'est tout juste sur
quoi ces gens-là fondent son apologie.

M. l'abbé de Mably l'a cru si dangereux par ce côté,
qu'il a jugé nécessaire de lui opposer un ouvrage tout
exprès pour le réfuter. Cet ouvrage est intitulé : *Doutes
proposés aux Économistes*.

BROCHURES DE VOLTAIRE.

Il nous est arrivé, cet ordinaire.... De la manufacture de Ferney, n'est-il pas vrai? Vous l'avez dit; et l'on peut hardiment, à chaque ordinaire, commencer un article par cette formule, bien sûr qu'on aura pour achever la phrase, le titre de quelque feuille ou de quelque brochure à annoncer. C'est bien dommage que toutes ces feuilles, qui se succèdent avec tant de rapidité, restent d'une rareté si excessive à Paris. A peine trouve-t-on le moyen de satisfaire sa curiosité par une lecture rapide, et leur multiplicité fait qu'on a tant de lièvres à courir à la fois, qu'on n'en attrape aucun. Il faut espérer que toutes ces feuilles seront recueillies avec soin par M. Cramer pour former des volumes de mélanges, et que nous n'en perdrons aucune, malgré l'impossibilité où nous sommes de nous les procurer à présent. L'écrit qui nous est venu est ordinaire a quarante-huit pages d'impression. Il est intitulé *les Droits des hommes, et les Usurpations des autres.* Le titre de cet écrit porte qu'il est traduit de l'italien et imprimé à Amsterdam. On peut le regarder comme une suite de l'*Epître aux Romains* dont j'ai eu l'honneur de vous rendre compte. En rapportant l'inscription des différens articles traités sommairement dans cette succincte diatribe, je vous aurai fait concevoir toute l'étendue des obligations de la cour de Rome envers le savant auteur. Premier article : *Un prêtre de Christ doit-il être souverain?* Vous croyez bien que l'auteur pense que rien n'est plus absurde, plus contraire à la raison, à la politique, au

bon ordre. Il n'emploie pourtant que l'esprit des évan-
giles et l'histoire pour tomber dans cette affreuse hérésie. Second article : *de Naples*. L'auteur prouve que
la prétendue suzeraineté du pape sur le royaume de
Naples est une usurpation contraire à toutes les anciennes lois féodales, contraire à la religion chrétienne,
à l'indépendance des souverains, au bon sens et à la
loi naturelle; et quoique cet abus dure depuis sept ans,
il n'en soutient pas moins qu'il faut l'abolir. Article
troisième : *De la monarchie de Sicile*. L'auteur prouve
que ce qu'on appelle la prérogative de la monarchie de
Sicile accordée par le pape Urbain II au roi Roger,
n'est qu'un droit essentiellement attaché à toutes les
puissances chrétiennes, et pour l'exercice duquel on n'a
pas besoin d'un privilège de la cour de Rome. Il nous
donne d'ailleurs un précis fort piquant des trames pon-
tificales dans cette île. Article quatrième : *De Ferrare*.
La réunion de Ferrare à l'État Ecclésiastique est une
des plus insignes usurpations des papes, dont l'auteur
rapporte ici les principales circonstances. Suivant ses
conclusions, le duc de Modène ne peut se dispenser
de reprendre Ferrare et d'en chasser le vice-légat pon-
tifical. Dans l'article suivant, l'usurpation de *Castro et
Ronciglione* sur la maison de Parme est rapportée avec
une extrême gaieté. Les deux derniers articles rapportent
les acquisitions de Jules II et d'Alexandre VI d'une manière également piquante, et la *conclusion*, c'est qu'il faut
les rendre. Si Dieu nous conserve notre très-Saint-Père
Clément XIII encore quelques lustres, il y aura beaucoup
d'esturgeons de mangés et quelques restitutions peut-
être de faites. Il faut toujours observer l'esprit des dif-

férens siècles. Il y a deux cents ans que la cour de Rome cherchait à faire assassiner le célèbre Fra Paolo; elle n'envoie pas aujourd'hui des assassins à Ferney, premièrement parce que le patriarche est en deçà des Alpes, et qu'il n'écrit pas en italien; en second lieu, parce que tout le monde est aujourd'hui dans le secret, et qu'on ne peut pas exterminer tout le monde.

On accuse la manufacture de Ferney d'une autre production qui porte le titre suivant : *Examen de la nouvelle histoire de Henri IV, de M. de Bury, par M. le marquis de B., lu dans une séance d'académie, auquel on a joint une pièce analogue; Genève, chez Claude Philibert.* Cet écrit a cent pages in-octavo. S'il est du chef de la manufacture, il faut convenir qu'il n'a jamais déguisé son style et sa manière avec plus d'adresse. Vous y remarquerez des tournures qui ne sont point du tout les siennes; il y a même des idées qui sont opposées à d'autres idées qu'on lui connaît. Mais tout cela pourrait bien n'être que l'effet d'une extrême adresse : car si cet écrit n'était pas de lui, il resterait toujours la difficulté de savoir de qui il peut être, parce qu'il est rempli de traits excellens qui ne peuvent guère venir d'ailleurs. Pourquoi donc ce chef, dont les ouvrages ont pour l'ordinaire une empreinte si brillante et si aisée à reconnaître, a-t-il pris tant de soins à nous la dérober dans cette occasion, jusqu'à renoncer à son orthographe? En voici la raison. M. de Bury est un petit polisson qui ne mérite aucune attention : il était digne d'écrire l'histoire de Henri IV, à peu près comme Duclos était digne de succéder à M. de Voltaire dans la place d'historiographe de France, ou comme M. de La Rivière et son docteur Quesnai sont faits pour figurer à côté de Montesquieu. Aussi l'auteur de l'*Examen* se soucie-t-il très-peu de relever les impertinences de Bury, mais il voulait se servir de cette occasion pour toucher à plusieurs points excessivement délicats, et c'est pour cela qu'il s'est masqué jusqu'aux dents. On lit dans les premières pages un portrait du petit-fils de Schabas, possesseur du trône de Perse, qui est d'une hardiesse incroyable. L'auteur s'élève dès le commencement, avec beaucoup de force, contre la lâcheté des historiens modernes. Il cite un trait de l'*Histoire de Louis XI*, par Duclos, pour exemple; il n'oublie pas non plus de dire à M. Thomas son fait sur son *Éloge du Dauphin* dernier. Il juge dans un autre sens l'*Abrégé chronologique* du président Hénault avec la dernière rigueur, et le met en miettes. On a beaucoup blâmé ce dernier procédé. On a trouvé cruel de briser à ce pauvre président sa couronne d'osier, lorsqu'il ne lui restait plus qu'un moment pour la porter; et il aurait sans doute mieux valu le laisser mourir en paix que d'empoisonner ses derniers instants par une critique impitoyable de son *Abrégé*. D'ailleurs, la main d'où partent ces coups doit les lui rendre encore plus sensibles. L'*Abrégé* du président doit une grande partie de son existence aux éloges qu'il a reçus de M. de Voltaire; si c'est lui qui le déprime ici, c'est un coup mortel porté par une main amie. Mais qu'est-ce que font toutes ces considérations personnelles dans l'immensité du temps qui nous engloutit? Tout se réduit à savoir si la critique qu'on fait ici de

l'*Abrégé* est juste et fondée. Si les éloges que cet ouvrage a reçus ont été outrés, quel mal y a-t-il de les
réduire à leur juste mesure? Cela peut fâcher les amis
du président et les affliger même avec raison ; mais cela
doit être indifférent au public, qui n'a d'autre intérêt que
d'empêcher que ni l'éloge ni la critique d'un ouvrage
ne soit outré ; ni d'autre rôle que de mépriser les éloges
exagérés et de détester une critique injuste et amère. Or
pour savoir si l'*Abrégé* du président Hénault n'a pas
été loué outre mesure quand on l'a compté parmi les
ouvrages qui doivent faire époque dans l'histoire de
l'esprit humain, il faut supposer qu'il ait été fait par un
pauvre diable de littérateur dans un grenier du faubourg
Saint-Marceau, et se demander de bonne foi s'il aurait
reçu le même accueil.

Il me reste, en ma qualité d'avocat pour et contre ,
de rapporter ici les raisons qui peuvent faire douter
que cette brochure sorte de l'atelier de Ferney, ou du
moins les précautions que l'auteur a prises pour nous
donner le change. Je ne regarde pas comme telles le
reproche que l'auteur fait quelque part à M. de Voltaire d'avoir écrit l'histoire trop en poète. C'est un artifice connu de s'égratigner pour avoir droit de se ranger du côté de ceux qu'on a blessés à mort ; mais voici
quelques considérations qui peuvent réellement donner
le change.

L'auteur de l'*Examen* a fait imprimer à la suite de
sa brochure une feuille de M. de Voltaire connue
depuis deux ans, et intitulée : *le Président de Thou justifié contre les calomnies de M. de Bury.* Dans cette
feuille, M. de Voltaire reproche à Bury d'avoir voulu

noircir sans preuves la mémoire de la reine Marie de Médicis ; il a depuis fait le même reproche à l'abbé Bergier dans les *Conseils raisonnables*. L'auteur de l'*Examen*, au contraire, attaque avec beaucoup de force la mémoire de cette princesse, trop suspecte dans le fond pour être aisément justifiée. Mais cette diversité de sentiment pourrait encore être un tour d'adresse.

On sait qu'en général le patriarche de Ferney n'est rien moins que favorable aux prétentions parlementaires ; et l'auteur de l'*Examen* rapporte un passage de l'*Instruction des députés des états de Blois de* 1577, où il est dit que les cours des parlemens sont des états-généraux au petit pied. L'auteur observe avec raison qu'il est bien singulier que les parlemens ne se soient jamais fait un titre et une loi fondamentale de ce passage.

L'auteur de l'*Examen* reproche à Bury d'avoir dit, en parlant de Henri IV et du duc de Parme, *ces deux princes* ; il ajoute que c'est comme si l'on disait *ces deux princes*, en parlant de Louis XV et de M. le prince de Beauveau. Le reproche de manque de bienséance fait à Bury est fondé, mais l'application de l'exemple n'est pas juste : il y a de la différence entre un duc de Parme qui est réellement prince, et un homme de qualité qui n'en a que le titre ; M. de Voltaire sait cela aussi bien qu'un autre. Ceci n'est qu'une minutie, mais cette minutie est peut-être une des raisons les plus fortes pour faire douter que cette brochure vienne de Ferney.

L'auteur de l'*Examen* finit sa brochure en proposant, pour le progrès de l'histoire, l'établissement d'une société, sous le titre d'*Académie d'histoire de la patrie.*

Voilà encore une pédanterie qui ne ressemble guère à M. de Voltaire. Une académie royale d'histoire de la patrie servirait tout juste autant aux progrès de l'histoire que nos sociétés royales d'agriculture à l'abondance et à l'augmentation des récoltes. Toutes ces sociétés et ces académies multipliées à l'excès par toute l'Europe, ne sont bonnes qu'à amuser des enfans à qui leur oisiveté est à charge.

Bury n'ayant rien à nous apprendre sur l'éducation de son prince, nous apprend qu'il n'y avait pas alors beaucoup de bons livres. L'auteur de l'*Examen* relève cette impertinence comme il convient. Et toute l'antiquité grecque et romaine, donc ! Bury croit, parce qu'il n'est pas en état d'en profiter, que c'est un trésor perdu pour tout le monde. « En ce temps-là, dit l'auteur de « l'*Examen*, les ames se nourrissaient des chefs-d'œu- « vres que nous osons mépriser aujourd'hui. Aussi ce « siècle fut-il celui des grands talens réunis aux grandes « vertus. » A parler plus exactement, les chefs-d'œuvre de l'antiquité grecque et romaine occupaient bien en ce temps les gens de lettres dont les successeurs osent les négliger aujourd'hui, mais ils n'étaient guère connus des gens du monde, qui étaient aussi ignorans que barbares. Ce fut le siècle des grands talens, parce que les dissensions civiles en font toujours éclore ; mais ces grands talens n'étaient certainement pas réunis aux grandes vertus. Il y eut sans doute des hommes vertueux, parce que dans la plus forte contagion de la maladie pestilentielle, il y a toujours quelques hommes qui lui échappent ; mais les mœurs publiques étaient en général atroces et effroyables. Le fanatisme et la

superstition avaient répandu leurs fureurs sur une grande
partie de l'Europe, l'énergie des ames n'était que férocité, et la religion ne servait tour à tour qu'à autoriser
et expier des crimes. M. de Voltaire sait encore cela
aussi bien que nous. Si l'auteur de l'*Examen* paraît
d'un sentiment contraire, c'est que l'*Examen* ne vient
point de Ferney, ou que l'auteur a encore ici voulu donner le change.

Il faut, en finissant, relever un endroit remarquable
de cette brochure. L'auteur parle de l'aversion de
Henri IV pour la lecture. Il renvoie sur cela aux *Mémoires
de Duplessis-Mornai*, « qui, dit-il, le lui reproche en
« termes exprès dans une lettre d'avis où l'on trouve un
« trait singulier, et si singulier, que c'est beaucoup de l'in-
« diquer aux curieux. » Ce passage mérite de l'attention,
et le premier moment que j'aurai à moi, j'irai feuilleter
les *Mémoires de Duplessis-Mornai*, pour découvrir un
trait assez singulier pour que notre auteur, qui ose
beaucoup, n'ait pas osé le rapporter.

———

Tout le monde a lu dans les gazettes la nouvelle
expérience de physique qu'on a faite depuis peu, et
suivant laquelle les colimaçons à qui l'on coupe la
tête, en reprennent une nouvelle au bout d'un mois,
et ne laissent pas de vivre tandis que cette nouvelle
*t*ête repousse. Vous savez que dans la manufacture de
Ferney rien ne tombe à terre, et qu'elle est toujours
au courant de tout ce qui occupe le public. En conséquence il nous est arrivé, cet ordinaire, du grand magasin un écrit intitulé : *les Colimaçons du révérend*

père l'Escarbotier, par la grace de Dieu capucin indigne, prédicateur ordinaire et cuisinier du grand couvent de la ville de Clermont en Auvergne, au révérend père Elie, carme chaussé, docteur en théologie.
Cet écrit renferme trois lettres du révérend père l'Escarbotier et deux réponses du révérend père Élie, carme, avec la dissertation du physicien de Saint-Flour. On ne peut rien lire de plus gai et de plus fou que cette correspondance sur l'aventure des colimaçons; cela est plein de sel, de verve, et d'une teinte aussi comique que philosophique. Le physicien de Saint-Flour ne vaut pas cependant le père l'Escarbotier capucin, ni le père Élie carme. Il se moque des systèmes de M. de Buffon avec toute la considération due à la personne et aux talens de ce philosophe, et des expériences de M. Needham, avec tout le mépris qu'on lui connaît pour cet Anglais papiste qu'il soutient toujours Irlandais et jésuite. Il ne veut pas absolument qu'un bouillon de mouton, hermétiquement enfermé dans une bouteille et préservé de tout insecte, produise de petits animaux par la seule putréfaction; il soutient qu'il faut absolument un germe pour produire un animal organisé. Le physicien de Saint-Flour est très-mauvais physicien, mais c'est un homme de beaucoup d'esprit et qui conserve le coup-d'œil philosophique, lors même qu'il s'égare : il n'appartient pas à tout le monde d'être même mauvais comme lui. Sa dissertation, qui est longuette, répète ce que l'on a déjà lu dans *la Philosophie de l'histoire* et dans *l'Homme aux quarante écus* sur la formation des montagnes et sur les coquillages de mer, que les naturalistes prétendent trouver sur les monts les plus

élevés et les plus éloignés de l'Océan. Elle tourne un peu court vers la fin, mais cette fin est très-philosophique ; j'ai seulement peur que les roquets de la Sorbonne ne lui trouvent le fumet de matérialisme. Aussi le révérend père Élie, carme chaussé, exhorte beaucoup, dans sa dernière réponse le révérend père l'Escarbotier , capucin-prédicateur et cuisinier du grand-couvent, de ne se point laisser séduire par le physicien de Saint-Flour ni par les autres philosophes. Il dit, à l'égard de l'Océan, que son nom ne se trouve jamais dans l'écriture, et il en infère que cet Océan, dont on parle tant, est fort peu de chose. Ce trait et plusieurs autres dont cette correspondance fourmille, m'ont paru neufs et excellens.

ANALYSE, EN FORME DE PROCÈS-VERBAL, DE LAURETTE, COMÉDIE DE M. DU DOYER DE GASTEL.

A Paris, ce 1er octobre 1768.

Ce jourd'hui, 1er octobre, l'an de grace mil sept cent soixante-huit , moi soussigné, maître bavard en philosophie et en littérature, faiseur de feuilles chambreland, faisant plus de feuilles que personne, mais n'en tenant magasin que pour l'usage de quelques grands et augustes personnages de la partie septentrionale de l'Europe ; ayant été sommé de comparoir par-devant messire Augustin Testart Dulys , conseiller du roi en ses conseils, lieutenant criminel au Châtelet de Paris, pour rendre témoignage sur aucuns faits résultans d'un procès criminel intenté à l'occasion d'un enlèvement

arrivé le 14 du mois passé sur le théâtre de la Co--
médie Française, entre sept et huit heures de relevée,
je susdit soussigné me suis transporté à l'audience dudit
magistrat, lequel j'ai trouvé siégeant d'un air un peu
blême à côté de madame la lieutenante criminelle, son
épouse ; et après avoir reçu de ladite dame quelques
complimens flatteurs sur la réputation de véracité et
de probité dont je jouissais dans mon quartier, et lui
avoir reconnu par contre de beaux yeux noirs, ensemble
des manières fort aimables, j'ai fait et signé la déposition
suivante, laquelle je déclare exacte et conforme à la
vérité dans toute son étendue.

Interrogé si j'avais quelque connaissance d'un rapt
fait par violence en présence du public, le 14 du
mois dernier, sur le théâtre de la Comédie Française,
j'ai dit qu'audit jour je m'étais transporté sur les cinq
heures du soir à l'hôtel des comédiens ordinaires du
roi, pour assister à une représentation des *Femmes
savantes*, comédie d'un nommé Molière, lequel, au dire
d'aucuns, en valait bien un autre ; suivie de la première
représentation de *Laurette, comédie nouvelle en vers et
en deux actes.*

Interrogé si je connaissais le père de cette Laurette,
j'ai dit que j'avais ouï dire qu'il s'appelait M. du Doyer
de Gastel, jeune homme que je croyais avoir rencontré,
il y a quelques années, dans une maison où l'on m'avait
assuré qu'il était pauvre, honnête, de bonnes mœurs,
fort amoureux en outre, mais en tout bien et en tout
honneur, de la demoiselle d'Oligni, jeune actrice du
Théâtre Français, mais vertueuse et sage ni plus ni moins
qu'une religieuse, à la gloire de laquelle mondit sieur

du Doyer avait même composé jadis une épître en vers, dont je me souvenais avoir pris lecture dans le temps et orné mes feuilles, sans pouvoir dire si elle en valait la peine.

Interrogé si c'était là tout ce que je savais de M. du Doyer de Gastel, j'ai répondu, «Tout,» n'étant pas obligé de me souvenir de rien à son sujet.

Interrogé si je le croyais seulement homme pauvre ou en même temps pauvre homme, j'ai dit qu'il n'appartenait qu'à la cour, vérification préalablement faite des pièces du procès, de statuer sur cette question ce que de droit.

Interrogé si, avant d'assister à la représentation, j'avais eu quelque connaissance de ce qui devait s'y passer, j'ai dit que je me rappelais d'avoir lu le conte de *Laurette* parmi les *Contes moraux* de maître Marmontel, de l'Académie Française, et de l'avoir trouvé un des meilleurs dudit maître, quoiqu'il me parût avoir le défaut général de ses Contes, savoir : celui d'être trop long et de manquer de sentiment toujours, et souvent de naturel et de vérité; qu'au surplus, crainte d'indigestion, je n'avais lu qu'un très-petit nombre de ces *Contes moraux*.

Interpellé de m'expliquer sur cette crainte d'indigestion à l'occasion d'un recueil dont le succès a été si général, et qui a passé plus de six mois sur la toilette de madame la lieutenante criminelle, j'ai dit que chacun avait ses idées, que j'avais tort sans doute, mais que j'étais plus difficile sur ce genre qu'un autre; que j'y voulais trouver le plus grand naturel, une facilité et une grace singulières dans le style, point d'emphase, point d'efforts, point d'échafaudage, point de longueurs, rien de lourd, rien d'alambiqué, rien de tiré par les cheveux; qu'il fallait que je visse clairement que l'auteur s'est amusé lui-même en voulant m'amuser; qu'en un mot certain faiseur de contes, appelé Voltaire, m'avait dégoûté de tous les autres, et que je me réservais de me pourvoir, en temps et lieu, par-devant la cour, en dommages et intérêts contre ledit Voltaire, à cause du dégoût qu'il m'avait donné pour la plupart des maîtres de sa communauté. Qu'au demeurant j'étais persuadé que les mies et les bonnes en charge feraient bien de substituer les *Contes moraux* de maître Marmontel aux contes avec lesquels elles étaient en usage d'endormir les enfans, parce que ces contes étaient plus sensés, qu'il y était question de vertu et d'autres bonnes choses auxquelles on ne fait pas mal d'accoutumer les oreilles de bonne heure; que, d'ailleurs les personnages des susdits *Contes moraux* étaient presque aussi bavards que les mies et moi, ce qui plaisait beaucoup aux enfans, lesquels aiment en général les bavards.

Interrogé comment un conteur vertueux tel que M. Marmontel, a pu donner lieu au scandale public qui fait l'objet de ce procès, j'ai dit que ce scandale me paraissait le fait de la comédie de *Laurette*, et non du conte de *Laurette*; qu'en conséquence le sieur du Doyer de Gastel m'en paraissait seul responsable.

Interpellé de m'expliquer sur les personnages de sa pièce lesquels sont principalement entrés dans les vues criminelles de cet auteur, et en partageant son tort ont excité contre eux le cri public, j'ai dit que, pour ne faire tort à personne dans une affaire aussi grave, je me trouvais obligé de m'expliquer sur chacun séparément.

Interrogé si, d'abord, le lieu même ne m'avait pas paru suspect, j'ai dit que j'avais reconnu le jardin du château de Clancé, où madame de Clancé, femme de la cour et du bon ton, donnait ces bals champêtres auxquels elle avait coutume d'admettre les jeunes filles et les garçons du village ; qu'à la vérité ces bals avaient fourni l'occasion au jeune comte de Luzy de voir Laurette et de concevoir une forte passion pour elle, mais que ce n'était pas la faute de madame de Clancé; que son bal avait été fort beau ce 14 du mois passé, jour qui avait eu des suites assez sérieuses pour exciter l'attention de la cour; que les comédiens ordinaires du roi avaient prêté pour ce jour-là, et leurs danseurs qui sont très-mauvais, et leurs plus jolies actrices, lesquels, représentant les uns les gens du château, les autres les gens du village, avaient formé pêle-mêle un bal champêtre; qu'il y avait eu dans le fond sur une terrasse élevée un buffet garni de toutes sortes de rafraîchissemens, et que le lieu même du bal, sur le devant en-deçà de la terrasse, s'était trouvé entouré de canapés de bois et de chaises de jardin, les dernières vulgairement et vilainement appelées pelles-à-cul; qu'ainsi rien n'avait manqué à la commodité et aux agrémens de ce bal, où madame de Clancé, représentée par madame Préville, n'avait pas dédaigné de danser elle-même une contredanse avec tout le village.

Interpellé de dire librement ma façon de penser sur madame de Clancé, j'ai dit qu'elle m'avait paru jouir d'une très-mince considération dans le parterre, dont beaucoup de membres étaient d'avis qu'elle n'aurait pas dû paraître à son bal.

Interrogé s'il n'y avait rien à dire sur sa conduite, j'ai dit : Rien, excepté sa liaison avec le comte de Luzy, à qui elle avait permis de lui dire ce que sûrement bien des gens voudraient dire à madame la lieutenante criminelle, mais ce qu'elle n'écoute sans doute que de la bouche de monsieur le lieutenant criminel.

Interrogé à voix basse par ledit magistrat pourquoi je disais *sans doute*, j'ai demandé la permission de le supprimer.

Interrogé si j'avais remarqué que la liaison de madame de Clancé et du comte de Luzy avait choqué, j'ai dit que je le croyais d'autant moins que ce jeune homme n'avait que sa passion pour Laurette en tête, et que madame de Clancé paraissait femme à se consoler aisément de la perte d'un amant par l'acquisition d'un autre ; que seulement tout le monde eût désiré qu'il n'eût pas été question ni de madame de Clancé, ni de son amour.

Interpellé de faire ma déposition sur cette allemande dansée à ce bal par une parente du comte de Luzy avec un homme qui avait l'air du suisse de la comédie, j'ai dit qu'il y avait dans cet énoncé plusieurs erreurs capitales. Que, premièrement, la petite paysanne qui avait dansé l'allemande s'appelait mademoiselle Luzy, de son nom de foyer, et exerçait sur le théâtre l'emploi de soubrette ; qu'elle n'était aucunement parente du comte de Luzy, qui portait au foyer le nom charmant de Molé ; que cette mademoiselle Luzy, fort jolie et fort bête, avait dansé une allemande avec un grand flandrin qui se dit neveu de madame Préville, et à qui un

baudrier de suisse ne siérait pas mal; que cette allemande et ses différens tournoiemens avaient duré, à la
montre, près d'une demi-heure; qu'aucuns avaient à
la vérité trouvé cette danse fort indécente, mais que
d'autres avaient été moins rigides, et avaient même assuré que c'était de toutes les scènes de la pièce la plus
éloquente, et celle dont le discours les avait le moins
ennuyés.

Interrogé si Laurette n'avait pas paru à ce bal, j'ai
dit qu'elle y était venue représentée par mademoiselle
d'Oligni, mais qu'apparemment ne sachant pas danser,
elle n'avait fait que regarder les contorsions de sa ca-
marade Luzy.

Interrogé si le comte de Luzy avait formé alors quelque projet d'enlèvement, j'ai dit qu'il avait seulement
fait promettre à Laurette de venir le trouver dans le
jardin après le bal à l'entrée de la nuit, et que cette
pauvre innocente, très-amoureuse du jeune comte et ne
se connaissant pas en dangers, s'était trouvée exacte au
rendez-vous.

Interpellé de dire toute vérité sur la manière dont
l'enlèvement qui a causé un si grand scandale dans le
parterre s'est effectué, j'ai dit que Laurette est venue,
que le comte de Luzy l'a conjurée long-temps de le
suivre, qu'elle n'en a voulu rien faire, mais qu'à la fin
elle s'est placée sur une pelle-à-cul pour s'évanouir;
qu'alors le nommé Morel, domestique, était venu dire au
comte que son carrosse était prêt à la grille; que le comte
de Luzy lui avait demandé des eaux de senteur pour faire
revenir cette pauvre Laurette, mais que Morel plus avisé
avait emporté la pelle-à-cul, ensemble Laurette éva-

nouie, de sorte que son maître n'avait eu d'autre parti que de le suivre.

Interrogé si je connaissais ce Morel, j'ai dit que je le connaissais sous le nom de Préville, comme un grand acteur, mais que je ne voulais avoir aucune liaison avec lui sous le nom de Morel, quoique ce soit un valet sententieux, et que le parterre ait eu la bonté d'applaudir ce vers de sa façon :

L'amour-propre est causeur, mais l'amour est discret.

Interrogé si le tumulte excité par cet enlèvement avait été général, j'ai dit qu'il m'avait paru universel ; mais que j'avais ouï dire depuis, que l'auteur seul, dans sa loge, s'était écrié à chaque vers : *Ah que c'est beau!* et que lorsqu'il avait entendu les huées du parterre, il n'avait cessé de dire dans son trou : *Doucement, Messieurs! paix donc, Messieurs! ne perdons rien....*

Interrogé si je ne trouvais pas cet enlèvement très-indécent, très-scandaleux, contraire aux bonnes mœurs et à la police, j'ai dit, que si le comte de Luzy, séduit par son valet Morel, a pu se porter à cette extrémité, il avait bien réparé sa faute en donnant des preuves incontestables de bonne conduite dans le second acte ; que d'abord Laurette, arrivée dans l'appartement de son amant, et revenue de son évanouissement du jardin sur les trois heures du matin, n'avait voulu ni se déshabiller, ni se coucher; que le comte de Luzy, de son côté, avait passé l'entr'acte et le reste de la nuit à faire une toilette superbe, afin de pouvoir sortir de grand matin ; qu'il était en effet sorti au commencement du

second acte, et qu'il n'était plus revenu qu'à la fin de
la pièce, lorsque Laurette est déjà retrouvée par son
père; de sorte que tout le monde est demeuré convaincu que ce jeune homme est plus sage qu'il n'en a
l'air, et qu'il n'a pas enlevé sa maîtresse pour la mettre
à mal, ni même pour passer son temps avec elle.

Interrogé si je croyais réellement qu'il n'était rien
arrivé de fâcheux à Laurette pendant cette nuit fatale,
j'ai dit que je le croyais, et que je mettrais ma main au
feu; que je suppliais la cour de vouloir bien considérer ce fait avec sa perspicacité ordinaire, parce qu'il me
paraissait tendre à la décharge du sieur du Doyer, et établir à son profit une différence essentielle entre lui et
maître Marmontel le conteur, lequel, plus accoutumé
au train de Paris, faisait vivre sa Laurette avec le comte
de Luzy au moins six mois dans le désordre et dans
le scandale, là où le sieur du Doyer, se repentant in-
continent de la violence de son rapt, préserve sa vertueuse Laurette de toute autre contusion, dam et dommage, et, ne pouvant nous garder six mois à la Comédie, fait arriver le père dans la matinée même qui
succède à cette nuit orageuse, et garantit ainsi Laurette, par un trait qui fait honneur à son cœur, de la
qualité ignominieuse de fille entretenue : sans compter
qu'ayant poussé la générosité et la prévoyance jusqu'à
créer d'avance Basile gentilhomme, il sauve au comte
de Luzy le désagrément de faire une mésalliance, en
quoi il s'était sûrement flatté d'avoir fait un coup de
maître.

Interpellé de dire à quoi le sieur du Doyer a employé le second acte de la pièce, puisque je croyais

pouvoir répondre de l'entr'acte, et que le comte de
Luzy a le bon procédé de sortir dès le commencement
du second acte et de fuir ainsi prudemment l'occasion
qui, comme on sait, fait le larron, j'ai dit que tout
s'était passé aux yeux du parterre avec beaucoup de
circonspection; que le comte de Luzy avait établi mademoiselle Fanier, jolie actrice, comme femme de
chambre auprès de Laurette; qu'à la vérité je soupçonnais le sieur du Doyer d'avoir voulu donner des
mœurs suspectes à cette chambrière, mais qu'en tout
cas, le mauvais comme le bon de son rôle n'avait pu
faire aucun effet à cause des huées interminables du parterre; que cette pauvre fille s'était même mise à pleurer, voyant qu'elle ne pouvait se faire écouter.

Interrogé si, n'ayant pu se faire entendre, elle n'a-
vait fait aucune action contraire aux bonnes mœurs,
j'ai dit : Aucune, excepté de charger les oreilles de Laurette de deux pendeloques de diamans, de l'obliger
de se mettre à une toilette magnifiquement garnie, de
la barbouiller de rouge, quoique mademoiselle d'Oligni
ne lui en eût pas mal mis, et de pisser enfin dans ses
propres jupes, de dépit et de douleur de la réception
que le sieur du Doyer lui avait procurée de la part du
parterre, aux galanteries duquel son joli minois l'avait
de tout temps accoutumée.

Interrogé si le sieur du Doyer n'avait aucun autre
reproche à se faire, j'ai dit qu'il avait, à la vérité, ma-
licieusement induit le comte de Luzy d'envoyer à
Laurette, pendant sa toilette, madame Benjamin, couturière, représentée par la maussade Lachassaigne, laquelle me paraissait assez digne d'un logement à la Sal-

pêtrière ; qu'elle était venue pour prendre mesure à
Laurette, devant lui fournir plusieurs robes superbes
par ordre de M. le comte ; qu'elle avait aussi tiré une
chanson de sa poche, et qu'elle l'avait donnée à chanter
à mademoiselle Fanier, laquelle s'obstinant de la chanter malgré les huées terribles du parterre, avait pro-
longé la toilette d'une demi-heure, mais que le parterre ne s'en était pas aperçu, parce que la mesure
de la couturière l'avait mis de très-bonne humeur, et
que pendant la chanson il n'avait cessé de crier : *la
Bourbonnaise ! la Bourbonnaise !*

Interrogé si je croyais que le sieur du Doyer, en composant sa comédie de *Laurette*, aurait voulu mettre le
sujet de la Bourbonnaise sur le théâtre, j'ai dit que,
vivant dans la retraite, je n'étais pas bien au fait de
l'histoire de la Bourbonnaise ; qu'en effet on entendait chanter ses louanges dans toutes les rues de Paris,
et que le peuple l'avait prise en affection autant que le
célèbre Ramponeau ; que s'il faut s'en rapporter à la
chanson, cette Bourbonnaise était la fille d'un honnête
ouvrier de Paris, laquelle s'étant laissé débaucher par
un godelureau, s'était établie dans un autre quartier ;
et, vivant avec son amant dans le luxe, s'était donnée
dans ce quartier pour une fille de condition du Bour-
bonnais ; mais que son père, l'ayant découverte, l'avait
fait enlever par ordre de la police et enfermer dans
une maison de correction ; que cette aventure, qui faisait depuis trois mois les délices du peuple de Paris,
en sorte qu'il appelait maintenant toutes les filles d'affaire et d'autre des Bourbonnaises, avait en effet une
si grande affinité avec l'histoire de Laurette, que le

parterre lui-même s'y est trompé, mais qu'après tout c'était au sieur du Doyer à déclarer ses intentions à cet égard.

Interrogé si je n'avais plus rien à dire dans cette affaire importante, j'ai dit, Rien, sinon que je trouvais à madame la lieutenante criminelle de fort beaux yeux.

Interrogé si je pouvais en conscience certifier véritable tout ce que je venais de déposer, j'ai dit que je le certifiais, à condition de ne pas relire ma déposition, laissant cette lecture aux risques et périls d'un chacun s'il s'en trouvait d'assez hardi pour l'entreprendre; et ai signé en priant la cour d'user de clémence envers le, ou les coupables.

Et moi retiré, la cour faisant droit sur la dénonciation et sur l'appel interjetés sur cri public par le procureur-général du roi, sur un enlèvement fait nuitamment, le 14 septembre 1768, sur le théâtre de la Comédie Française, a mandé le sieur du Doyer de Gastel à la barre, pour être admonesté sur le scandale par lui donné au public assemblé, ensemble les platitudes et autres misères de sa pièce, et l'a mis au surplus hors de cour et procès. Enjoint audit sieur du Doyer de ne pas récidiver, sous peine d'être poursuivi extraordinairement, et de faire amende honorable devant l'hôtel des comédiens ordinaires du roi, ayant écriteau devant et derrière avec ces mots : Enleveur de filles innocent, et fauteur d'enlèvemens inutiles. Lui défend de composer, imprimer, débiter, faire jouer aucune pièce de théâtre pendant l'espace et le terme de dix ans. Lui enjoint de garder son ban. Le renvoie au surplus, pour purger son décret et autres accusations, par-devant le lieutenant criminel du Châtelet de Paris ; met au surplus les parties sifflées et les parties ennuyées hors de cour et procès. Fait au Palais, ce 1ᵉʳ octobre 1768.

Signé, DUFRANC ; *collationné*, DUREGARD.

A Paris, ce 1er janvier 1770.

SERMON PHILOSOPHIQUE [1],

Prononcé le jour de l'an 1770, dans la grande Synagogue de la rue Royale, butte Saint-Roch, en présence des archiprêtres, marguilliers et autres dignitaires, ainsi que des simples fidèles de la communion philosophique, professant la raison à Paris, par moi, natif de Ratisbonne, prophète mineur, missionnaire indigne dans les pays et langues d'outre Rhin et du Nord, et l'un des moindres parmi les fidèles, à ce commis par grace spéciale de nos supérieurs dont nous nous estimons les égaux.

Nunc dimittis servum tuum, Domine, secundùm verbum tuum in pace : quia viderunt oculi mei salutare tuum, quod parasti ante faciem omnium populorum, lumen ad revelationem gentium et gloriam plebis tuæ Israël.

C'est maintenant, seigneur, que vous laisserez mourir en paix votre serviteur selon votre parole : puisque mes

---

1. Cette parodie nous a semblé l'un des documens les plus curieux à recueillir pour la solution de cette question si long-temps controversée:

A-t-il existé une philosophie du dix-huitième siècle proprement dite, c'est-à-dire une organisation de secte, ou communion philosophique, ayant pour but la destruction de l'Église catholique ?

yeux ont vu le sauveur que vous nous avez donné, et que vous avez destiné pour être, à la face de tous les peuples, la lumière qui éclairera les nations, et la gloire de votre peuple d'Israël. Ces paroles sont tirées de l'évangile de saint Luc, chapitre II.

Messieurs et mes frères, parmi lesquels je fais gloire de distinguer et d'honorer mes maîtres!

Quoique dans le texte qui nous a été prescrit, l'inspiré et imbécile saint Siméon ait eu évidemment et incontestablement en vue la venue du grand prophète et patriarche résidant à Ferney, et que nous qui avons eu le bonheur de naître dans la plénitude des temps où ce véritable messie et sauveur a été accordé au genre humain, nous ne puissions le méconnaître ni dans ses paroles, ni dans ses œuvres, ni dans la révolution salutaire et miraculeuse qu'il a opérée et qui s'accomplit journellement sous nos yeux, il a cependant été permis de tout temps aux confesseurs de notre sainte doctrine d'appliquer les prophéties les plus consolantes, sans préjudice de leur sens direct et véritable, à ces hommes rares qui ont fait leurs efforts pour débarrasser le genre humain de quelque grande et ennuyeuse sottise. Ce sont autant de sauveurs particuliers que la justice recommande à la reconnaissance et à la vénération publiques; et puisque l'auguste solennité de ce jour est principalement consacrée à rappeler les bienfaits dont nous avons joui dans le cours de l'année qui vient de s'anéantir avec une portion de notre existence, je pense, mes frères, qu'il n'y a personne parmi nous qui ne s'empresse d'entonner avec moi le cantique du vieux radoteur, à l'honneur d'un frère que mes yeux affligés cherchent en vain à découvrir dans cette respectable assemblée.

Qu'êtes-vous devenue, ô fusée éclatante et resplendissante? Ne vous êtes-vous si souvent élancée du milieu de ce lieu saint dans les régions supérieures que pour nous faire d'autant mieux apercevoir les ténèbres qui nous environnent? Vous avez disparu parmi nous, et les sots ont repris courage. Jurés crieurs de la communauté, appelez à son de trompe notre très-cher et très-vénérable frère, monsignor abate Ferdinando Galiani, Napolitano, secrétaire d'ambassade de Sa Majesté Sicilienne à la cour de France, et l'une des plus grandes lumières qui aient été accordées à l'église en ces derniers temps. Parcourez tous les carrefours de la philosophie, visitez tous les saints asiles où des vestales publiques s'occupent, sous la protection de la police, de la satisfaction particulière du clergé ; redemandez notre charmant abbé à tous ces lieux, et qu'on nous le rende tel qu'il est avec sa petite taille et sa tête sublime. Et vous, filles de Sion des rues Fromanteau et Mauconseil, déchirez vos vêtemens, car vous ne les quitterez plus pour l'amusement du charmant abbé. Il est perdu pour la France: après dix ans de séjour parmi nous, sa patrie nous l'a retiré à son grand regret, à notre éternelle affliction ; mais il n'est pas parti sans nous laisser un témoignage public de son affection pour ce pays et des bienfaits innombrables dont cette église se reconnaît redevable envers lui. Je puis donc partager ce discours en deux points également intéressans, quoique bien divers dans leur objet. Je puis vous apporter la joie et la tristesse; je puis vous faire rire et pleurer : par où commencerai-je ? Commençons par rire, mes frères; c'est l'ordre et le vœu de la nature ; c'est l'avis des convives de la noce de Cana à l'occasion du miracle qui a eu depuis tant de succès à Ferney: ces convives, quoique ivres, observaient judicieusement qu'il fallait d'abord donner du meilleur, et garder la piquette pour la fin; c'est aussi la convenance du jour qui veut qu'on commence l'année joyeusement s'il est possible, bien assuré que le chagrin et la tristesse ne manqueront pas au besoin. Mon premier point sera donc joyeux. *Ecce evangelizo vobis gaudium magnum quod erit omni populo, quia natus est vobis hodie salvator. Alleluia.* « Je viens vous annoncer un grand sujet « de joie pour tout le peuple, parce que c'est aujour- « d'hui qu'il vous est né un sauveur. Alléluia. » Je parlerai, dans ce point, du dernier mais insigne bienfait de notre charmant abbé. Mon second point sera triste. *Sed gaudium in luctum convertit dominus.* « La joie a été « changée en tristesse. » Le charmant abbé nous est enlevé. *Gaudete, garruli.* Réjouissez-vous, pies et corneilles, et vous bavards qu'il faisait taire, réjouissez-vous.

Mais avant d'entrer dans la discussion de ces deux points, l'un si consolant, l'autre si accablant, recueillons-nous, mes frères, et puisqu'on a servi, mettons-nous à table, et commençons cette année comme nous avons fini l'autre, en faisant bonne chère, et en nous confirmant dans l'amour du bon vin; car la persévérance dans les bonnes pratiques est surtout la preuve de la sagesse consommée. Et, pour vous prêcher d'exemple, je vais, en vertu des droits imprescriptibles de ma charge, offrir la main à notre aimable baronne. *Ave, Sophia, gratiæ plena*, etc.

Premier point.

Lorsque je jette les yeux sur cette auguste assemblée ; lorsque je considère de quels hommes elle est composée ; lorsque je vois que les plus illustres d'entre eux, après avoir aussi copieusement que joyeusement dîné, reprennent leur place en ce lieu saint en se curant les dents, sans respect pour les dames, avec nonchalance, et en se promettant de ma part beaucoup d'ennui, je suis tenté de croire que la vigne du Seigneur est dans l'état le plus florissant, que l'ivraie ne pousse nulle part parmi le froment, que nos chefs n'ont en effet qu'à boire, manger, aller à l'Opéra-Comique, coucher avec la femme de leur voisin, et s'endormir ensuite sur leurs lauriers. Plût au ciel, mes frères, que nous n'eussions que cela à faire ! Nous mènerions une vie de chanoine, et le monde, suivant le proverbe, irait de lui-même. Mais à la vue de tant d'abus qui se multiplient, de tant de dangers qui s'accroissent, de tant d'ennuis qui nous menacent, ma voix s'affaiblit, mon cœur se serre, et je ne puis que m'écrier douloureusement avec le roi et prophète David : *Tu quoque, Brute !* « Vous dormez, ô « Brutes, et la république périt. » Mon projet n'est point, mes frères, d'exposer ici au grand soleil le tableau de nos torts. Ce jour est consacré à la joie, je n'en dois pas faire un jour de pénitence, et il serait trop tard d'en faire un jour de jeûne. Il me serait aisé de reprocher à nos chefs leur silence, au commun des martyrs

leur empressement à parler lorsqu'il faudrait se **taire.**
Je pourrais dire à quelques-uns d'entre nous : Vous **êtes**
superficiels dans toutes les matières graves : qui **vous**
prie de les traiter ? Vous ne savez qu'exténuer les **idées**
de vos maîtres que vous leur attrapez au passage, **dans**
ce lieu même où je vous fais ce reproche : qui **vous**
prie de les piller ? Vous êtes souvent secs, lourds, **pro-**
lixes, raisonneurs à perte de vue, ce qui est la **plus**
mauvaise qualité, comme vous le diront tous les **enfans**
bien élevés. Vous parlez quelquefois au hasard, sans **sa-**
voir de quoi il est question, et n'en donnant pas **moins**
vos arrêts pour des oracles. Présomptueux et **dédai-**
gneux dépositaires du peu de grands modèles que la **mi-**
séricorde divine a laissé subsister parmi nous : en **sorte**
que la solide philosophie, la vraie éloquence, la **pureté**
et le soin de la diction, la grace et l'harmonie du **style,**
s'éclipsent tous les jours davantage. Tous ces **malheurs**
ont été prévus et prédits depuis long-temps par **tous**
les prophètes et diseurs de mauvaises aventures, **et**
sont réservés par la justice divine à la punition de **ce**
siècle, qui serait le dernier des siècles s'il n'y avait **pas**
le siècle futur. Mais je veux oublier, mes frères, **cette**
foule de nos torts, et ne veux m'arrêter qu'à l'extrême
négligence, qu'à la coupable indifférence avec **laquelle**
nous avons veillé sur le dépôt qui nous est **confié.**

Nous avons vu s'élever dans le sein de cette **capitale**
une secte d'abord aussi humble que la poussière **d'où**
elle s'est formée, aussi pauvre que sa doctrine, aussi **obs-**
cure que son style; mais bientôt impérieuse et **arrogante,**
elle a pris le titre de philosophes économistes ; et **nous**
n'avons pas rayé au moins la première moitié de ce **titre !**

On les a appelés les capucins de l'*Encyclopédie*, en réminiscence de ce que ces bons pères étaient jadis réputés les valets des jésuites; et aucun de nos augustes chefs n'a réclamé contre cette profanation! Plusieurs de nos communes sont même soupçonnées d'avoir en secret quelque propension pour les pauvretés de cette secte, et de pencher à faire cause commune avec cette foule de têtes creuses qui ont répandu depuis quelque temps une teinte si sombre, si ennuyeuse sur ce royaume, que si le ciel nous eût retiré le paraclet de Ferney pendant leurs croassemens, nous serions infailliblement tombés dans le spleen, dans la jaunisse, dans la consomption, dans un état en un mot pire que la mort.

Mais en vous reprochant, mes frères, votre coupable inadvertance ou votre excessive bonté d'ame non moins répréhensible, de quel souvenir suis-je frappé? A ma pâleur ne sentez-vous pas l'odeur du prophète Nathan qui entre et qui me crie : *Tu es iste vir.* Ah, cher baron, délivrez-moi du prophète, dites à vos gens : « Qu'on donne à boire au prophète, et qu'il s'en aille! » J'ai encore de si belles choses à dire que je serais au désespoir de rester court devant cette auguste assemblée. Je ne prétends point dissimuler mes torts, et si jamais nos supérieurs, dont nous nous estimons les égaux, jugent nécessaire de revêtir le sac et la cendre pour expier un si grand péché, je marcherai pieds nus à la tête des pénitens. Oui, grand Dieu! je confesse en ce jour solennel et devant cette assemblée de tes élus, dont la moitié est déjà saisie par le paisible sommeil des justes, et l'autre se livre tout entière au soin de la digestion; je confesse en présence de cette aimable ba—

ronne que je fais bâiller, et qui, heureusement **pour**
elle, pense à autre chose, que, vu la médiocrité **des**
talens que tu m'as départis et que tu n'as pas jugé à
propos de proportionner à l'excès de mon zèle ; **assu-**
jetti d'ailleurs à un travail périodique que j'ai **entrepris**
pour exercer la patience des plus augustes **person-**
nages de notre Europe, et pour leur fournir des **occa-**
sions toujours renaissantes de s'applaudir de leur **lon-**
ganimité et de leur indulgence, c'est-à-dire de la vertu
la plus adorable dans les souverains, je suis réduit **à**
préférer en matière grave les idées courantes qui, **pour**
être reçues dans le public, ne sont pas toujours les
meilleures, à mes propres aperçus, toutes les **fois**
qu'entraîné par la rapidité de mon travail, je ne **puis**
me livrer au recueillement et à la solitude **nécessaires**
à la méditation. Pardonne, ô mon Dieu! cette **légè-**
reté involontaire ou plutôt cette juste défiance de **mes**
propres lumières qui ne doit m'abandonner que lorsqu'une heureuse opiniâtreté m'a mis en état de **déve-**
lopper mes idées, de m'en rendre compte et de les **re-**
connaître justes. Toi, ô scrutateur des cœurs, tu **sais**
que le mien n'incline pas vers la passion des idées **vul-**
gaires, ni vers le cliquetis des mots vides de sens. **Ah,**
si jamais je suis congédié par mes augustes **pratiques,**
si jamais leur patience poussée à bout retire leur **re-**
gard vivifiant de mes feuilles, si leur justice me **fait**
rentrer dans le néant d'où leur bonté ineffable m'a tiré,
je te promets que je recevrai ce châtiment avec la **do-**
cilité d'un enfant qui se repent, et la confusion **d'un**
pécheur qui sait ce qu'il a mérité. Alors j'emploierai
tout le temps que ta sévérité m'aura rendu, à **méditer**

les vérités les plus importantes au bonheur du genre humain, à lier ma langue afin qu'elle ne ressemble pas à celle des perroquets; et si la puissance a mis dans ma tête quelque idée juste et ignorée, je la tirerai de cet abîme avec toute l'application dont je suis capable. En attendant, accorde-moi la rémission des idées courantes semées çà et là dans mes feuilles; conserve-moi la paix et la joie de l'ame; rends les occasions de quelque bonne action moins rares, afin que je bénisse ta clémence, et que je ne murmure pas contre le sort qui m'a fait naître pour l'inutilité.

Je sais, mes frères, ce que vous opposez communément à ces reproches. Ces sectaires, dites-vous, sont d'honnêtes gens, le zèle du bien public les possède et les embrase. Ils sont ennuyeux, ils sont creux, personne ne les lit, personne ne les entend ni ne se soucie de les entendre; ils doivent donc être supportés par ceux qui valent mieux qu'eux, et éprouver leur indulgence. Ventre-saint-gris! est-ce en ce lieu saint qu'il faut souffrir de pareils raisonnemens? Que le vulgaire s'en paye, à la bonne heure; mais à notre tribunal, mes frères, depuis quand y a-t-il quelque mérite à être honnête homme la plume à la main, et suffit-il d'avoir du zèle sans lumières, pour se mêler de gouverner les États ou de diriger ceux qui y président? J'ai assez bonne opinion du genre humain pour affirmer que si tous les honnêtes gens se mettaient à écrire leurs visions, il faudrait se sauver du monde; mais aussi j'ai assez d'expérience pour vous faire remarquer que le fananatisme aveugle d'un sot honnête homme, peut causer plus de maux que les efforts de vingt fripons réunis.

Au génie seul soient rendus honneurs immortels ? Lui seul, mes frères, peut faire quelque bien aux hommes, soit en les gouvernant, soit en les éclairant par ses écrits : mais quand vous seriez d'aussi grands distillateurs que feu M. Le Comte, vinaigrier ordinaire du roi, et inventeur de quatre cent quatre-vingts sortes de vinaigres, ou bien que l'illustre sieur Maille que le ciel conserve encore à la France, je vous défie bien de tirer une seule goutte de génie de toutes les apocalypses des Quesnai, des Mirabeau, des Larivière, et de tous les fastidieux commentaires des Baudeau, des Roubaud, des Dupont, et autre fretin économique.

Et ne dites plus, mes frères, que l'activité de leur ennui les a empêchés d'être dangereux : ce que leur ennui n'a pu faire, leur ambition et leur hardiesse orgueilleuse l'ont tenté. Plus ils ont été plats, plus le nombre de leurs partisans s'est grossi de tout ce qu'il y a d'esprits communs et plats en France, soit dans la capitale, soit dans les provinces. Plus ils ont été creux et obscurs, plus ils en ont imposé aux sots qui ont cru que sous leurs cloches ternes et fêlées ils cachaient quelques fruits rares et exquis. Plus ils ont pris insensiblement le ton décisif et clabaudeur, plus les bons esprits et même les esprits supérieurs ont commencé à les craindre. Il ont redouté d'être livrés une fois par mois aux bourdonnemens et aux piqûres de ces insectes éphémères en présence d'une populace ignorante et frivole composée des trois quarts de ces aimables oisifs qui donnent le ton dans le monde aussi sot qu'eux, et qui ne se consolent de leur médiocrité

que lorsqu'ils voient qu'on insulte leurs maîtres. Il faut,
mes frères, que cette crainte ait été poussée bien loin,
puisque notre grand patriarche de Ferney, dont le nom
seul, dieu merci ! a encore la vertu de vous faire donner
un signe de vie dans la léthargie où je vous vois, en
a été saisi lui-même. Il s'était très-honnêtement moqué,
dans son *Homme aux quarante écus*, de ce tas de pauvres
diables qu'il appelait nos nouveaux ministres ; il s'est
cru depuis obligé d'en faire de pompeux éloges, quoique
nous sachions de science certaine qu'il les méprise plus
que jamais. Mais si notre timidité a été poussée à l'excès,
elle n'a servi qu'à faire dégénérer leur orgueil en impertinence. Un jeune prince s'attire l'admiration de l'Europe
par sa passion pour ses devoirs ; son génie à la fois sage
et actif, son amour éclairé pour le bien public, lui ont
déjà appris le grand art de vaincre les obstacles sans s'en
irriter ; soulager ses sujets, rendre l'État florissant, c'est
le vœu de son cœur, c'est le résultat de ses mesures ;
la Toscane attendrie, prosternée à ses pieds, éprouve
d'un souverain à peine sorti de l'enfance les soins d'un
père tendre et vigilant, les bienfaits que l'âge et l'expérience consommée semblaient seuls pouvoir promettre : aussitôt la secte économistique publie que ce
prince est sorti de son école, et que la Toscane doit
aux éphémérides et aux apocalypses tout le bien que
son souverain a fait jusqu'à présent. Un Mercier de
La Rivière ose entreprendre le voyage de Russie avec
la folle et ridicule présomption d'inspirer et de diriger
le génie immortel de Catherine II, et fait publier, chemin faisant, dans les gazettes, qu'il va porter l'évidence
dans le Nord, et voit la perte de l'empire de Russie

inévitable, parce qu'on s'y est moqué de ses visions. Le prémontré Baudeau, après avoir fait le boulanger à Paris, et, par la faveur de je ne sais quel prélat polonais engoué et crédule, de mitron qu'il était, il se fait abbé mitré en Pologne, va prêcher le pain bis et la mouture économique par tout le Nord, se fait chasser de partout, et revient à Paris nous ennuyer sur nouveaux frais.

La conformité singulière de l'esprit de cette secte naissante avec l'esprit de la secte chrétienne dans son origine, aurait de quoi nous alarmer sur la rapidité de ses progrès, et pourrait nous faire craindre que la raison et le goût ne soient enfin ensevelis sous cette énorme quantité de farines dont on nous couvre dans les brochures, tandis que le peuple en manque partout dans les campagnes. Ce serait sans doute la juste punition de notre coupable indifférence ; mais heureusement il est écrit que les portes de la platitude ne prévaudront pas contre la sainte cité de Ferney, quoique vous soyez Suisses négligens et endormis, et que l'époux vous ait surpris sans baudrier, comme il surprit jadis les vierges folles sans huile. *Sed ecce evangelizo vobis gaudium magnum.* Vous ne l'avez guère mérité, gardiens infidèles ; et cependant « je vous apporte un grand sujet de joie. »

Parmi les questions, mes frères, qui ont le plus occupé le public depuis environ dix-huit années, il en est une très-importante dans son objet ; c'est la question de la liberté du commerce des blés et de leur libre exportation. Les meilleurs esprits et les plus communs se sont réunis dans leurs efforts en faveur de la liberté illimitée

de ce commerce, et le gouvernement a cédé au cri général de la nation, en donnant son édit de libre exportation en 1764. Quelques sages se doutaient alors
que si le gouvernement procurait au cultivateur les
profits de l'exportation dans la vue unique et secrète
de pouvoir augmenter les tailles et faciliter les recou-
vremens des impôts, le bénéfice résultant de cette liberté ne servirait ni à l'augmentation ni à l'améliora-
tion de la culture des terres, et que nos blés seraient
mangés par les étrangers, sans qu'il restât un écu de
leur argent entre les mains du cultivateur. Ces sages
trouvaient peut-être dangereux d'accorder au corps politique l'usage de la jambe gauche, tandis que la jambe
droite, les bras et tous les membres, restaient garottés
et emmaillottés ; mais comme la liberté est en elle-
même très-salutaire, ils espéraient sans doute qu'une
jambe déliée parviendrait, à force de se tourmenter,
à procurer du mouvement au reste du corps politique.
Ils se sont trompés : le corps est resté garotté, et les
mouvemens précipités de la jambe gauche lui ont oc-
casioné une enflure qui a dégénéré en hydropisie,
c'est-à-dire en maigreur boursouflée. Ni les sages ni
les fous, ni les étourdis, ni les réfléchissans, ni les gens
d'esprit, ni les bêtes, n'ont ni pressenti ni prévu aucune des suites de cette loi en France ; tout ce qui avait
été prédit sur ses effets s'est trouvé complètement démenti par l'expérience. Les économistes, suivant leur
usage, ont embrouillé la question par des déraison-
nemens patriotiques, plus tièdes, plus insipides les
uns que les autres, et tandis que le peuple criait faim
et misère de tous côtés, ils ont eu la courageuse imbé-

cillité de continuer leurs criailleries pour l'exportation illimitée.

Dans cette perplexité, mes frères, qui s'est accrue encore par votre coupable silence, le ciel nous a suscité un sauveur chez l'étranger. *Ecce evangelizo vobis gaudium magnum, quia natus est vobis hodie salvator.* Je vous apporte, mes frères, votre sauveur dans ma poche, je vous le donne pour vos étrennes. Voici les *Dialogues sur le commerce des blés* de notre illustre abbé Galiani, qu'il fallait intituler *Entretiens*, parce que les pédans dialoguent, et que les honnêtes gens s'entretiennent. Pardonne-moi, ô charmant et lumineux Napolitain, de t'avoir qualifié d'étranger dans ce lieu saint, dont les murs retentissent encore de tes sermons pleins de génie et de verve, de vues neuves et de gaieté! Non, tu ne seras jamais étranger parmi nous; j'espère, pour l'honneur de la philosophie et du lien sacré de l'amitié, qu'il ne se fera jamais un bon dîner ici, sans que nous nous rappellions en sanglotant tes contes et leur sens philosophique et profond, et qu'après nous avoir fait rire tant de fois, ils nous fassent maintenant pleurer.

S'il nous était ordonné, mes frères, de faire au public l'éloge de ces Entretiens d'un seul trait, on lui ferait remarquer que sur une matière si épuisée, si fastidieusement rebattue pendant dix-huit années consécutives, l'auteur a trouvé le secret de faire un ouvrage absolument neuf, rempli de vues d'une étendue immense et dont aucun de nos myopes économiques ne se serait jamais douté. Jugez combien la tâche qu'il s'imposait avait été rendue difficile par ses prédécesseurs! il était sûr, par la simple inspection du titre de son livre, de

faire enfuir les lecteurs les plus intrépides, et d'exciter
des bâillemens d'un bout de Paris à l'autre. Mais ô prodige inattendu! Dès qu'on a ouvert ce livre, on est en-
sorcelé et on ne peut plus le quitter. Depuis l'instant
qu'il est devenu public, tout le monde se l'arrache; le
patriarche de Ferney suspend ses travaux apostoliques,
nos philosophes quittent la table et négligent l'Opéra-
Comique, la femme sensible son amant, la coquette la
foule qui s'empresse autour d'elle, la dévote son directeur, l'oisif son désœuvrement, tous et toutes veulent
rester tête-à-tête avec notre charmant abbé; l'écono-
miste seul pâlit, écume et s'écrie : « C'en est fait de mes
apocalypses! » Tel est le privilège de l'homme de génie :
depuis le cabinet des rois jusqu'au repaire de l'ignorance et de la sottise, partout où il se donne la peine
de pénétrer, il répand la lumière, tout s'éclaire autour
de lui; et ceux qui auraient marché toute leur vie à
tâtons dans les ténèbres, avancent à la lueur de son
flambeau librement et hardiment dans le sentier sombre,
étroit et tortueux de la vérité.

Voilà ce que nous dirions au public s'il avait besoin de
notre avis; mais qu'il me serait douloureux, mes frères,
de m'étendre en ce lieu saint sur l'excellence du don
que je vous fais pour vos étrennes! Ah, *transeat calix
iste !* Seigneur, épargnez-moi cette humiliation! Non,
il n'est personne ici qui ne se soit aperçu que ce livre est
moins un livre sur le commerce des blés qu'un ouvrage
sur la science du gouvernement en général, qu'un modèle lumineux et neuf de la manière dont toute question
d'État doit être envisagée et approfondie; qu'en remuant
ses blés, notre illustre abbé sait toucher à tout : que

ses Entretiens forment, avec le canon de la *Bible* et celui de l'Opéra-Comique, les trois recueils dans lesquels on trouve les principes de toute sagesse et de toute science, surtout lorsqu'on sait lire (comme c'est un de nos devoirs les moins contestables) le blanc des entrelignes, c'est-à-dire, moyennant ce que l'auteur a dit, deviner ce qu'il n'a pas dit, pénétrer ce qu'il a pensé et ce que, pour bonnes raisons, il n'a pas confié au papier; qu'en un mot, depuis *l'Esprit des lois* il n'a pas paru en France un plus grand livre, ni qui ait autant fait penser que celui qui est venu si à propos nous délivrer du jargon économistico-apocalyptique.

Si, abstraction faite du fond, vous ne voulez considérer que la forme que l'auteur a donnée à son ouvrage, vous trouverez, mes frères, que cette forme est un chef-d'œuvre de goût autant que le fond en est un de raisonnement. Elle vous rappellera à la justesse et à la subtilité socratiques dont nos meilleurs esprits sont si éloignés; à la gaieté patriarcale qui, malgré nos vœux et nos holocaustes, ne veut pas s'étendre au-delà de la banlieue de Ferney; à cette attrayante et sublime méthode des anciens de traiter un sujet par forme d'entretien; méthode qui ôte aux ouvrages le ton de pédanterie et d'emphase qui rend la plupart des nôtres si ennuyeux et si ridicules; méthode dont le secret s'est presque perdu parmi les écrivains modernes, qui promet des succès à l'homme de génie, mais qui sera toujours mortelle aux gens médiocres; méthode enfin qui, suivant l'observation de notre respectable maître et ancien, Denis Diderot, sous l'apparence de la plus grande liberté, oblige l'auteur qui ne veut pas être superficiel et plat, de traiter son sujet dans toute son étendue, sous tous ses points de vue, si rigoureusement et avec tant d'ordre, qu'après toutes les digressions qu'il voudra se permettre, il est forcé de reprendre son sujet tout juste à la place où il l'a quitté, et qu'il ne peut avancer que pas à pas, et finir que lorsque le sujet est entièrement approfondi : en sorte qu'il n'y a qu'un sot qui puisse être la dupe de cette lanternerie apparente qui donne à l'auteur, lorsqu'il médite le plus, l'air à peine occupé, et qui répand sur un ouvrage sérieux et profond le charme d'un livre d'amusement.

Mes frères, il me prend fantaisie de fermer les yeux, de peur de vous regarder. Je crains, en les jetant sur nos communes, de leur trouver la bouche béante, comme si leurs oreilles n'étaient pas faites pour entendre ces augustes vérités. Je pourrais leur dire : En ce cas, d'où venez-vous donc, et de quel droit êtes-vous assis en ce lieu saint à côté des docteurs du goût et de la raison, si vous en êtes vous-mêmes dépourvus, et si vous ne savez pénétrer le sens de notre sainte doctrine, ni lire dans nos livres ce qui n'y est pas écrit? Mais je ne suis pas monté dans cette chaire de vérité pour contester ses titres à qui que ce soit. Que celui qui se sent morveux se mouche et prenne une prise de tabac, tandis que je me prépare à entamer mon second point.

Second point.

Sed gaudium in luctum convertit Dominus. Gaudete, garruli. « Le Seigneur a changé notre joie en tristesse.

Bavards, réjouissez-vous. » Il m'est douloureux, mes frères, de passer de la joie aux lamentations. J'aime à rire quand j'en ai le temps, je trouve même la vie trop courte pour l'employer à un autre usage ; et cependant, en jetant les yeux sur le passé, je vois avec chagrin qu'ils ont si souvent pleuré qu'ils en sont affaiblis pour le moins autant que de mes veilles. Puisque c'est l'ordre de la nature et de mon sermon de passer de la joie à la tristesse, souffrez, mes frères, que la reconnaissance m'arrête un instant à l'entrée de ce passage pénible.

Que ne dois-je point aux bontés de nos supérieurs dont nous nous estimons les égaux, de m'avoir jugé digne de remplir, pendant le cours de l'été dernier, dans les pays d'outre-Rhin, la mission à la fois la plus consolante et la plus glorieuse ! N'attaquez point, mes frères du commun, la sagesse de leur choix. Je ne suis, il est vrai, qu'un des moindres parmi les enfans de cette sainte famille ; mais ceux qui m'ont choisi n'ignoraient pas qu'il ne restait point de conversion à faire dans les pays que j'avais à parcourir. Tout, mes frères, tout y rend hommage à la raison et reconnaît ses droits sacrés et imprescriptibles ; et les souverains se font gloire d'être à la tête des adorateurs, tandis que, dans d'autres contrées, l'autel des ténèbres est encore debout dans les palais des rois. Il ne s'agissait donc que du choix d'un témoin véridique qui, à son retour, pût rendre compte de l'état actuel de l'église universelle dans cette Allemagne, le centre de l'Europe policée et pensante, dans cette pépinière de princes qui a fourni à toutes les nations leurs souverains, si vous exceptez les trônes occupés par les maisons de Bourbon, de Savoie et de Bragance. J'ose me flatter que mon zèle du moins n'a pas trompé l'attente de nos chefs, et qu'ils ont reconnu dans mes rapports l'amour pur et incorruptible de la vérité. Il est vrai qu'abusé par l'avis de différens ministres de l'empereur dans les cours de l'Empire, et sans doute entraîné par la platitude de mon étoile, je me suis rendu à Vienne, tandis que Joseph parcourait encore l'Italie, et que j'ai été obligé d'en partir avant son retour, sous peine de ne point remplir ma mission dans la partie septentrionale de l'Allemagne; de sorte que les bons plaisans ne manqueront pas de dire épigrammatiquement que cela s'appelle avoir été à Rome sans avoir vu le pape. Mais depuis quand les enfans du néant sont-ils maîtres de quelque chose, et quel mortel peut lutter contre l'influence de son étoile? Sans plainte et sans regret, je dois bénir la mienne de l'extase apostolique dont j'ai joui sans interruption pendant les cinq mois de mon voyage.

J'ai vu cette utopie nouvelle et réalisée [1] qu'on croirait à mille lieues de nos frontières, et qui n'en est séparée que par le Rhin, où le sujet est regardé comme l'enfant de la famille, où le bien de cette grande famille est le but unique des pensées et des actions du souverain, tandis que la souveraine se livre à la culture des beaux-arts et au soin plus important d'élever des enfans qui soient dignes d'un tel père. La sérénité et la sagesse qui règnent dans cette cour, l'aisance et le bonheur qu'on trouve répandus par tout le pays, et qui n'ont pas négligé la chaumière la plus chétive, impri-

---

[1]. Le margraviat de Bade-Dourlach.

ment sur tous les visages un air de confiance et je ne
sais quel calme, la marque et la récompense d'un gouvernement paternel.

J'ai vu cette princesse [1] dont la grandeur d'ame
rend le vain appareil de la grandeur inutile autour
d'elle. Jamais elle ne manqua la conquête d'un cœur
vertueux, et les hommages que les princes ne s'attirent
souvent que par l'éminence de leur rang ou par l'espoir
des récompenses, elle les doit, et plus purs et plus vrais,
à la force et à la dignité de son caractère. Souveraine
respectée, fille tendre et chérie, mère adorée, protectrice du mérite, amie éclairée et sûre, son nom ne fut
jamais prononcé sans l'attendrissement que ses vertus
inspirent. Je l'ai vue élevant une nombreuse famille de
princes et de princesses avec une simplicité et une modestie qui relèveront un jour l'éclat de leur naissance,
lorsque les princes par leur mérite, et les princesses par
leurs vertus, auront consacré l'éloge d'une mère si supérieure à sa fortune, aux préjugés de son rang et de son
sexe. La Prusse, mes frères, vous prouve déjà la certitude de cette prophétie : heureux les États qui, comme
elle, en verront l'accomplissement.

J'ai vu, en passant dans la Thuringe, cette cour naguère le séjour d'un princesse illustre dont la perte est
encore sensible à tous les cœurs. J'y ai vu les héritiers
de ses vertus, et surtout ce fils chéri [2] que nous avons eu
le bonheur de posséder ici un moment, et que sa douceur, sa modestie, ses connaissances, sa probité sévère
et son goût pour la vérité, rendront à jamais cher à notre

1. La landgrave de Hesse-Darmstadt.
2. Le prince héréditaire de Saxe-Gotha.

Église. J'y ai vu une femme célèbre par son esprit et son éloquence [1], dont l'amitié et l'attachement ont plus honoré la princesse qui en fut l'objet, qu'il n'en a rejailli d'éclat sur elle-même, et dont la singulière conformité avec le feu et l'activité de notre illustre patriarche de Ferney a frappé tous ceux qui ont eu l'occasion de la connaître. J'y ai vu enfin un souverain jouissant, au déclin de l'âge, de la tendresse de ses enfans et de ses sujets ; un souverain qui, ayant convoqué les États d'une de ses provinces pour réparer les ravages de la dernière guerre, a eu la satisfaction sans exemple de leur dire : Vous donnez des subsides au-dessus de vos forces ; et de s'entendre répondre : Vous ne demandez pas assez pour les besoins du gouvernement.

J'ai vu, en passant dans la Franconie, un prince [2] dans la force de l'âge et des passions, se livrer sans réserve à ses devoirs et à l'application constante qu'ils exigent. Je l'ai vu, au moment de la réunion de deux margraviats, ne s'occuper que de la suppression des abus, du rétablissement de l'ordre et de la justice, et ne chercher que dans la culture des lettres le délassement des soins de la souveraineté.

J'ai vu dans ces États une princesse [3], nièce d'un grand roi, fille d'une mère célèbre, célèbre elle-même par les graces et les agrémens de sa figure et de son esprit, cultivant, dans une retraite embellie par ses soins, les lettres et les arts auxquels ses graces naturelles savent prêter de nouveaux charmes.

1. Madame la baronne de Buchwald.
2. Le margrave de Brandebourg-Anspach et Bareith.
3. La duchesse de Wurtemberg.

J'ai vu cette fille illustre de Charles VII [1], dont l'esprit pénétrant, l'étendue de connaissances, la variété de talens, semblent reprocher au sort l'injustice d'avoir doué une princesse née au faîte de la grandeur, d'une foule de dons divers qui auraient fait la ressource, la réputation et la gloire de plusieurs particuliers.

J'ai vu le séjour d'une des plus anciennes maisons de l'Europe [2], dans laquelle les talens et les qualités des héros sont devenus héréditaires. J'y ai vu ce prince [3] accoutumé à cueillir des lauriers depuis sa première enfance, qui, après avoir combattu nos armées, est venu à la paix recevoir en France les hommages d'une nation généreuse et sensible au mérite, et qui se prépare dans la retraite, à remplir un jour la carrière que la gloire lui a tracée. Le séjour de ce héros dans cette capitale vous a attaché, mes frères, à sa destinée, et l'accueil dont il a honoré les arts et les lettres rendra parmi nous sa mémoire à jamais précieuse.

Je n'ai encore parcouru que la plus petite partie de l'Allemagne, et partout, mes frères, vous voyez la raison, la philosophie et les lettres compagnes fidèles et inséparables de la souveraineté. Partout il règne une politesse, une urbanité, une facilité de mœurs et de manières, suites et marques infaillibles de la culture des esprits. Partout l'apparence du simple mérite reçoit un accueil et des distinctions qui étaient autrefois réservés au rang et à la naissance. Et, ce que les sots auront de la peine à comprendre, un prince de Prusse, un duc

1. L'électrice douairière de Saxe.
2. La cour de Brunswick.
3. Le prince héréditaire.

de Brunswick, un margrave de Bade, après avoir honoré de ces distinctions de simples particuliers, restent
tout aussi grands seigneurs qu'auparavant ; du moins,
suivant le rapport des observateurs les plus exacts des
baromètres politiques, on n'a pas remarqué que la
morgue de l'étiquette ait ajouté, depuis quelque temps,
une ligne à la véritable grandeur d'un prince.

Que vous dirai-je, mes frères, de Berlin et de Vienne,
de ces deux puissances principales de l'Empire? J'ai
vu ce roi guerrier et philosophe, guerrier jouissant dans
le repos de la gloire de ses travaux, philosophe assis
sur le trône sans faste, monarque dont le nom ne peut
peut être prononcé en ce lieu sans le plus profond respect, et qui, s'il n'était pas le premier homme de son
siècle, serait encore par ses talens et ses écrits une des
plus grandes lumières de l'église universelle. Je l'ai vu
simple, parce que la véritable grandeur l'est toujours ;
aussi profond dans l'art de plaire que dans l'art de
vaincre ; jouissant par un bonheur sans exemple de
l'hommage libre et volontaire des rivaux de sa puissance que son génie a eus à combattre ; et, ce qui doit
principalement nous intéresser, honorant cette Église
d'une bonté et d'une protection particulières, accordant,
prodiguant à son missionnaire les marques les plus précieuses de sa bienveillance royale. J'ai vu son frère, le
compagnon de ses travaux, l'émule de sa gloire, ce Henri
qui à la réputation d'un des plus grands capitaines joint
la réputation plus touchante d'un héros plein d'humanité et sensible à l'excès à tous les genres de mérite.
J'ai vu son neveu, l'héritier de son trône, à qui cette
nation doit une reconnaissance particulière pour l'af-

fection qu'il lui porte, et qui (en ma qualité de prophète, vous êtes obligés, mes frères, de m'en croire)
saura bien soutenir un jour la fortune et la haute considération que la maison de Brandebourg s'est acquises.

Si j'ai eu le malheur de ne pas voir ce jeune empereur, votre plus chère espérance, j'ose me flatter que
nos chefs n'ont pas jugé mon voyage de Vienne absolument inutile, et qu'ils ont reconnu dans mon compte
rendu que le salut des monarchies catholiques pourrait
bien venir de l'Orient, comme cette étoile qui conduisit
les trois rois à l'étable de Bethléem, d'où ils ont tiré
cette haute renommée qui les a transmis à la postérité
sur toutes les enseignes des auberges et bons logis à pied
et à cheval. En effet, c'est dans les États de la domination autrichienne qu'il est arrivé une des plus grandes
et des plus étonnantes révolutions de notre temps;
malgré deux guerres aussi longues que dispendieuses,
le souffle de la vie a pénétré dans toutes les parties
de l'administration et du gouvernement, et les a pour
ainsi dire régénérées. J'y ai joui de la douce satisfaction d'entendre regretter un monarque par sa cour
comme un ami espère l'être par son ami. Il y a plus
de quatre ans que l'empereur François n'est plus, et
son nom n'est pas encore prononcé à Vienne sans un
attendrissement subit et universel. O doux et sublime
panégyrique, quelle gloire peut t'être préférée! Sa veuve
a mérité les hommages de l'univers. C'est sous son règne
qu'un ministre éclairé et sage [1] a pu déployer ses talens pour le soutien et l'affermissement d'une nouvelle

---

1. Le prince de Kaunitz-Rittberg.

maison d'Autriche. Le nom de cette auguste princesse serait compté parmi les plus grands de notre siècle, si cette église avait la consolation de la compter parmi ses bienfaitrices; mais rien ne manque à sa gloire, puisqu'elle a donné le jour à Joseph et à Léopold. Rien ne doit manquer à notre reconnaissance, mes frères, pour le don qu'elle nous destine, pour cette aimable Dauphine que nos vœux appellent, dont la gaieté et les graces naturelles feront les délices de cette nation, et que nous proclamerions ici unanimement notre patrone, si l'ambition, l'hypocrisie et l'intrigue, n'avaient fermé aux amis de la vérité tout accès dans le séjour qu'on lui prépare.

Au récit d'une mission si consolante et si glorieuse, je vois, mes frères, que le serpent de l'envie se réveille, qu'il s'approche de vos cœurs, et que tout en les entortillant, il vous offre de m'empoisonner de son souffle mortel. Ah! ne m'enviez pas un instant de satisfaction et de gloire, et jugez par le bonheur dont j'ai joui, de celui dont j'ai manqué de jouir pour mettre le comble au succès de ma mission. Il ne m'a pas été permis de pénétrer plus avant dans le Nord. Je n'ai point vu ce prince [1], qui a su garder sur le trône les qualités du particulier le plus aimable, qui conserve, au milieu des fureurs de la discorde, la sérénité et le calme du sage, la passion de la philosophie et des arts qui fut celle de toute sa vie, et dont la bienveillance envers cette église doit remplir nos cœurs de la plus vive et plus respectueuse reconnaissance. Je n'ai point vu cette reine [2] célèbre en Europe par son génie, dont les dons sont héré-

1. Le roi de Pologne.
2. La reine de Suède.

ditaires dans sa maison , et qui joint à la haute réputation dont elle jouit, le bonheur d'avoir établi une nouvelle race de héros sur le trône de l'Europe le plus illustré par de grands hommes. Je n'ai point vu, ô regret mortel ! cette glorieuse et auguste souveraine dont le nom retentit d'un bout de l'hémisphère à l'autre; qui gouverne son empire avec la sagesse de Solon, et le défend avec le génie et la fortune des Scipion. On l'a vue, malgré elle, se distraire du soin de perfectionner les lois, d'encourager les arts et les sciences, d'en augmenter le lustre, et de les faire fleurir de plus en plus dans ses vastes États. C'est à regret qu'elle a ceint son front immortel des lauriers que donne la victoire ; mais dès qu'elle a été forcée de prendre les armes contre une nation féroce et barbare, on a vu son génie déployer ses ailes; et l'Europe attentive commence à entrevoir un plan d'opérations militaires conçu avec tant de grandeur, dirigé, malgré son étendue, avec tant de concert et de nerf, qu'on cherche en vain dans les projets les plus hardis consacrés par l'histoire, celui qui mérite de lui être comparé.

Je n'ai donc rien vu, mes frères, puisque je n'ai pas vu la gloire de Catherine, et je suis plus digne de pitié que d'envie. Mais jugez quel siècle se prépare, lorsque les destinées des nations sont confiées à tant de souverains instruits, éclairés, pleins de passion pour la véritable gloire, celle qui fixera l'admiration de tous les siècles au milieu des vicissitudes, du flux et reflux des préjugés et des vaines opinions des hommes. Il n'existe, mes frères, dans l'histoire aucun période qui puisse être comparé à cet égard à celui-ci. Que votre confiance en soit donc plus ferme! Lorsque vous serez importunés par les ténèbres dont le midi et l'occident nous envoient encore de temps en temps des bouffées, et que la super-stition expirante voudrait épaissir autour de nous, ne craignez plus leur retour ; dites : Nous sommes dans le passage ; et portez vos yeux vers l'orient et le septen-trion, au devant de cette heureuse révolution dont nous voyons de tous côtés poindre les boutures, mais dont les fruits sont réservés à la génération prochaine. Alors vous vous écrierez avec un saint transport : L'empire des ténèbres est détruit! la nuit est passée! l'aurore, la messagère du soleil, ne tardera pas à paraître!

Je m'attends bien, mes frères, après avoir quitté cette chaire et mes habits pontificaux, à me voir interpellé assez familièrement par quelques-uns de nos esprits forts, penchant vers le cynisme. Ils me demanderont en ricanant, si dans les pays de ma mission on a perdu le secret de faire des fautes et des sottises. Je serai las quand j'aurai fini, je serai pressé de boire un coup et de chan-ger de chemise, je ne serai pas d'humeur de leur ré-pondre, je lèverai les épaules, et ils se croiront des aigles. J'aime mieux rabattre leur caquet tout de suite que d'avoir une queue à écorcher quand je serai aussi ex-cédé de vous que vous l'êtes de moi. Ah! mes chers frères, si jamais le secret de faire des sottises se perdait sur la terre, on le retrouverait dans cette auguste assemblée! Sans doute la sottise et les enfans d'Adam sont insépa-rables, et vous me le prouvez tous les jours : mais il y a cette énorme différence que dans les pays dont je vous ai parlé, on fait des sottises en montant ; et je meurs de peur que nous ne fassions les nôtres en descendant,

et même en dégringolant, ce qui est la plus mauvaise
manière d'en faire.

Dans quel abîme ne me trouvai-je pas descendu moi-
même, lorsque, au retour de ma glorieuse mission, mes
yeux faisant avidement la revue des chefs de cette sainte
et illustre métropole, n'y rencontrèrent plus ce charmant abbé, charmant par excellence? Quoi! mes frères,
vous avez pu consentir à son départ? Vous n'avez pas
songé à l'arrêter par vos prières, à le conjurer par mes
larmes! Nos supérieurs, dont nous nous estimons les
égaux, ont pu signer ces fatales lettres de récréance, dés-
avouées par le cri de notre douleur! Je vous l'avais bien
dit dans mon premier point : *Sed gaudium in luctum
convertit Dominus*. Il est perdu pour la France! O perte
vraiment irréparable! Eh! que m'importent, mes frères,
ces regrets dont vous cherchez à apaiser les miens? Il
est inconsolable, dites-vous, de son départ? Eh vraiment
tant pis! A quoi nous peut servir sa douleur, si ce n'est
à mettre le comble à la nôtre? Pleurez, ô cité sainte!
vous qui connaissez le prix des têtes neuves, pleurez! car
vous n'entendrez plus ses oracles. Celui qui avait mérité
l'honneur d'avoir les Buffon et les Diderot pour auditeurs,
a disparu. *Gaudete, garruli!* Les Diderot et les Buffon
ne vous écouteront pas; mais vous parlerez tout à votre
aise, vous vous enchanterez vous-mêmes, vous vous
croirez de grands Grecs, et cela vous suffira. Des coups
de lumière aussi décisifs que rapides seront remplacés
par d'ennuyeuses discussions, par d'interminables disputes. Avec des voix de gourdin, ou par des cris glapis-
sans, vous nous briserez le tympan sans miséricorde;
la monotonie de votre bavardage donnera impunément

des vapeurs à notre aimable baronne ; celui qui vous faisait taire, notre charmant petit abbé n'est plus.

Mes frères, *sed gaudium in luctum convertit Dominus ;* mais je vous ai assez prouvé que je ne me souciais pas de pleurer dans un jour consacré à la joie et à l'espérance. Il ne tenait qu'à moi de vous remplir le cœur d'amertume, de crainte et de tristesse, depuis le commencement de mon second point jusqu'à sa fin : c'était l'esprit de ma division, c'était sans doute mon devoir, personne n'était en droit de me faire taire; et je parlerais d'ici à demain matin, que, suivant le *veniam petimusque damusque vicissim* du prince des apôtres, vous seriez obligés, sinon de m'écouter, du moins de rester en place. A Dieu ne plaise que j'exerce ici un ministère de rigueur ! J'ai mieux aimé promener vos regards dans ces contrées où l'accomplissement des magnifiques promesses qui ont été faites à l'église offre le coup d'œil le plus consolant et le plus agréable. Actuellement que j'ai vidé mon sac, et que vous vous réveillez l'un après l'autre, il n'est plus temps d'arrêter vos yeux sur les suites funestes que la perte du charmant petit abbé présage et qu'elle pourrait entraîner. On va servir le souper, et vos cœurs s'élancent déjà vers la salle à manger où vous passez trop de temps. Puissiez-vous du moins en y allant éprouver un frémissement salutaire à l'aspect des dangers qui nous menacent ! Quant à moi, j'en ai perdu l'appétit, et je ne me mettrai pas à table. Tandis que vous vous livrez à la joie insensée qu'inspirent le vin de Champagne et les liqueurs apportées de toutes les parties du monde pour agacer voluptueusement le palais de quelques docteurs du genre humain, je lèverai seul mes mains au ciel, dans un des coins de ce temple, et je lui dirai : Tu vois l'état alarmant de ton église : son salut est fondé sur deux ou trois de tes élus; que tu les retires dans ta colère, et sa gloire sera passée.

Ah , mes frères, prévenons les effets de la justice céleste par un prompt et sincère retour sur nous-mêmes ! Écoutez sa voix qui vous parle par ma bouche. J'ai porté, dit-elle, mes regards dans le sanctuaire, et je l'ai trouvé souillé. Les liens de la tendresse fraternelle se sont relâchés, le respect dû au génie et à la vertu s'est affaibli; un fol orgueil a pris la place du mérite, parce que vous avez ouvert le sanctuaire à ceux qui n'y devaient pas entrer. Où sont les titres de ceux que je vois confondus avec vous, et que je ne connais pas même de visage? Ces intrus se sont-ils distingués du moins par leur modestie, leur discrétion, leur silence? Je vous ai confié les clefs de ma garde-robe; vous y avez pris mes habits de livrée, et vous en avez fait don , sans me consulter, à tous les bavards qui ont eu la fantaisie de s'en affubler. Leur fatuité et leur empressement à dire des pauvretés, ont rendu mon église méprisable et ridicule. L'esprit de la bienveillance universelle s'est effacé , un esprit de clique et de cabale en a pris la place. Vous ne vous croyez plus obligés de dire des choses neuves, et vous pensez qu'il suffit pour être philosophe, de répétailler quelques termes parasites. Vous ne demandez plus ce qui est de votre devoir, mais ce qui est de votre intérêt. Vous ne vous souciez plus de rendre hommage par acclamation aux grandes et belles actions, de quelque part qu'elles viennent; mais vous demandez : Celui qui les a faites

est-il des nôtres? Et c'est la réponse qui règle votre
suffrage. Vous venez célébrer ici la mémoire de mes
bienfaits; mais vous n'osez vous demander à vous-
mêmes s'il ne s'est rien passé dans le cours de l'année
dernière qui vous en ait rendus indignes. N'est-ce pas
un soi-disant des vôtres qui a publiquement prêté sa
plume au projet destructeur conçu depuis long-temps
contre la compagnie des Indes française, et consommé
cette année, au grand scandale de l'Europe entière? On
lui reproche d'avoir profané les mots de *bien public* et
de *liberté*, pour établir et accréditer un système d'oppression et de violence; et chargé de l'indignation publique, il a osé reparaître dans mon sanctuaire, comme si
de rien n'était. Qu'il ne soit coupable que d'imbécillité,
je le veux bien; mais s'il s'est attiré, par une légèreté et
une arrogance condamnables le bonheur d'être soup-
çonné de pis, y connaissez-vous quelque remède? Ne
pensez-vous pas que mon église vaut bien la femme de
César, et qu'elle ne doit pas être soupçonnée? C'est
pourquoi ma patience est à bout, et je suis las de vous
souffrir. Et comme je vous ai ôté le charmant petit
abbé, je vous ôterai le peu de génie qui vous reste, et
vous ne serez plus qu'une troupe de rabâcheurs, et votre
splendeur sera celle du temps passé.....

Ah! vengeance céleste, arrête, et n'achève pas cette
terrible malédiction! Nos visages sont prosternés dans
la poussière. Si tu es implacable, comment pourrais-je
revenir au point d'où je suis parti, et m'écrier suivant
mon texte: *Nunc dimittis servum tuum in pace?* Il
faut que je m'en aille en paix. Laisse-moi m'en aller en
paix. Jette des yeux de miséricorde sur cette aimable

baronne et sur ses enfans qui ont besoin d'elle et qui sont innocens : elle se plaint avec justice de n'entendre depuis nombre d'années rien de nouveau ; et s'il faut que nous lui rabâchions toujours sur le même ton, que les mots superstition, fanatisme, despotisme, et autres termes de réclame, ronflent toujours dans ses oreilles fatiguées, c'en est fait, et elle mourra de consomption. Regarde les mérites de ton patriarche de Ferney au pied du mont Jura ; souviens-toi de ton favori Galiani au pied du mont Vésuve. Ils étendent jour et nuit leurs bras vers toi pour le salut de leurs frères coupables. Que ceux qui te déplaisent ici s'en aillent en paix , et fassent fortune , s'ils peuvent ! Inspire-nous la crainte salutaire de tes jugemens, et que, malgré nos iniquités, la gloire de ton Église soit impérissable ! Amen.

Après avoir entendu la parole de la vérité, il est de notre devoir de nous humilier devant le trône de la miséricorde divine , en nous conformant au rituel de Ferney reçu en cette église. Mais comme, afin de respecter les diverses opinions sur la nécessité et l'utilité de la prière, il est ordonné de n'assujettir qui que ce soit à une formule qui pourrait ne s'accorder pas avec ses idées ; en conséquence et en vertu de la tolérance universelle, nous nous bornons à recommander à ceux qui font cas de la prière quelques points principaux, par ordre de nos supérieurs dont nous nous estimons les égaux.

Nous leur recommandons de faire leur prière courte, afin que tout le monde ait le temps de se faire écouter; de demander peu, afin de ne croiser personne ; de remercier de tout ce qui est arrivé et de tout ce qui arrivera, parce qu'il faut être poli, et qu'en tout cas il n'en serait ni plus ni moins.

Nous leur recommandons de prier pour la splendeur de l'église universelle, pour la propagation de la raison, pour l'établissement de la tolérance parfaite.

Nous leur recommandons de prier pour toutes les puissances de l'Europe, particulièrement pour les protecteurs de la raison et pour la conversion de ses persécuteurs.

Nous leur recommandons, abstraction faite de tout intérêt politique, de prier pour le succès de la glorieuse révolution qui doit délivrer l'Europe de la nation barbare des Turcs, et maintenir les droits sacrés de la tolérance.

[*Variante.*—Nous leur recommandons de prier pour la continuation des glorieux succès des armes russes, et pour la glorieuse' révolution que ces armes doivent opérer en délivrant l'Europe du joug d'une nation barbare, et en maintenant les droits sacrés de la tolérance.]

Il leur est expressément recommandé de prier pour le rétablissement du siège patriarcal de Constantinople en faveur de notre grand et invincible patriarche de Ferney, sous la protection et par la grace de Catherine, première impératrice de l'Orient, après la glorieuse expulsion des Turcs.

Il leur est expressément ordonné de prier pour la conservation de notre illustre patriarche, ainsi que de tous les chefs de cette église de Paris, particulièrement de notre cher et vénérable frère Jean d'Alembert dont la

santé s'est affaiblie, et de nos chers et vénérables frères
Claude Helvétius, et Paul baron d'Holbach, premiers
maîtres d'hôtel de la philosophie, sans survivance, à
l'effet de conserver à leur cuisine cet esprit de choix et
de discernement qui rend la chère exquise, et à leur
cave la pureté de dogme sur les crûs et les années
d'option.

Il leur est expressément ordonné de demander pour
cette église l'esprit de sagesse, de sobriété et de modestie, le zèle et la ferveur pour les anciens, la discrétion
et le silence pour les novices, ainsi que plusieurs autres
vertus dont le besoin s'est manifesté en ces derniers
temps, et dont il sera dressé une liste dans le premier
synode.

Nous leur recommandons finalement de prier pour
la prospérité de ce royaume, pour la gloire du nom
français, pour la conservation du roi et de la famille
royale, pour celle de monsieur le duc de Choiseul, envers qui cette église se reconnaît redevable de plusieurs
bienfaits insignes quoique indirects, et dont l'élévation
de sentimens et la noblesse de procédés doivent être
pour elle un sujet de joie et de reconnaissance, quand
même elle n'aurait pas la consolation de le compter au
nombre de ses bienfaiteurs : pareillement pour la conservation de tous les ministres dont l'aile de bienfaisance couvre les poussins de cette église, et les garantit
des butors, buses et autres volatiles malfaisans. Amen.

SUR L'ART THEATRAL : RÊVE.

A Paris, ce 1er janvier 1772.

Un soir j'étais seule au coin de mon feu; je me mis à composer une pièce de clavecin. Je l'écrivis; je la crus superbe. Je la jouai; elle me parut détestable. Je me dis : Voilà deux heures de temps perdu ; il faut le réparer. Je me remis dans mon fauteuil, et je m'endormis. Endormie, je rêvai. Je rêvai de la beauté, de la profondeur, de la simplicité des arts; et quoique en rêvant, la difficulté d'y exceller ne m'échappa pas. Mais peu à peu le délire se mêla à la vérité, il me sembla que j'étais mademoiselle Clairon : malgré cette métamorphose j'étais pourtant aussi un peu moi, et nous n'y perdions ni l'une ni l'autre. Je me promenais dans ma chambre d'un pas majestueux, je me regardais avec satisfaction dans toutes les glaces dont mon appartement était décoré. Me trouvant une démarche si imposante, je regrettais avec amertume d'avoir quitté le théâtre, et puis je m'avouais que je n'y avais réussi qu'à force d'art, et il me semblait que si j'avais à recommencer cette carrière je prendrais une autre route plus simple, plus sûre, qui demanderait peut-être autant d'étude, mais plus de génie et moins d'efforts

Tandis que j'étais livrée à une foule de réflexions assez contradictoires, on m'annonce deux jeunes gens qui demandent à me parler, l'un de la part de M. de Voltaire, l'autre de la part de Monnet, ancien directeur

---

1. Ce *Rêve*, que Grimm croit faussement attribué à mademoiselle Clairon, ne se trouve point dans ses *Mémoires* publiés en l'an VII.

de l'Opéra-Comique. Je les admis tous deux en ma présence. Le protégé de M. de Voltaire me remit une lettre de sa part, par laquelle il me suppliait, moi Clairon, d'aider de mes conseils l'homme du monde qui avait le plus de dispositions pour le théâtre; car jamais, selon lui, on n'avait débité des vers avec plus de grace, et peu d'acteurs savaient faire autant valoir le mérite d'un auteur. Il joignait à un bel organe l'avantage d'une belle figure. Je le priai de déclamer quelque scène; il en choisit une d'*Alzire*, et je crus entendre Le Kain. Son jeu en était une copie fidèle; mais son beau visage restait toujours le même, et toute son expression résidait dans ses gestes et dans son attitude. Je voulus lui faire quelques observations; mais sa réponse fut toujours : « Mademoiselle, M. Le Kain fait ce geste... c'est son attitude à cet endroit. — Cela est vrai, Monsieur, lui dis-je, et vous avez sur lui l'avantage de la jeunesse et de la figure; vous êtes trop parfait pour avoir besoin de leçons. Je vais vous donner une lettre pour mes anciens camarades, et je ne doute pas que vous ne soyez admis au début. »

Lorsque je me fus débarrassée de cette sublime merveille, je m'occupai de l'autre jeune homme. Il était moins grand et moins régulièrement fait que le premier; il n'était point beau, mais il avait beaucoup de physionomie. « En quoi, lui dis-je, Monsieur, peut-on vous être utile? — Madame, je me destine aussi au Théâtre-Français. — Monsieur, appelez-moi mademoiselle; on ne m'appelle plus madame. Avez-vous déjà paru sur quelque théâtre? — Non, Mademoiselle. Je comptais aller jouer en province; mais M. Monnet, qui m'a reconnu des dispositions, m'a conseillé de chercher plutôt auprès de vous quelque recommandation assez puissante pour vous engager, Mademoiselle, à me donner des avis : comme je n'en ai point trouvé, j'ai hasardé de me présenter seul, et je me suis fait annoncer de la part de M. Monnet. — Ce n'est donc pas lui qui vous envoie? — Non, Mademoiselle. Je vous avoue que j'ai pris son nom sans sa permission, le croyant plus recommandable que le mien qui vous est tout-à-fait inconnu. — Ah! le sien me l'est presque autant : mais n'importe, votre physionomie m'intéresse. Asseyez-vous, Monsieur, et causons... Ah! allez me chercher mon sac à ouvrage que voilà sur cette console au bout de cet appartement; que je vous voie marcher, s'il vous plaît... Là, près de ce nécessaire du Japon... Monsieur, je vous rends grace. Cela est bien, vos mouvemens sont aisés; vous n'avez point d'apprêt, point de disgraces; mais vous n'avez point de noblesse. Avez-vous jamais eu occasion de voir des gens de qualité dans la société? — Non, Mademoiselle. — Je le vois bien. — Je sens, Mademoiselle, que j'ai mal pris mon moment; le monsieur que je viens d'entendre... — On ne dit point le monsieur, mon ami, cela est de mauvais ton... Eh bien! par exemple, que pensez-vous de ce jeune homme? — Vous avez prononcé sur son talent, Mademoiselle; je ne puis qu'applaudir à ce que vous lui avez dit. — Cela est honnête; mais encore? — Mademoiselle, il m'avait séduit, je l'avoue; mais les réflexions que vous lui avez fait faire m'ont paru si justes que je ne comprends pas comment il ne les a pas saisies avec transport. — Vous avez de l'esprit et du tact... Dites-moi, qui vous a montré à déclamer?

—Personne, Mademoiselle : je suis né avec la passion du spectacle, j'y ai beaucoup été; mais depuis un an que je me destine au théâtre, M. Monnet m'a empêché d'y aller; il m'a prêté des livres, et a voulu que je bornasse mon étude à lire et à déclamer devant une glace.—Et quels livres vous a-t-il prêtés, ce Monnet? Est-ce qu'il sait lire?— Mademoiselle, M. Monnet est un homme d'esprit et de goût ; il est obligeant et serviable ; il a rendu à toute ma famille des services que des gens plus opulens et plus en crédit que lui nous avaient refusés. —Je suis contente de vos sentimens et de votre esprit, et cela n'est ni indifférent, ni étranger à la pratique des arts. Mais encore, quels livres Monnet vous a-t-il prêtés? Des opéras comiques sans doute? —M. Monnet m'a prêté, Mademoiselle, les théâtres de Corneille, de Racine, de Crébillon et de Voltaire. »

Il me semble que j'eus une longue conversation avec lui sur ces différens auteurs; mais elle est restée dans les ténèbres de mon rêve.

Ayant reconnu à mon écolier un esprit naturel, mais sans culture, de la chaleur, de la docilité, je lui dis : « Quels sont, Monsieur, les rôles que vous croyez posséder le mieux, et que vous vous proposez de me faire entendre ?—Mademoiselle, celui de Néron dans *Britannicus*. —Seulement ! Mais, Monsieur, avant de vous entendre, faites-moi la grace de me dire qui était Néron. —Mademoiselle, c'était un empereur qui vivait à Rome. —Qui vivait à Rome est bon. Mais était-il empereur romain, ou demeurait-il à Rome pour son plaisir ? Comment était-il parvenu à l'empire? Quels étaient ses droits, sa naissance, ses parens, son éducation, son caractère, ses penchans, ses vertus, ses vices? — Mademoiselle, le rôle de Néron répond à une partie de vos questions, mais pas à toutes.—Monsieur, il faut non-seulement répondre à ces questions, mais à toutes celles que je vous ferai encore. Et comment pourrez-vous rendre le rôle de Néron ou tel autre qu'il vous plaira, si vous ne connaissez pas la vie du personnage que vous voulez représenter, comme la vôtre même?—J'ai cru, Mademoiselle, qu'il suffisait de bien connaître la pièce pour saisir le sens de son rôle. — Et vous avez mal cru, Monsieur, vous allez en convenir; écoutez-moi. Avez-vous quelque teinture de l'histoire? — Non, Mademoiselle, pas beaucoup. — Mais enfin, vous avez peut-être bien ouï parler de Henri IV, par exemple? — Ah, j'en sais jusque-là. — Vous savez donc tout ce que la couronne de France lui a coûté à conquérir?—A peu près; je ne suis cependant pas très-fort sur les détails de sa vie; je ne la connais, je vous l'avoue, que par *la Henriade*.—Cela me suffit. Vous savez peut-être aussi que le trône ne fut pas disputé à Louis XIV comme à lui?—Mais... je le présume parce que je n'ai jamais ouï dire le contraire. — Eh bien, si vous aviez à jouer le rôle de ces deux princes, croyez-vous que vous n'auriez pas à changer totalement votre maintien, votre contenance, votre démarche, votre expression, vos accens, et jusqu'à la plus petite nuance de votre rôle? Ce sont cependant deux monarques français : à l'un et à l'autre on a décerné le surnom de Grand, ils ont régné dans le même siècle. D'où vient donc cette différence? Cette différence, Monsieur, ne vient pas seulement de celle de leur ca-

ractère, ne vous y trompez pas; c'est qu'il y en a une
immense dans l'esprit, dans le ton, dans les mœurs,
dans les opinions d'un homme qui a conquis son royaume
à la pointe de son épée, et dans l'esprit, le ton, les
mœurs, les opinions d'un homme né sur un trône affermi. Ce n'est pas tout: indépendamment de cette connaissance qu'on ne peut acquérir que par une étude ré-
fléchie de l'histoire, il est encore nécessaire de la lire
pour savoir ce qu'étaient au rôle principal les personnages accessoires que l'auteur a introduits dans sa pièce;
comment il était, comment il vivait avec eux. Cette
connaissance bien acquise donne, à l'acteur qui sait
voir et sentir, toute la clef de son rôle. Son effort ensuite doit être de s'identifier avec le héros qu'il a à représenter. S'il a bien vu, s'il a senti juste, le reste est
une affaire de mémoire et d'habitude qui va toute seule.
—Ah! Mademoiselle, vous me désespérez! — Et d'où
vient? — C'est que je suis frappé de la vérité de tout
ce que vous venez de dire. J'ai vingt-deux ans; je suis
d'une ignorance profonde; il me faudrait dix ans pour
acquérir les connaissances qui me manquent, dix ans
pour apprendre à les employer, et quand je pourrais
me montrer, je ne serais plus bon qu'à l'emploi des tyrans, qui sont communément les plus sottes gens du
monde.—Ah! que pardonnez-moi. Je conviens bien que
les tyrans sont ordinairement les plus sottes gens du
monde, mais je ne vous condamnerai point à ce fastidieux emploi. Je conviens bien encore qu'une grande
connaissance de l'histoire et des mœurs des anciens
vous abrègerait beaucoup de temps et de peines, mais
on peut y suppléer. Ne désespérez de rien; je me charge

de vous, et je vous dirai mon secret. Je commencerai par vous prêter quelques livres, où vous trouverez tout ce qui concerne la vie de Néron; puisque vous en savez le rôle, appliquez-vous à bien saisir son caractère. Il fut cruel, cherchez-en les causes; voyez si vous les trouverez dans la trempe de son ame, dans la corruption de sa cour ou de son siècle, dans l'enchaînement des circonstances, qui souvent nous forcent à être tout autres que la nature nous fit : un grand acteur sait faire sentir toutes ces nuances. Ensuite, Monsieur, vous aurez la bonté de me faire l'extrait de la pièce de Racine, et d'y remarquer les différences qui peuvent se trouver entre l'histoire et la tragédie. Je vous accorderai un mois pour faire cet essai. Je ne vous demande pas un discours académique : vous ne parlez pas mal, Monsieur; écrivez comme vous parlez, et cela me suffit.... A présent, voyons ce que vous savez faire. Dites-moi quelques scènes du rôle de Néron... Par exemple, sa première scène avec Narcisse, et la scène du troisième acte avec Burrhus.... Eh bien, tout cela ne vaut rien. Vos traits m'annoncent un mouvement violent dans votre ame, et votre corps est immobile, cela n'est pas possible ; vous jouez l'amour, la fureur, mais vous n'êtes ni amoureux, ni furieux. Vous avez cependant plus de talent que le protégé de M. de Voltaire; mais lorsque vous aurez fait l'étude que je vous prescris, vous sentirez que moi, ignorant spectateur du parterre, après vous avoir vu jouer comme vous venez de faire, je m'en irai sans savoir ce que c'était que Néron, sans entrevoir la différence qu'il mettait entre Narcisse et Burrhus. Est-ce qu'il ne doit pas avoir avec Narcisse

20

un ton de supériorité, ressentir cette aisance et ce sou-
agement que la lâcheté sait procurer au vice? N'éprou-
vera-t-il pas, au contraire, avec Burrhus une sorte de
contrainte et de malaise, suite nécessaire de ce respect
involontaire que la vertu arrache même aux cœurs
corrompus, et de l'habitude que Néron a d'obéir à celui
qui a pris soin de sa jeunesse? Il aura encore une autre
contenance avec sa mère. Partout il doit être empereur,
mais son ame ne peut être un instant dans la même
assiette. Vous vous êtes, à la vérité, occupé du jeu de
votre visage, mais il faut que toute votre personne soit
d'accord; il faut de l'expression, et non pas des grimaces.
Voilà, Monsieur, les leçons qu'on peut donner à un
acteur; celui que la nature n'a pas destiné à en profiter, ne sera jamais qu'un acteur médiocre. — Mademoiselle, oserais-je vous faire une objection? — Dites,
Monsieur. — De cette manière, il est impossible de
former un acteur comique; car où trouve-t-on écrite
la vie des personnages comiques? — Elle est, Monsieur,
écrite bien plus sûrement, pour qui sait la lire, dans le
grand livre du monde; mais le malheur de notre profession est que les pages les plus intéressantes de ce
livre nous sont souvent fermées. C'est à nous, Monsieur, à obtenir, par notre mérite personnel, qu'on nous
y laisse lire, et à achever de détruire un préjugé aussi
barbare que nuisible aux progrès de l'art; cette tâche,
au reste, vous est plus aisée qu'à nous. — Mais, comme
je me destine au tragique, croyez-vous, Mademoiselle,
qu'au moyen de l'étude que vous voulez bien diriger,
je serai en état de rendre un rôle? — Non assurément,
Monsieur; je vous ai déjà dit qu'il faudra ensuite ap-

prendre à être de la tête aux pieds le personnage que vous voudrez rendre : il faudra apprendre à être vrai, Monsieur. Vous avez à Paris un modèle unique que vous irez voir, rarement, s'il vous plaît ; car ce sont les grands modèles qui perdent les élèves.—Et ce grand modèle ? — C'est M. Caillot : examinez-le bien , ne le copiez pas ; mais tâchez de deviner les ressorts qui le font mouvoir ; ils sont tous dans son ame. Voyez-le dans *Silvain* , dans *le Déserteur* , dans *Lucile* , dans *l'Amou-reux de quinze ans* ; voyez-le père, amant, mari, gai , triste, enjoué , pensif, absorbé, il est toujours juste et vrai. Plus vous l'étudierez, plus vous découvrirez de nuances fines et sublimes dans son jeu. Si vous vous surprenez à vouloir l'imiter, ne le voyez plus ; vous profiterez plus peut-être à voir jouer les mauvais ac-teurs, pourvu que vous sentiez qu'ils sont mauvais, qu'à suivre pas à pas les acteurs sublimes. Lorsque vous commencerez à être un peu formé, je vous permettrai d'aller admirer le jeu de M. Le Kain , qui a aussi un mérite rare ; et il le serait bien plus encore s'il n'était captivé par les entraves qu'une poésie épique et trop pé-riodiquement cadencée donne aux acteurs ainsi qu'aux auteurs. Mais, je vous l'ai dit, vous n'êtes pas en-core en état de profiter de ce grand modèle, vous tom-beriez dans l'écueil de tous ses jeunes admirateurs, vous en deviendriez froid copiste ; il faut que vous vous soyez fait un jeu à vous avant de le suivre. — Made-moiselle , permettez-moi encore une question. De ce que vous venez dire, ne m'est-il pas permis de conclure que vous préférez M. Caillot à M. Le Kain ? — Je ne répondrai point à cela, Monsieur ; je vous dirai seule-

ment qu'il faut toujours étudier la nature de préférence
à l'art, et que mes succès ont perdu un grand nombre
de débutantes qui n'étaient pas peut-être sans talent.
Mais ne croyez pas que vos recherches soient bornées à ce
que je viens de vous dire. Un cours de tableaux et de statues vous sera, avec le temps, fort utile. Peut-être le ferai-
je avec vous, pour vous apprendre à bien voir et à faire
un bon usage de ce que vous aurez vu. Je n'aurai garde
de diriger votre coup d'œil sur telle ou telle attitude.
Si le statuaire ou le peintre a bien rempli sa tâche,
vous apercevrez dans l'instant le sentiment, la passion
qu'il a voulu rendre. Nous examinerons cette passion
et ses effets, nous verrons si l'attitude et l'expression
que l'artiste leur a données sont vraies; et à force d'observations, votre ame, accoutumée peu à peu à recevoir
subitement toutes ces diverses impressions, pliera insensiblement toute votre personne à suivre ses mouvemens, et vous finirez par savoir jouer la comédie. Adieu,
Monsieur. Laissez-moi votre nom et votre adresse; demain je vous enverrai des livres. — Mademoiselle,
puisque vous voulez bien me prêter quelques livres
d'histoire, aurez-vous la complaisance d'y joindre ceux
qui pourront m'instruire sur l'histoire de Phèdre, de
Bajazet, et des autres héros de Racine ? — Non, Monsieur, et par une bonne raison, c'est que je n'en connais pas. — Il n'en existe donc pas ? — Non. Nous étu-
dierons la pièce ensemble, et nous nous ferons un modèle. — Et comment se fait-on un modèle ? — Comment, Monsieur ? comme un peintre se représente la
physionomie de ses personnages ; avec du génie : le
génie devine tout. — Et si je n'en ai pas ? — Vous re-

noncerez à jouer la comédie, Monsieur, ou vous renon-
cerez du moins à la réputation de grand acteur; vous
gesticulerez, vous crierez, vous prendrez des attitudes,
vous vous mettrez en scène avec le parterre et les loges;
et lorsque vous passerez dans de certains quartiers de
Paris, vous aurez la consolation de vous entendre préférer à Caillot et à Le Kain, et vous vous persuaderez
à la fin que vous les surpassez, tant le public est con-
naisseur et l'amour-propre crédule.—Le mien n'est
pas, je me flatte, si aisé à contenter; ce genre de succès
ne me suffirait pas.—En ce cas, Monsieur, je vous
en promets d'autres. »

Tout mon regret, à présent que je suis bien éveillée,
est que mademoiselle Clairon ne se souviendra jamais
d'avoir dit un mot de tout cela, et que ce sera autant de
perdu pour le premier écolier qui viendra la trouver.
Ce qui m'afflige encore, c'est de ne point revoir mon
élève. Depuis ce temps je ne manque pas d'aller à tous
les débuts annoncés, dans l'espérance de le retrouver;
mais je ne vois jusqu'à présent que des protégés de M. de
Voltaire.

Le rêve que vous venez de lire est d'une femme, et
je n'ai pas besoin d'ajouter d'une femme de beaucoup
d'esprit. Ceux qui connaissent mademoiselle Clairon
y reconnaîtront son ton, c'est à s'y tromper; quant à
ses principes sur l'art dramatique, ce n'est pas tout-à-
fait la même chose, et l'auteur a raison de craindre
qu'elle ne se souvienne jamais d'un seul mot de son entretien avec le protégé de M. Monnet. Vraisemblablement elle se trouverait offensée de la justice qu'elle

rend ici au charmant Caillot, à qui je la crois fort éloignée d'accorder le rang qu'il mérite, et qu'il prendra
bien tout seul. Quant à Le Kain, ce nom sinistre n'a jamais souillé sa bouche; ou, pour parler un langage moins
partial, M. Le Kain et mademoiselle Clairon se sont illustrés par une inimitié si franche, si sincère, si invétérée, qu'il est impossible qu'ils se rendent jamais justice.
Mademoiselle Clairon ayant vu jouer Caillot à Lyon
avant qu'il vînt à Paris, voulut l'engager à débuter à
la Comédie-Française dans les rôles de troisième emploi,
c'est-à-dire dans les tyrans, les amoureux dédaignés, etc.
Caillot lui dit : « Je vous avoue, Mademoiselle, que si je
me destinais au Théâtre-Français, jaurais l'ambition
d'essayer les premiers rôles. » Mademoiselle Clairon le
regarde d'un air majestueux, et lui dit : « Le projet en
est beau; mais, mon ami, vous avez le nez trop court. »
Caillot nous a prouvé depuis, qu'il savait s'allonger le
nez et le proportionner à l'importance d'un rôle : cependant la remarque de mademoiselle Clairon, quoiqu'elle
fasse d'abord rire, est d'une personne d'esprit et de
goût. Une remarque plus importante que vous tirerez
de la lecture de ce Rêve, c'est que l'éducation la plus libérale et l'instruction la plus soignée sont de première
nécessité pour former un grand acteur, et qu'aussi
long-temps que cette profession restera avilie par nos
préjugés gothiques, l'art théâtral ne sera jamais porté
au degré de perfection dont il est susceptible.

PENSÉES PHILOSOPHIQUES ET POLITIQUES [1].

FRAGMENS ÉCHAPPÉS DU PORTEFEUILLE D'UN PHILOSOPHE.

A Paris, ce 15 auguste 1772.

Vous dites qu'il y a une morale universelle, et je veux bien en convenir; mais cette morale universelle ne peut être l'effet d'une cause locale et particulière. Elle a été la même dans tous les temps passés, elle sera la même dans tous les siècles à venir; elle ne peut donc avoir pour base les opinions religieuses, qui, depuis l'origine du monde, et d'un pôle à l'autre, ont toujours varié. Les Grecs ont eu des dieux méchans, les Romains ont eu des dieux méchans; nous avons un dieu bon ou méchant, selon la tête de celui qui y croit; l'adorateur stupide du fétiche, adore plutôt un diable qu'un dieu; cependant ils ont tous eu les mêmes idées de la justice, de la bonté, de la commisération, de l'amitié, de la fidélité, de la reconnaissance, de l'ingratitude, de tous les vices, de toutes les vertus. Où chercherons-nous l'origine de cette unanimité de jugement si constante et si générale au milieu d'opinions contradictoires et passagères? Où nous la chercherons? Dans une cause physique, constante et éternelle. Et où est cette cause? Elle est dans l'homme même, dans la similitude d'organisation d'un homme à un autre, similitude d'organisation qui entraîne celle des mêmes besoins, des mêmes plaisirs, des mêmes peines, de la même force,

---

1. Ces pensées ne sont point dans les œuvres de Diderot.

de la même faiblesse; source de la nécessité de la société, ou d'une lutte commune et concertée contre des dangers communs, et naissant du sein de la nature même qui menace l'homme de cent côtés différens. Voilà l'origine des liens particuliers et des vertus domestiques; voilà l'origine des liens généraux et des vertus publiques; voilà la source de la notion d'une utilité personnelle et publique; voilà la source de tous les pactes individuels et de toutes les lois; voilà la cause de la force de ces lois dans une nation pauvre et menacée; voilà la cause de leur faiblesse dans une nation tranquille et opulente ; voilà la cause de leur presque nullité d'une nation à une autre.

Il semble que la nature ait posé une limite au bonheur et au malheur des espèces. On n'obtient rien que par l'industrie et par le travail, on n'a aucune jouissance douce qui n'ait été précédée par quelque peine ; tout ce qui est au-delà des besoins physiques rigoureux ne mérite presque que le nom de fantaisie. Pour savoir si la condition de l'homme brut, abandonné au pur instinct animal dont la journée employée à chasser, à se nourrir, à produire son semblable et à se reposer, est le modèle de toutes ses journées et de toute sa vie; pour savoir, dis-je, si cette condition est meilleure ou pire que celle de cet être merveilleux qui trie le duvet pour se coucher, file le cocon du ver à soie pour se vêtir, a changé la caverne, sa première demeure, en un palais, a su multiplier, varier ses commodités et ses besoins de mille manières différentes, il faudrait, à ce que je crois, trouver une mesure commune à ces deux conditions; et il y en a une : c'est la durée. Si les prétendus avantages de l'homme en société abrègent sa durée, si la misère apparente de l'homme des bois allonge la sienne, c'est que l'un est plus fatigué, plus épuisé, plus tôt détruit, consommé par ses commodités, que l'autre ne l'est par ses fatigues. C'est un principe généralement applicable à toutes les machines semblables entre elles. Or, je demande si notre vie moyenne est plus longue ou plus courte que la vie moyenne de l'homme des bois. N'y a-t-il pas parmi nous plus de maladies héréditaires et accidentelles, plus d'êtres viciés et contrefaits ? N'en serait-il pas des commodités de la vie comme de l'opulence ? Si le bonheur de l'individu dans la société est placé dans l'aisance, entre la richesse extrême et la misère, le bonheur de l'espèce n'aurait-il pas aussi son terme d'heureuse médiocrité placé entre la masse énorme de nos superfluités et l'indigence étroite de l'homme brut ? Faut-il arracher à la nature tout ce qu'on en peut obtenir, ou notre lutte contre elle ne devrait-elle pas se borner à rendre plus aisé le petit nombre de grandes fonctions auxquelles elles nous a destinés, se loger, se vêtir, se nourrir, se reproduire dans son semblable et se reposer en sûreté ? Tout le reste ne serait-il pas par hasard l'extravagance de l'espèce, comme tout ce qui excède l'ambition d'une certaine fortune est parmi nous l'extravagance de l'individu, c'est-à-dire un moyen sûr de vivre misérable, en s'occupant trop d'être heureux ? Si ces idées étaient vraies cependant, combien les hommes se seraient tourmentés en vain ! Ils auraient perdu de vue le but primitif, la lutte contre la nature. Lorsque la nature a été vaincue, le reste n'est qu'un étalage de triomphe qui nous coûte plus qu'il ne nous rend[1].

1. *Note de Grimm.* Il paraît que l'auteur serait tenté de prononcer contre l'homme civilisé ; mais en appliquant le principe établi dans ce fragment aux faits, il sera obligé de changer d'avis. A tout prendre, l'homme en société, l'homme policé vit plus nombreux et plus long-temps que l'homme sauvage.

L'habitant de la Hollande placé sur une montagne, et découvrant au loin la mer s'élevant au-dessus du niveau des terres de dix-huit à vingt pieds, qui la voit s'avancer en mugissant contre les digues qu'il a élevées, rêve, et se dit secrètement en lui-même : Tôt ou tard cette bête féroce sera la plus forte. Il prend en dédain un domicile aussi précaire, et sa maison en bois ou en pierre à Amsterdam n'est plus sa maison ; c'est son vaisseau qui est son asile et son vrai domicile, et peu à peu il prend une indifférence et des mœurs conformes à cette idée. L'eau est pour lui ce qu'est le voisinage des volcans pour d'autres peuples. L'esprit patriotique doit être aussi faible à La Haye qu'à Naples[1].

1. *Note de Grimm.* Fait conséquent au raisonnement, mais contraire à l'expérience. C'est le bon ou le mauvais gouvernement qui décide de la force ou de la faiblesse de l'esprit patriotique.

Quelqu'un disait : Telle est la sagesse du gouvernement chinois, que les vainqueurs se sont toujours soumis à la législation des vaincus. Les Tartares ont dépouillé leurs mœurs pour prendre celles de leurs esclaves. Quelle folie, disait un autre, que d'attribuer un effet général et commun à une cause aussi extraordinaire! N'est-il pas dans la nature que les grandes masses fassent la loi aux petites? Eh bien, c'est par une conséquence de ce principe si simple, que l'invasion de la Chine n'a rien changé ni à ses lois, ni à ses coutumes, ni à ses usages. Les Tartares répandus dans l'empire le plus peuplé de la terre, s'y trouvaient dans un rapport moindre que celui d'un à soixante mille. Ainsi, pour qu'il en arrivât autrement qu'il n'en est arrivé, il eût fallu qu'un Tartare prévalût sur soixante mille Chinois. Concevez-vous que cela fût possible? Laissez donc là cette preuve de la prétendue sagesse du gouvernement de la Chine. Ce gouvernement eût été plus extravagant que les nôtres, que la poignée des vainqueurs s'y seraient conformés. Les mœurs de ce vaste empire auraient été moins encore altérées par les mœurs des Tartares que les eaux de la Seine ne le sont, après un violent orage, de toutes les ordures que les ruisseaux de nos rues y conduisent. Et puis ces Tartares n'avaient ni lois, ni mœurs, ni coutumes, ni usages fixes. Quelle merveille qu'ils aient adopté les institutions qu'ils trouvaient tout établies, bonnes ou mauvaises !

Ce qui constitue essentiellement un état démocratique, c'est le concert des volontés. De là l'impossibilité d'une grande démocratie, et l'atrocité des lois dans les petites aristocraties. Là, on rompt le concert des volontés qui se touchent, en les isolant par la terreur ; on établit entre les citoyens une distance morale équivalente pour les effets à une distance physique ; et cette distance morale s'établit par un inquisiteur civil qui rôde perpétuellement entre les individus, la hache levée sur le cou de quiconque osera dire ou du bien ou du mal de l'administration. Le grand crime dans ces pays est la satire ou l'éloge du gouvernement. Le sénateur de Venise, caché derrière une grille, dit à son sujet : « Qui es-tu, pour oser approuver notre conduite? » Un rideau se tire, le pauvre Vénitien tremblant voit un cadavre attaché à une potence, et entend une voix redoutable qui lui crie de derrière la grille : « C'est ainsi que nous traitons notre apologiste ; retourne dans ta maison, et tais-toi. »

On a dit quelquefois que le gouvernement le plus heureux serait celui d'un despote juste et éclairé : c'est une assertion très-téméraire. Il pourrait aisément arriver que la volonté de ce maître absolu fût en contradiction avec la volonté de ses sujets. Alors, malgré toute sa justice et toutes ses lumières, il aurait tort de les dépouiller de leurs droits, même pour leur avantage. On peut abuser de son pouvoir pour faire le bien comme pour faire le mal ; et il n'est jamais permis à un homme, quel qu'il soit, de traiter ses commettans comme un troupeau de bêtes. On force celles-ci à quitter un mauvais pâturage pour passer dans un plus gras; mais ce serait une tyrannie d'employer la même violence avec une société d'hommes. S'ils disent : Nous sommes bien ici; s'ils disent, même d'accord : Nous y sommes mal, mais nous y voulons rester, il faut tâcher de les éclairer, de les détromper, de les amener à des vues saines par la voie de la persuasion, mais jamais par celle de la force. Convenir avec un souverain qu'il est le maître absolu pour le bien, c'est convenir qu'il est le maître absolu pour le mal, tandis qu'il ne l'est ni pour l'un, ni pour l'autre. Il me semble que l'on a confondu les idées de père avec celles de roi. Peuples, ne permettez pas à vos prétendus maîtres de faire même le bien contre votre volonté générale [1]. Songez que la condition de celui qui vous gouverne n'est pas autre que celle de ce cacique, à qui l'on demandait s'il avait des esclaves, et qui répondait : « Des

---

[1]. C'est encore la doctrine de cet inintelligible *Contrat social*, dont la raison publique a fait justice. Cette *volonté générale*, dont J.-J. Rousseau fait la base de son système, sans pouvoir jamais la définir, ni trouver les moyens de l'exprimer, un roi législateur en a trouvé la seule expression possible dans cette admirable combinaison de la balance des trois pouvoirs, qui sert de base à la charte qui nous gouverne.

Ce paragraphe, ainsi que le suivant, sont tellement contraires aux principes de tout ordre social, que leur absurdité frappera les esprits les moins éclairés. Mais ce qui est inexplicable, c'est que douze souverains de l'Europe aient autorisé de pareilles doctrines. Leur aveuglement n'est pas moins prodigieux que la témérité de leurs correspondans.

esclaves ? je n'en connais qu'un dans toute ma contrée ; et cet esclave, c'est moi [1] ! »

———

[1]. *Note de Grimm.* Lorsque l'auteur aura appris aux peuples comment on empêche un mauvais roi de faire le mal, ils ne lui demanderont pas peut-être comment on empêche les bons rois de faire le bien, quoique ce secret soit trouvé dans quelques pays.

———

Il y a dans toute administration bien entendue deux parties très-distinctes à considérer, l'un relative à la masse des individus qui composent une société, comme la sûreté générale et la tranquillité intérieure, le soin des armées, l'entretien des forteresses, l'observation des lois ; c'est une pure affaire de police. Sous ce point de vue, tout gouvernement a et doit avoir la forme et la rigidité monastiques ; le souverain, ou celui qui le représente, est un supérieur de couvent. Mais dans un monastère tout est à tout, rien n'est individuellement à personne, tous les biens forment une propriété commune ; c'est un seul animal à vingt, trente, quarante, mille, dix mille têtes. Il n'en est pas ainsi d'une société civile ou politique : ici chacun a sa tête et sa propriété, une portion de la richesse générale dont il est maître et maître absolu, sur laquelle il est roi, et dont il peut user ou même abuser à discrétion. Il faut qu'un particulier puisse laisser sa terre en friche, si cela lui convient, sans que ni l'administration ni la police s'en mêle. Si le maître se constitue juge de l'abus, il ne tar-

dera pas à se constituer juge de l'us, et toute véritable
notion de propriété et de liberté sera détruite. S'il peut
exiger que j'emploie ma chose à sa fantaisie, s'il inflige
des peines à la contravention, à la négligence, à la
folie, et cela sous prétexte de l'utilité générale et publique, je ne suis plus maître absolu de ma chose, je n'en
suis que l'administrateur au gré d'un autre. Il faut
abandonner à l'homme en société la liberté d'être un
mauvais citoyen en ce point, parce qu'il ne tardera
pas à en être sévèrement puni par la misère, et par le
mépris plus cruel encore que la misère. Celui qui brûle
sa denrée, ou qui jette son argent par la fenêtre, est
un stupide trop rare pour qu'on doive le lier par des
lois prohibitives; et ces lois prohibitives seraient trop
nuisibles par leur atteinte à la notion essentielle et sacrée de la propriété. La partie de police n'est déjà pour
le maître qu'une occasion trop fréquente d'abuser du
prétexte de l'utilité générale, sans lui donner un second
prétexte d'abuser de cette notion par voie d'administration. Partout où vous verrez chez les nations l'autorité souveraine s'étendre au-delà de la partie de
police, dites qu'elles sont mal gouvernées. Partout où
vous verrez cette partie de police exposer le citoyen à
une surcharge d'impôts, en sorte qu'il n'y ait aucun
reviseur national du livre de recette et de dépense de
l'intendant ou souverain, dites que la nation est ex-
posée à la déprédation. O redoutable notion de l'utilité
publique! Parcourez les temps et les nations, et cette
grande et belle idée d'utilité publique se présentera à
votre imagination sous l'image symbolique d'un Hercule

qui assomme une partie du peuple aux cris de joie et aux acclamations de l'autre partie, qui ne sent pas qu'incessamment elle tombera écrasée sous la même massue aux cris de joie et aux acclamations des individus actuellement vexés. Les uns rient quand les autres pleurent; mais la véritable notion de la propriété entraînant le droit d'us et d'abus, jamais un homme ne peut être la propriété d'un souverain, un enfant la propriété d'un père, une femme la propriété d'un mari, un domestique la propriété d'un maître, un nègre la propriété d'un colon. Il ne peut donc y avoir d'esclave, pas même par le droit de conquête, encore moins par celui de vente et d'achat. Les Grecs ont donc été des bêtes féroces contre lesquels leurs esclaves ont pu en toute justice se révolter. Les Romains ont donc été des bêtes féroces dont leurs esclaves ont pu s'affranchir par toutes sortes de voies, sans qu'il y en ait eu aucune d'illégitime. Les seigneurs féodaux ont donc été des bêtes féroces dignes d'être assommées par leurs vassaux. Voilà donc le vrai principe qui brise les portes de tout asile civil ou religieux où l'homme est réduit à la condition de la servitude; il n'y a ni pacte ni serment qui tiennent. Jamais un homme n'a pu permettre par un pacte ou par un serment à un autre homme, quel qu'il soit, d'user et d'abuser de lui. S'il a consenti ce pacte ou fait ce serment, c'est dans un accès d'ignorance ou de folie, et il en est relevé au moment où il se connaît, au revenir à sa raison. Comme toutes les vérités s'enchaînent! La nature de l'homme et la notion de la propriété concourent à l'affranchir, et la liberté conduit l'individu et la société au plus grand bonheur qu'ils puissent désirer. Je dis la liberté, qu'il ne faut non plus confondre avec la licence que la police d'un État avec son administration. La police obvie à la licence; l'administration assure la liberté [1].

----

1. *Note de Grimm.* La plupart des raisonnemens politiques seraient d'une prodigieuse utilité s'il était reçu que le fort s'y conformera sans difficulté, du moment qu'il en aura compris l'enchaînement. Malheureusement cela ne se passe pas tout-à-fait ainsi. Le despote, s'il a de l'esprit, laisse bavarder le philosophe; et s'il aime l'éloquence, il trouve son bavardage beau; mais s'il est sot, il vexe et châtie de mille manières le philosophe, qui s'est fait avocat des peuples sans son aveu. Mais quelque tournure que prenne le despote à l'égard de l'avocat, la loi éternelle s'exécute toujours, et elle veut que le faible soit la proie du fort. Or, la faiblesse est l'apanage des peuples par le défaut de concert dans les volontés et dans les mesures. L'homme résolu, entreprenant, ferme, actif, adroit, subjugue la multitude aussi sûrement, aussi nécessairement qu'un poids de cinquante livres entraîne un poids de cinquante onces. S'il ne réussit pas, c'est qu'il a rencontré dans le parti de l'opposition un homme de sa trempe, qui entraîne la multitude de son côté; alors les résultats sont conformes à la complication des contre-poids qui agissent et réagissent les uns sur les autres; mais le calcul de ces résultats serait toujours rigoureux, si l'on en pouvait connaître les élémens. Les déclamations des philosophes contre l'esclavage, en portant notre vue sur l'étendue de notre globe ou dans la durée des siècles, confirment seulement les bons esprits dans la triste opinion que les trois quarts du genre humain sont nés avec le génie de la servitude. Il y a des oiseaux qui ne supportent pas la cage vingt-quatre heures; ils meurent. Ceux-là restent libres, parce qu'on n'en peut tirer aucun parti, ni d'agrément, ni d'utilité. Il n'existe pas d'autre

frein contre l'esclavage. Quand vous dites aux esclaves qu'ils peuvent se révolter en toute justice, vous ne leur apprenez rien, ni à leurs oppresseurs non plus. Les premiers, prêchés on non par les philosophes, n'y manquent jamais quand ils le peuvent, et ils le peuvent toutes les fois que l'oppresseur manque de force, quelle qu'en soit la cause, pour les contenir, ou que l'oppression devient assez intolérable pour rendre les risques de la révolte égaux à l'état habituel de l'esclave. La cause du genre humain est donc désespérée et sans ressource? Hélas, je le crains! Le seul baume qui calme et adoucisse les maux de tant de plaies profondes, c'est que le sort accorde de temps en temps, par-ci par-là, à quelque peuple, un prince vertueux et éclairé, une de ces ames privilégiées qui, enivrée de la plus belle et de la plus douce des passions, celle de faire le bien, se livre à ses transports sans réserve. Alors tout respire, tout prospère, le siècle d'or naît, et les malheureux oublient pour un moment leurs calamités et leurs misères passées.

Sur les cruautés exercées par les Espagnols en Amérique.

A Paris, ce 15 sepembre 1772.

Est-ce la soif de l'or, le fanatisme, le mépris pour des mœurs simples? ou est-ce la férocité naturelle de l'homme renaissant dans des contrées éloignées où elle n'était enchaînée ni par la frayeur des châtimens, ni par aucune sorte de honte, ni par la présence de témoins policés, qui dérobait aux yeux des Européens l'image d'une organisation semblable à la leur, base primitive de la morale, et qui les portait sans remords à traiter leurs frères nouvellement découverts comme

ils traitaient les bêtes sauvages de leur pays? Quelles
étaient les fonctions habituelles de ces premiers voyageurs? La cruauté de l'esprit militaire ne s'accroît-elle
pas en raison des périls qu'on a courus, de ceux que
l'on court, et de ceux qui restent à courir? Le soldat
n'est-il pas plus sanguinaire à une grande distance que
sur les frontières de sa patrie? Le sentiment de l'humanité ne s'affaiblit-il pas à mesure qu'on s'éloigne du
lieu de son séjour? Ces hommes qu'on prit dans le premier moment pour des dieux, ne craignirent-ils pas
d'être démasqués et exterminés? Malgré toutes les démonstrations de bienveillance qu'on leur prodiguait,
ne s'en méfièrent-ils pas? N'était-il pas naturel qu'ils
s'en méfiassent? Ces causes séparées ou réunies ne suf-
fisent-elles pas à expliquer les fureurs des Espagnols
dans le Nouveau-Monde? Nous sommes bien éloignés
du dessein de les excuser; mais n'ont-elles pas toutes
été entraînées peut-être par la fatalité d'un premier
moment? La première goutte de sang versée, la sécurité n'exigea-t-elle pas qu'on le répandît à flots? Il
faudrait avoir été soi-même du nombre de cette poignée d'hommes enveloppée d'une multitude innombrable d'indigènes dont elle n'entendait pas la langue,
et dont les mœurs et les usages lui étaient inconnus,
pour en bien concevoir les alarmes et tout ce que des
terreurs bien ou mal fondées pouvaient inspirer. Mais
le phénomène incompréhensible, c'est la stupide barbarie du gouvernement qui approuvait tant d'horreurs
et qui stipendiait des chiens exercés à poursuivre et à dé-
vorer des hommes. Le ministère espagnol était-il bien

persuadé que ces hommes sentaient, pensaient, marchaient à deux pieds comme les Espagnols [1] ?

Du goût antiphysique des Américains.

Mais la faiblesse physique, loin d'entraîner à cette sorte de dépravation, en éloigne. Je crois qu'il en faut chercher la cause dans la chaleur du climat, dans le mépris pour un sexe faible, dans l'insipidité du plaisir entre les bras d'une femme harassée de fatigues, dans l'inconstance du goût, dans la bizarrerie qui pousse en tout à des jouissances moins communes, dans une recherche de volupté plus facile à concevoir qu'honnête à expliquer, peut-être dans une conformation d'organes qui établissait plus de proportion entre un homme et un homme américains, qu'entre un homme américain et une femme américaine; disproportion qui développerait également et le dégoût des Américains pour leurs femmes et le goût des Américaines pour les Européens. D'ailleurs ces chasses, qui séparaient quelquefois pendant des mois entiers l'homme de la femme, ne tendaient-elles pas à rapprocher l'homme de l'homme? Le reste n'est plus que la suite d'une passion générale et violente qui foule aux pieds, même dans les contrées policées, l'honneur, la vertu, la décence, la probité, les lois du sang, le sentiment patriotique, parce que la nature, qui a tout ordonné pour la conservation

---

1. On sait que les dogues dressés et exercés à déchirer les Américains étaient enrôlés, qu'ils avaient leurs noms de guerre, et qu'ils recevaient une solde de la cour d'Espagne.   (*Note de l'auteur.*)

de l'espèce, a peu veillé à celle des individus; sans
compter qu'il est des actions auxquelles les peuples policés ont avec raison attaché des idées de moralité tout-
à-fait étrangères à des sauvages.

De l'Anthropophagie.

L'anthropophagie est aussi le penchant ou la maladie
dont quelques individus bizarres sont attaqués, même
parmi les sauvages les plus doux. Ces espèces d'assassins
ou de maniaques, comme il vous plaira de les nommer,
se retirent de leur horde, se cantonnent seuls dans un
coin de forêt, attendent le passant, comme le chasseur
ou le sauvage même attendrait une bête à la rentrée
ou à l'affût, le tirent, le tuent, se jettent sur le cadavre
et le dévorent.

Lorsque ce n'est pas une maladie, je crois que l'essai
de la chair humaine dans les sacrifices des prisonniers,
et la paresse, peuvent être comptés parmi les causes de
cette anthropophagie particulière. L'homme policé vit
de son travail, l'homme sauvage vit de sa chasse. Voler
parmi nous est la manière la plus courte et la moins
pénible d'acquérir; tuer son semblable et le manger,
quand on le trouve bon, est la chasse la moins pénible
d'un sauvage : on a bien plus tôt tué un homme qu'un
animal. Un paresseux veut avoir parmi nous de l'argent
sans prendre la fatigue de le gagner, chez les sauvages un paresseux veut manger sans se donner la peine
de chasser; et le même vice conduit l'un et l'autre à un
même crime ; car partout la paresse est une anthropophagie. Et sous ce point de vue, l'anthropophagie est

encore plus commune dans la société qu'au fond des forêts du Canada. S'il est jamais possible d'examiner ceux d'entre les sauvages qui se livrent à l'anthropophagie, je ne doute point qu'on ne les trouve faibles, lâches, paresseux, dominés des vices de nos assassins et de nos mendians.

Nous savons que si l'opulence est la mère des vices, la misère est la mère des crimes, et ce principe n'est pas moins vrai dans les bois que dans les cités. Quelle est l'opulence du sauvage? L'abondance de gibier autour de sa retraite. Quelle est sa misère? La disette du gibier. Quels sont les crimes inspirés par la disette? Le vol et l'assassinat. L'homme policé vole et tue pour vivre, le sauvage tue pour manger.

Lorsque c'est une maladie, interrogez le médecin, il vous dira qu'un sauvage peut être attaqué d'une faim canine, ainsi qu'un homme policé. Si ce sauvage est faible, et si ses forces ne peuvent suffire à la fatigue que son besoin de manger continu exigerait, que fera-t-il? Il tuera et mangera son semblable. Il ne peut chasser qu'un instant, et il veut toujours manger.

Il est une infinité de maladies et de vices de conformation naturelle qui n'ont aucune suite fâcheuse, ou qui ont des suites toutes différentes dans l'état de société, et qui ne peuvent conduire le sauvage qu'à l'anthropophagie, parce que la vie est le seul bien du sauvage.

Tous les vices moraux qui conduisent l'homme policé au vol doivent conduire le sauvage au même résultat, le vol : or, le seul vol qu'un sauvage soit tenté de faire, c'est la vie d'un homme qu'il trouve bon à manger.

Court essai sur le caractère de l'homme sauvage.

L'homme sauvage doit être jaloux de sa liberté. L'oiseau pris au filet se casse la tête contre les barreaux de sa cage. On n'a point encore vu un sauvage quitter le fond des forêts pour nos cités, et il n'est pas rare que des hommes policés les aient quittées pour embrasser la vie sauvage.

L'homme sauvage doit garder un ressentiment profond de l'injure. C'est à son cœur et à sa force qu'il en appelle. Le ressentiment supplée à la loi qui ne le venge pas.

L'homme sauvage ne doit avoir aucune idée de la pudeur qui rougit de l'ouvrage de la nature.

L'homme sauvage connaît peu la générosité et les autres vertus produites à la longue, chez les nations policées, par le raffinement de la morale.

L'homme sauvage, dont la vie est ou fatigante ou insipide, et les idées très-bornées, doit faire peu de cas de la vie, et moins encore de la mort.

L'homme sauvage ignorant et peureux doit avoir sa superstition.

L'homme sauvage qui reçoit un bienfait de son égal qui ne lui doit rien, doit en être très-reconnaissant.

Le baron de Dieskau fait emporter un sauvage qui était resté blessé sur le champ de bataille; il le fait soigner. Le sauvage guérit. « Tu peux à présent, lui dit son bienfaiteur, aller retrouver les tiens.—Je te dois la vie, lui répond le sauvage; je ne te quitte plus. » Ce sauvage le suivit; il couchait à la porte de sa tente; il y mourut.

L'homme sauvage doit se soumettre sans peine à la raison, parce qu'il n'est entêté d'aucun préjugé, d'aucun devoir factice.

Des sauvages poursuivis par leurs ennemis, emportaient un vieillard sur leurs épaules. Ce fardeau ralentissait leur fuite. Le vieillard leur dit : « Mes enfans, vous ne me sauverez pas, et je serai la cause de votre perte; mettez-moi à terre. — Tu as raison, » lui répondirent-ils, et ils le mirent à terre.

Le fils de Saint-Pierre, gouverneur de Québec, suit une femme sauvage dont il était amoureux. Il en a des enfans. Il passe vingt ans avec elle. Le souvenir de son père et de sa famille lui est rappelé, ou lui revient. Il s'attriste. Sa femme s'en aperçoit, et lui dit: « Qu'as-tu? — Mon père, ma mère, lui répond Saint-Pierre en soupirant. — Eh bien ! mon ami, lui dit sa femme, va-t'en, si tu t'ennuies. »

Cette femme avait un frère qu'elle aimait tendrement; un jour il disparut de la cabane. Le premier jour, sa sœur s'attrista; le second, elle se mit à pleurer; le troisième, elle refusa de manger. Saint-Pierre, impatienté, prit ses armes, et sortit pour tâcher de découvrir le frère de sa femme. Il rencontra sur son chemin une horde de sauvages qui lui demandèrent où il allait. « Je vais chercher mon frère. — Et ton frère, comment est-il ? » Saint-Pierre donne le signalement de son frère. Les sauvages lui dirent : « Retourne sur tes pas; ton frère mange les hommes. Tiens, il habite ce coin de forêt que tu vois là-bas. Il a un chien qui l'avertit des passans, et il les tue. Retourne sur tes pas, car il te tuera. « Saint-Pierre continue son chemin, arrive à l'endroit où son frère était embusqué. La voix du chien se fait entendre. Il regarde. Il aperçoit la tête et le fusil de son frère. Il crie : « C'est moi, c'est ton frère, ne tire pas. «L'anthropophage tire. Saint-Pierre le poursuit. Désespérant de l'atteindre, il lui lâche son coup de fusil et le tue. Cela fait, il revient à la cabane. Sa femme, en l'apercevant, lui crie : « Et mon frère?—Ton frère, lui dit Saint-Pierre, était anthropophage. Il m'a tiré, il m'a manqué. Je l'ai poursuivi, je l'ai tiré ; je l'ai tué.» Sa femme lui répondit : «Donne-moi à manger.»

Un prisonnier sauvage est adopté dans une cabane. On s'aperçoit qu'il est estropié d'une main. On lui dit : « Tu vois bien que tu nous es inutile ; tu ne peux nous servir ni nous défendre. — Il est vrai. — Il faut que tu sois mangé. — Il est vrai. — Mais nous t'avons adopté, et nous espérons que tu mourras bravement. —Vous pouvez y compter. »

Cet enthousiasme qui aliène l'homme de lui-même, et qui le rend impassible, rare parmi nous, est commun chez le sauvage.

L'homme sauvage est-il plus ou moins heureux que l'homme policé? Peut-être n'est-il pas donné à l'homme d'étendre ou de restreindre la sphère de son bonheur ou de son malheur. Quoi qu'il en soit, si l'on considère l'homme comme une machine que la peine et le plaisir détruisent alternativement, il est un terme de comparaison entre l'homme sauvage et l'homme policé, c'est la durée. La vie moyenne de l'homme sauvage est-elle plus ou moins longue que celle de l'homme policé ? La vie la plus fatiguée est la plus misérable et la plus courte, quelles que soient les causes qui l'abrègent. Or, je crois que la vie moyenne de l'homme policé est plus longue que celle de l'homme sauvage.

RÉVERIES A L'OCCASION DE LA RÉVOLUTION DE SUÈDE EN 1772[1].

Une nation pauvre est presque nécessairement belliqueuse. Sa pauvreté, dont le fardeau l'importune sans cesse, lui inspire tôt ou tard le désir de s'en délivrer; et ce désir devient avec le temps l'esprit général de la nation et le ressort du gouvernement. La Suède est un pays pauvre.

Ce caractère belliqueux se fortifie, ou s'affaiblit par la position géographique. Il s'affaiblit, si la nation peut s'étayer de la protection, de l'alliance et des secours des puissances voisines. Il se fortifie, si cette ressource lui manque, si, continuellement pressée par des voisins ennemis, son existence et sa sécurité sont précaires. Alors elle est contrainte d'avoir toujours les armes à la main. La Suède est menacée depuis des siècles par le Danemarck et la Russie, et la menace des Russes est devenue, depuis le czar Pierre Ier, de plus en plus redoutable.

Pour que le gouvernement d'un pays, tel que celui que je peins, passe rapidement de l'état d'une monar-

---

1. Ce morceau si remarquable offrait des applications trop frappantes pour ne pas être supprimé en 1813. Le nom de l'auteur n'est pas indiqué, et la note, un peu sévère, de Grimm prouve suffisamment que ces *Rêveries* ne sont point de son ami Diderot. Mais, de quelque part qu'elles lui soient venues, on ne pourra s'empêcher d'y reconnaitre un penseur profond et judicieux.

chie tempérée à l'état du despotisme le plus illimité, il ne lui faut que quelques souverains de suite heureux à la guerre. Le maître, fier de ses triomphes, se croit tout permis, ne connaît plus de loi que sa volonté; et ses soldats qu'il a conduits tant de fois à la victoire, prêts à le servir envers et contre tous, deviennent par leur dévouement la terreur de leurs concitoyens et les vrais fabricateurs des chaînes de leur pays. Les peuples, de leur côté, n'osent refuser leurs bras à ces chaînes, qui leur sont présentées par celui qui joint à l'autorité de son rang celle qu'il tient de la reconnaissance et de l'admiration dues à ses succès. C'est l'histoire de la Suède que je fais.

Le joug imposé par le monarque guerrier et victorieux pèse sans doute, mais on n'ose le secouer. Il s'appesantit sous des successeurs qui n'ont pas le même droit à la patience de leurs sujets. Il ne faut alors qu'un grand revers pour abandonner le despote à la merci de son peuple. Alors ce peuple, indigné de sa longue souffrance, ne manque guère de profiter du moment de disgrace de la fortune pour rentrer dans ses droits. Mais, comme il n'a ni vues, ni projets, il passe en un clin d'œil de l'esclavage à l'anarchie. Au milieu de ce tumulte général on n'entend qu'un cri, c'est liberté! Mais comment s'assurer ce bien précieux? On l'ignore; et voilà la nation divisée en diverses factions mues par différens intérêts. Tel a été le sort de la Suède.

Entre ces factions, s'il en est une qui désespère de prévaloir, elle se détache, elle oublie le bien général; et, plus jalouse de nuire aux factions opposées que de servir la patrie, elle se range autour du souverain. A l'instant il n'y a plus que deux partis dans l'État, distingués par deux noms qui, quels qu'ils soient, ne signifient jamais que royalistes et anti-royalistes. C'est alors le moment des grandes secousses; c'est le moment des complots; c'est le moment ou du triomphe, ou de la ruine entière de l'autorité souveraine. Ces principes sont généraux; mais l'application en est facile à la Suède.

Quel est alors le rôle des puissances voisines? Tel qu'il a toujours été dans tous les temps et dans toutes les contrées. C'est de semer des ombrages entre les sujets et le maître; c'est de soutenir les peuples, troupeau toujours désuni, dont elles n'ont rien à redouter tant qu'il n'aura point de chef; c'est d'irriter les anti-royalistes; c'est de leur suggérer tous les moyens d'abaisser, d'avilir, d'anéantir la souveraineté, c'est de corrompre ceux mêmes qui se sont rangés autour du trône; c'est de faire adopter quelque forme d'administration également nuisible et à tout le corps national qu'elle perd sous prétexte de travailler à sa liberté, et au souverain dont elle réduit les prérogatives à rien. Le roi de Suède n'avait pas seulement le choix des personnes de son service, il n'avait pas même le pouvoir de renvoyer un officier subalterne de sa maison.

Alors le monarque trouve autant d'autorités opposées à la sienne qu'il y a d'ordres différens dans l'État. Alors sa volonté n'est rien sans le concours de ces différentes volontés. Alors il faut qu'il assemble, qu'il propose, qu'on délibère sur la chose de la moindre importance. Alors on lui donne des tuteurs, comme à un pupille imbécile; et ces tuteurs sont toujours des hommes sur la malveillance desquels il peut compter.

Un roi de Suède ne pouvait rien sans la participation du sénat.

Quel est alors l'état de la nation? Qu'a produit l'influence des puissances étrangères? Elle a tout confondu, tout bouleversé, tout séduit par son argent et par ses menées. A l'origine des divisions, le sang des bons et des mauvais citoyens avait été également versé, parce que c'était un moyen d'exercer toutes sortes de haines particulières; dans la suite, il faut n'être rien, ou se vendre à l'étranger. On se vend donc. Il n'y a plus qu'un parti; c'est le parti de l'étranger. Il n'y a plus que des factieux hypocrites. Le royalisme est une hypocrisie, l'anti-royalisme en est une autre; ce sont deux marques diverses de l'ambition et de la cupidité. La nation n'est plus qu'un amas d'ames dégradées et vénales. Presque sûr de toutes les voix, il n'y a point de projets, si extravagans qu'ils soient, que l'étranger n'ose proposer, et qu'il ne puisse se promettre de faire adopter. On a dit aux Suédois, démolissez vos fortifications, et ils ont été sur le point de le faire.

Alors cette noblesse, qui avait su conserver dans une chaumière et sous ses haillons une fierté qu'elle avait tétée avec le lait, tombe dans le dernier degré d'avilissement; elle ne sent plus. Les ordres inférieurs partagent cette corruption. Si un député à la diète se présente à la table d'un ambassadeur étranger, et qu'il n'y ait plus de place pour lui, on le tire dans une embrasure de fenêtre, on lui met un petit écu dans la main, et il va chercher son dîner à la taverne. On dit que cela s'est vu quelquefois à Stockholm.

Le sort d'une nation réduite à cette extrémité de

honte et de déshonneur n'est pas difficile à deviner. Il faut que les puissances étrangères et ennemies qui l'ont corrompue soient trompées dans leurs espérances. Elles ne se sont pas aperçues qu'elles en faisaient trop, que peut-être même elles faisaient tout le contraire de ce qu'une politique plus profonde leur aurait dicté; qu'elles coupaient le nerf national, tandis que tous leurs efforts ne faisaient que tenir courbé le nerf de la souveraineté; et que ce nerf venant un jour à se redresser avec toute l'impétuosité de son ressort, il ne rencontrerait aucun obstacle capable de l'arrêter; qu'il ne fallait qu'un homme et un instant pour produire cet effet inattendu, mais inévitable.

Il est venu cet instant, il s'est montré cet homme; et tous ces lâches de la création des puissances étrangères se sont prosternés devant lui. Il a dit à ces hommes qui se croyaient tout : Vous n'êtes rien; et ils ont répondu : Nous ne sommes rien. Il leur a dit : Je suis le maître; et ils ont répondu unanimement : Vous êtes le maître. Il leur a dit : Voilà les conditions sous lesquelles je veux vous soumettre; et ils ont répondu : Nous les acceptons. A peine s'est-il élevé une voix qui ait réclamé.

Quelles seront les suites de cette révolution? Je l'ignore. Si le maître veut profiter de la circonstance, jamais la Suède n'aura été gouvernée par un despote plus absolu. S'il est sage, s'il conçoit que la souveraineté illimitée ne peut avoir de sujets, parce qu'elle ne peut avoir de propriétaires; qu'on ne commande qu'à ceux qui ont quelque chose; et que l'autorité n'a point de prise sur ceux qui ne possèdent rien, la nation reprendra peut-être son premier esprit. Quels que soient son caractère et ses projets, la Suède ne sera jamais plus malheureuse qu'elle l'était [1].

---

1. *Note de Grimm.* Je n'aime pas trop ces ébauches de théories politiques *à priori*, quoique l'autorité du président de Montesquieu, qui les affectionnait particulièrement, soit en leur faveur. Il me semble toujours que si l'auteur qui procède par cette méthode n'avait pas connaissance des événemens historiques *à posteriori*, les principes dont il prétend les déduire ne lui en feraient pas deviner un seul; preuve évidente que ces principes sont faits à la main et après coup, qu'ils sont plus ingénieux que solides, et qu'ils ne sont pas les véritables ressorts du jeu qu'on leur attribue. Ne serait-il pas plus sage et plus instructif de conter les grands événemens tout simplement comme ils sont arrivés, d'en indiquer les causes particulières, parce qu'elles sont presque toujours évidentes, et de laisser là les principes généraux dont l'influence n'est jamais certaine, puisque la plus petite cause particulière qu'elle rencontre peut l'arrêter et même l'empêcher entièrement? En fait de politique, rien n'arrive deux fois de la même manière, et un principe qui n'est vrai qu'une fois n'est pas un principe.

SUR L'OUVRAGE DE J.-J. ROUSSEAU, INTITULÉ : *Considérations sur le Gouvernement de Pologne.*

Janvier 1773.

J'ai eu l'occasion de lire l'ouvrage que Jean-Jacques Rousseau a composé sur la Pologne, et qu'il a intitulé : *Considérations sur le Gouvernement de Pologne et sur la Réformation projetée.* Il a été écrit en avril

1772, à la sollicitation de M. le comte de Wielhorski, qui a long-temps ménagé auprès de la cour de France les intérêts de la confédération. Comme cet ouvrage ne verra vraisemblablement pas si tôt le jour, et qu'il ne peut manquer de piquer la curiosité dans les circonstances actuelles, je pense que vous ne serez pas fâché d'en trouver ici une idée.

Il est divisé en quinze chapitres, dont le premier porte le titre : *État de la Question.*

M. Rousseau commence par remercier M. le comte de Wielhorski du tableau du gouvernement de Pologne qu'il a tracé, et des réflexions qu'il y a jointes pour le mettre en état de faire son ouvrage. Il ajoute, par forme de compliment, que personne ne serait plus capable que ce seigneur lui-même de former un plan régulier pour la refonte du gouvernement polonais; une bonne institution pour la Pologne ne peut être que l'ouvrage d'un Polonais : mais enfin, M. Rousseau se rend aux instances de M. le comte de Wielhorski, et au zèle qu'il sent pour la nation polonaise, qui lui paraît concentrée tout entière dans les confédérés dont la vertu et le patriotisme le transportent d'admiration.

En entrant en matière et en se rappelant l'histoire de Pologne, l'auteur est surpris qu'un Etat si bizarrement constitué ait pu subsister si long-temps. Une nation à la merci de quiconque veut l'entamer, qui tombe en paralysie cinq ou six fois chaque siècle, et qui, malgré tout cela, vit et se conserve en vigueur, lui paraît un prodige unique. Il voit tous les États de l'Europe courir à leur ruine, et menacés d'une mort prochaine, et c'est avoir une vue d'aigle; la Pologne seule dépeu-

plée, dévastée, opprimée, au fort de ses malheurs et
de son anarchie, lui paraît montrer encore tout le feu
de la jeunesse. Elle ose demander un gouvernement et
des lois, comme si elle ne faisait que naître! Elle est
dans les fers et discute les moyens de se conserver libre!
C'est, suivant M. Rousseau, Rome assiégée, qui afferme
tranquillement les terres sur lesquelles l'ennemi venait
d'asseoir son camp. Il est vrai que ce magnifique tableau
perd un peu de son éclat quand on le regarde sans les
lunettes de M. Rousseau. Nous autres corrompus
de Paris, par exemple, nous ne pouvons en être sé-
duits à un certain point. Nous voyons la république
de Pologne nulle par ses divisions et à la merci de
ses voisins, comme elle l'a presque toujours été, tandis
qu'un de ses sénateurs, après avoir manœuvré avec
plus ou moins de succès à Varsovie, à Pétersbourg
et à Versailles, monte de son autorité privée dans un
quatrième de la rue Plâtrière pour commander une
nouvelle constitution de la Pologne à un ex-Lycurgue
de Genève, sans autre pouvoir que celui dont il s'est
revêtu lui-même, sans autre avantage que celui de partager la lecture de la nouvelle législation avec quelques
oisifs de Paris qui n'influeront pas plus sur le sort de
la Pologne que l'assemblée de Landshut. Tout homme
peut avoir la fantaisie de se faire tracer un gouvernement et des lois dans la rue Plâtrière, et de discuter
avec M. Rousseau les moyens de se conserver libre,
après avoir joué du violon, sans qu'il en résulte le
moindre profit pour le salut de sa patrie. Lorsque
Paoli s'adressa à cet écrivain célèbre et voulut avoir
un code pour la Corse, c'était du moins le chef de la

nation qui demandait des lois, qu'il pouvait proposer
aux siens et faire revêtir de la sanction nécessaire.
Toutefois, si Lycurgue se fût adressé à un beau par-
leur d'Athènes pour se faire dicter une législation, je
doute que le couvent de Sparte eût été bien fondé; et
depuis que j'ai vu Paoli en Angleterre, bavard, fla-
gorneur, léger, souple et frivole comme un homme de
bonne compagnie, j'ai quelque soupçon que l'honneur
de fonder le couvent de Corse n'était pas de son ressort. Quant à M. Rousseau, on m'a assuré qu'il était
dans la persuasion intime que M. le duc de Choiseul n'a
entrepris la guerre de Corse que pour l'empêcher de
faire son code.

Pour revenir de la Corse en Pologne, M. Rousseau
conseille, très-sagement à mon avis, de procéder avec
beaucoup de circonspection dans la refonte du gouvernement polonais. Il ne veut pas que les choses restent
dans l'état où elles sont, mais il croit qu'il faut corriger
et réparer sans abattre et renverser. Prévoir et cal-
culer tous les abus à venir, est chose impossible. Faire
des lois dont les passions des hommes n'abusent pas,
est chose chimérique. Pour rendre une constitution
bonne et solide, il faut faire en sorte que la loi règne
sur les cœurs des citoyens. Mais comment arriver aux
cœurs? Non par la force, non par les châtimens, non
par les récompenses, non par la justice qui n'inspire
point d'enthousiasme, et dont, comme de la santé, on
ne sent le prix qu'après l'avoir perdue; mais par des
jeux d'enfans, par des institutions oiseuses aux yeux
des hommes superficiels, mais formant des habitudes
chéries et des attachemens invincibles. Voilà le plan sur

lequel M. Rousseau va établir sa réforme de la constitution polonaise.

Avant de le suivre dans l'exécution de ce plan, il faut que je dise mon sentiment sur l'état de la question.

Les hommes en général ne sont pas plus faits pour la liberté que pour la vérité, quoiqu'ils aient ces deux mots sans cesse dans la bouche. L'un et l'autre de ces biens inestimables appartiennent à l'élite du genre humain, sous la condition expresse d'en jouir sans trop s'en vanter. Le reste est né pour la servitude et pour l'erreur; son génie l'y porte et l'y tient invinciblement enchaîné. Lisez l'histoire, et vous en demeurerez convaincu.

Un gouvernement libre est un pur résultat de géographie, tant physique que politique. La liberté se nichera dans les montagnes, parce qu'elles sont inaccessibles; elle se conservera dans les îles, parce qu'elles sont circonscrites; elle subsistera dans un petit État, si le hasard l'a placée entre deux ou trois grandes puissances jalouses de leur agrandissement respectif; leur jalousie réciproque fera son salut. Aplanissez les montagnes de la Suisse, qu'elle ne soit plus adossée aux Alpes, et vous verrez combien il faudra de temps aux maisons de Bourbon, d'Autriche et de Savoie, pour se la partager. Joignez la Grande-Bretagne au continent par une chaussée de deux lieues de largeur, et vous aurez rendu le roi de cette île heureuse aussi absolu que les autres monarques de l'Europe. Transportez Genève au milieu du Poitou, et vous en aurez fait une ville aussi libre et aussi florissante que Poitiers et Châtellerault. La liberté politique en plaine est une chimère.

L'homme de la plaine ne saurait avoir le courage, le

nerf, la force d'esprit et de corps de l'homme de la montagne, la sauvagerie et la fierté de l'insulaire. Il aura de l'industrie, de l'activité, mais il n'aura pas ce cou roide et inflexible qui ne peut recevoir le joug.

En consultant la position physique et politique de la Pologne d'après ces principes clairs, éternels et immuables, on trouve qu'elle n'a jamais pu être libre. Tant que ses voisins ont vécu dans l'anarchie comme elle, elle a dû jouir de son indépendance ; mais dès que les gouvernemens voisins se sont formés sans qu'elle ait pu régler le sien, la Pologne a commencé à dépendre de l'influence des étrangers. Elle a eu ses momens de gloire et même ses accès de patriotisme, lorsque des rois *piastes*[1] ont eu assez de crédit et d'autorité pour étouffer les haines et jalousies intestines, assez d'habileté et de fortune pour se faire un appui de la défiance réciproque des puissances voisines ; mais toujours à la merci des étrangers, elle n'a conservé l'intégrité de ses possessions si long-temps, que parce qu'il fallait une conjoncture unique pour que ses voisins convinssent entre eux d'un partage à l'amiable. Mais la liberté polonaise n'a jamais été qu'anarchie féodale, de même que la liberté suédoise était naguère l'oligarchie d'un parti ambitieux, soutenue par des voisins intéressés au néant de ce peuple, et a été changée depuis peu en vraie liberté[2], c'est-à-dire en soumission pure et simple au pouvoir monarchique. Si les mots pouvaient changer l'essence des choses, le mensonge aurait pris de-

---

1. Expression, particulière à la Pologne, pour désigner les anciennes maisons, parmi lesquelles on pouvait élire un roi. *Piaste* est, comme le mot français *indigène*, opposé à *étranger*.

2. Aveu remarquable et digne de la méditation des sages.

puis long-temps la place de la vérité. Mais les mots
feront éternellement des dupes, et c'est le sort des
hommes de s'en laisser imposer, depuis le philosophe
le plus convaincu de sa supériorité jusqu'à l'imbécile le
plus crédule. Le chapitre de l'abus des mots est long
en philosophie, en morale et en politique, et sera toujours inutile.

La Pologne ouverte de tous côtés, sans aucune défense naturelle, entourée de voisins qui devaient empêcher de toutes leurs forces qu'un si puissant royaume
ne parvînt à connaître la sienne, soumise à la forme
élective qui, admettant des candidats étrangers, ouvre
la porte à des brigues perpétuelles, et met un obstacle peut-être invincible à la fin de l'anarchie; la Pologne, ainsi située et ainsi constituée, n'a jamais pu
avoir les mœurs et le caractère de la liberté. Une nation partagée en grands et en serfs, dont les uns ne
connaissent que l'orgueil de leur naissance, de leur
rang, de leurs richesses, et dont les autres ne peuvent
regarder leur sort qu'en gémissant, et leur patrie qu'avec
indifférence; une telle nation peut avoir des qualités
brillantes et aimables, un luxe effréné, de la superstition, de la bravoure, de la souplesse, mais n'aura
jamais, des qualités républicaines, que ce qu'il faut d'é-
loquence pour faire de vaines harangues.

Il est donc un peu ridicule et honnêtement chimérique de donner un code et un esprit républicains à
un peuple qui ne peut avoir que l'esprit féodal et des
lois sans force. Il est encore plus ridicule de faire le
Solon pour une nation qui ne vous demande pas votre
avis, et qui, fussiez-vous aussi avisé que M. Thibau-

dois, ne saurait en profiter. Mais il est du dernier ridicule de voir la nation dans ce ramas de **toutes**
sortes d'aventuriers, d'intrigans et de brigands qui,
encouragés par le fanatisme des moines et l'imbécillité
du peuple, soutenus par l'ambition ouverte ou **secrète**
de plusieurs magnats, se sont qualifiés de **confédérés** ;
qui, sans plan, sans talent, sans autre projet **que de**
piller, se sont fait battre trois ans de suite **partout où**
ils se sont montrés ; qui n'auraient jamais eu **un seul**
fait d'armes pour eux, s'ils n'avaient eu, dans les derniers
temps, des officiers étrangers pour commandans, et
qui, encore aujourd'hui, ne sont point lavés du soupçon d'avoir voulu faire assassiner leur roi de la manière la plus lâche. Certes, les défenseurs immortels **de**
la liberté suisse avaient des ames d'une autre trempe, **et**
ce n'est pas ainsi que se conduisirent les généreux fondateurs de la liberté et de l'union des sept Provinces.
Aussi voilà le premier exemple de citoyens combattant, à ce qu'ils disaient, pour la religion et la liberté,
sans intéresser, sans s'attirer les vœux secrets et la
faveur publique, sans se faire estimer au **moins par**
leurs défaites, et en sacrifiant généreusement leur vie
pour la cause qu'ils croyaient devoir défendre. Dispersés,
détruits, sans avoir acquis aucune sorte de gloire, ils
restent aujourd'hui spectateurs oisifs et éloignés du sort
de leur patrie. Voilà les citoyens auxquels M. Rousseau,
qui se pique de singularité, comme vous savez, a voué
son respect et son admiration, et sur lesquels, aidés de
ses lumières et de son génie, il fonde le salut de la
Pologne.

Mon chapitre sur l'état de la question étant si difféférent de celui de M. Rousseau, je ne puis regarder son ouvrage sur la constitution polonaise que comme l'amusement d'un philosophe oisif qui emploie son loisir à esquisser des lois et une forme de gouvernement pour quelque utopie. En l'envisageant ainsi, on pourra le lire avec plaisir, et même avec fruit. On y trouvera beaucoup de vues sages à côté de beaucoup d'idées creuses. Le tout écrit avec cette éloquence nerveuse qui caractérise les productions de cet écrivain, quoiqu'il assure, dès le commencement, qu'il n'a plus de tête, et qu'il lui reste à peine la faculté de lier deux idées.

PLAISANTERIE DE M. DE LA CONDAMINE.

M. de La Condamine n'a pas commencé son année trop heureusement, comme vous allez voir par son conte qui n'en n'est pas un. Sa mésaventure prouve qu'il est toujours également étourdi. Son conte nous est garant qu'il n'a rien perdu de sa gaieté.

LES BARTAVELLES,

CONTE QUI N'EST QUE TROP VRAI,

PAR M. DE LA CONDAMINE.

Un ami m'écrivait : Mardi tu peux attendre
    Deux bartavelles à coup sûr.
C'est un mets délicat : Terray vient me le prendre ;
    Je ne sais s'il l'a trouvé tendre ;
    Mais pour moi, cela m'est bien dur.

QUESTION DE DROIT.

Monsieur le contrôleur écorne ma tontine,
Ma pension, ma rente; il fait bien son métier :
    Mais pour me prendre mon gibier,
    A-t-il des droits sur ma cuisine?

SOUHAIT PIEUX.

Vous avez donc raflé mon gibier de Lyon ?
Je suis un bon chrétien, Monsieur : puisse-t-il être
    De moins dure digestion
Que tous vos beaux arrêts que chaque jour voit naître!

ACTE DE CONTRITION.

Il faut se convertir et vivre en bon chrétien.
Pratiquons les conseils du plus sacré des livres;
A qui me fait du mal je veux faire du bien,
En nourrissant celui qui me coupe les vivres.

REMORDS.

De ces mauvais quatrains si vous avez nouvelle,
Monsieur l'abbé, croyez que je suis mal vengé,
Et que mes bons propos ne m'ont pas soulagé :
J'ai toujours sur le cœur ma double bartavelle,
    Morceau friand que vous avez mangé.

LA REPRÉSAILLE.

    Vous riez donc, me disait tout à l'heure
      Un austère et grave censeur,
      De monseigneur le contrôleur?
      Eh bien! voulez-vous que je pleure?
      Pour moi, Monsieur, je vous soutiens
Qu'il en rira lui-même et me laissera dire ;

C'est lui qui tient la poêle, il s'amuse à nous frire ;
Il fait main-basse sur nos biens.
Je crois qu'à ses dépens il m'est permis de rire
Tandis qu'il se régale aux miens.

LES SEPT PÉCHÉS MORTELS DÉTRUITS.

A Terray nous devons élever des autels
Pour les dons que sur nous sa bonté multiplie ;
Il veut nous affranchir des sept péchés mortels.
Il dompte notre orgueil quand il nous humilie ;
Il appauvrit le riche à qui l'on porte envie ;
Il guérit l'avarice avec la pauvreté ;
En nous faisant jeûner, il éteint la luxure ;
La colère se calme en buvant de l'eau pure,
Et le besoin pressant chasse l'oisiveté :
Ainsi l'art de Terray corrige la nature.
Reste la gourmandise, et c'est en vérité
Des vices à peu près le seul qui m'est resté :
Mais en mettant le comble à ses faveurs nouvelles,
Terray, pour me forcer à la frugalité,
S'empare, en vrai housard, de mes deux bartavelles.

SONGE DE M. LE CONTRÔLEUR-GÉNÉRAL.

Monsieur l'abbé Terray taille, grappille et rogne,
Mais il a bien un autre tic :
Il a rêvé qu'il était Frédéric,
Et mes deux perdrix la Pologne.

M. le contrôleur-général ayant eu connaissance des
actes de contrition, songe, remords et doléances de
M. de La Condamine, lui envoya une dinde de Périgord farcie de truffes pour remplacer les deux bartavelles. Sur quoi le vieux philosophe renvoya les vers
suivans.

REMERCIEMENT A M. LE CONTRÔLEUR-GÉNÉRAL.

Au lieu de deux perdrix à jambes d'écarlate,
　　Qu'on m'envoyait vides du Vivarais,
Je reçois un dindon rebondi, gras et frais,
Et de truffes farci jusques à l'omoplate,
　　Très-propre à calmer mes regrets.
Monsieur le contrôleur a fait de grandes choses,
　Il en fera sans doute encore. Mais
　　　De toutes les métamorphoses
　　　Qu'il opère par ses arrêts
　　　Dont il redouble un peu les doses,
Si ce n'est pas l'effet le plus prodigieux
　　　Ni le plus sujet à des gloses,
　　　C'est celui que j'aime le mieux.

　　　J'ai gémi peut-être un peu fort
　　　De mes deux perdrix égarées ;
　　　Mes pertes sont bien réparées
　　　Par un dindon du Périgord
　　　Qui ne m'a point coûté d'entrées.
　　　A mon petit garde-manger
　　　Vous avez fait une lacune :
　　　Mon mal était assez léger ;
　　　Mais si d'une plainte importune
　　　Vous savez ainsi vous venger,
　　　Ayez toujours de la rancune.

Dans le fait, M. le contrôleur-général est fort excusable d'avoir mangé des bartavelles arrivées à son adresse sans aucun renseignement. Le vieux philosophe les réclama bien ; mais il avait oublié de prévenir sur leur arrivée, et lorsqu'il voulut les avoir, il se trouva que le cuisinier les avait mises à la broche la veille pour Monseigneur. La Condamine a eu toute sa vie la curiosité et l'étourderie d'un enfant, mais d'un enfant bien né, et très-piquant par son esprit et par sa naïveté. Il nous rangea un jour autour de lui en cercle, pour nous lire une énigme qu'il venait de faire. Il tire de sa poche une pancarte, et se met à lire, et nous dit de deviner le mot. Comme il est sourd, il exige que, sans nous consulter, chacun écrive le mot sur une carte. On lui remet dix ou douze cartes, et il trouve sur chacune le même mot. Il reste stupéfait de voir douze personnes deviner le même mot et dans l'instant. C'est que ce mot était écrit en grandes lettres sur le dos de sa pancarte, et nous crevait les yeux, tandis qu'il la tenait pour nous lire son énigme. Après avoir long-temps joui de son étonnement, on le mit dans la confidence de son étourderie.

GALANTERIE DE VOLTAIRE.

Il a couru d'étranges bruits sur la conduite du seigneur patriarche pendant le mois dernier. On assurait qu'il avait eu plusieurs faiblesses à la suite des efforts qu'il avait faits pour faire sa cour à une jolie demoiselle de Genève, qui venait le voir travailler dans son cabinet ; et que madame Denis avait jugé nécessaire de rompre ces tête-à-tête après le troisième évanouissement survenu au seigneur patriarche. Voilà un bruit qui s'est généralement accrédité dans Paris, et voilà comme la calomnie poursuit toujours de sa dent venimeuse le génie et la beauté. Le fait est que le patriarche a eu quelques faiblesses dans le courant de décembre ; que la nouvelle madame de Florian, Génevoise, a une parente, mademoiselle de Saussure, qui venait de temps en temps à Ferney. Cette mademoiselle de Saussure passe pour une petite personne fort éveillée ; elle amusait quelquefois M. de Voltaire dans son cabinet ; mais quelle apparence qu'elle ait voulu attenter à la chasteté d'un Joseph de quatre-vingts ans ? Cependant madame Denis, qui n'aime pas la nouvelle madame de Florian, a voulu rendre sa petite parente égrillarde responsable des faiblesses survenues au seigneur patriarche ; il n'en a pas fallu davantage pour bâtir un conte, dans lequel on faisait le patriarche s'émanciper d'une étrange manière avec une Messaline de Genève, de dix-huit ans. M. le maréchal de Richelieu a voulu tenir la vérité des faits du prétendu coupable lui-même, en l'assurant que le roi voulait qu'il se ménageât davantage. Vous allez lire l'apologie de l'accusé faite par lui-même [1].

Madame Ménage, qui se trouve très-indirectement rappelée dans cette lettre, est une jeune femme de Paris, aussi sage qu'aimable, à ce que disent ceux qui la connaissent. Elle alla à Genève pour sa santé il y a plusieurs années, et s'y trouva dans le temps que M. le maréchal de Richelieu rendit visite à M. de Voltaire. Madame Ménage fut priée de passer quelques jours à Ferney, et d'être des fêtes que le seigneur patriarche avait préparées. En arrivant, madame Ménage trouve beaucoup de monde, et, ne se sentant pas assez forte pour

1. Voir la lettre de M. de Voltaire à M. le maréchal de Richelieu, commençant par

Quoi, tonjours la cruelle envie.

assister à un grand et bruyant repas, elle demande à
dîner seule dans sa chambre. Le maréchal, ennuyé
peut-être du grand nombre de convives républicains,
se dit aussi malade, et demande à dîner avec madame
Ménage en retraite. Premier sujet à gloser. Après
dîner, M. le maréchal croit qu'il est de son devoir de
faire une déclaration à madame Ménage, le patriarche
le surprend à peu près aux genoux de sa belle convive;
et voilà une histoire scandaleuse dans les formes, qui se
répand bientôt parmi toute la compagnie. Il est pourtant à présumer que les femmes les moins scrupuleuses
se soucient peu de donner des rendez-vous à des con-
quérans de soixante-dix à quatre-vingts ans, et que
madame Ménage ne se proposait pas plus d'être la conquête du vainqueur suranné de Minorque, que mademoiselle de Saussure de tourner la tête grise du chantre
de Henri IV. Cependant les voilà la fable de Paris
pour quelques jours, et peut-être immortalisés de la
manière du monde la plus déplaisante. Et puis souhai-
tez d'être dans les caquets d'un vieux maréchal de
France et d'un vieux poète, quand vous êtes jeune et
belle! Et nous, apprenons, en nous humiliant devant
la fatalité, que le hasard et les circonstances décident
de notre réputation comme de nos vertus, et soyons
modérés et réservés dans nos jugemens.

Au milieu de ses prétendues fredaines, le patriarche
a reçu un superbe service de porcelaine de Berlin de la
part du roi de Prusse. Il y avait sur les différentes
pièces de ce service des Arions portés par des dauphins,
des Orphées, des Amphions, des lyres et tous les divers emblèmes de la poésie. Le patriarche a répondu au

roi que Sa Majesté mettait ses armes partout. Le roi a répliqué par une lettre charmante, où, en parlant de la fable des dauphins, il dit entre autres : «Tant pis pour les dauphins qui n'aiment pas les grands hommes. » Le patriarche a pareillement reçu une lettre charmante de l'impératrice de Russie. Ce commerce soutenu qui s'établit entre les souverains et les philosophes appartient à notre siècle exclusivement, et fera une époque mémorable, non-seulement dans les lettres, mais encore par son influence dans l'esprit public des gouvernemens.

DES *Lois de Minos.*

Dans le temps que nous comptions voir la tragédie des *Lois de Minos* sur le théâtre de la Comédie Française, et qu'on disait tous les obstacles qui s'opposaient à sa représentation levés, elle vient de paraître imprimée. Le Sophocle de Ferney a une certaine dose de patience comme les enfans; quand elle est à bout, il n'y a plus de digue qui retienne. Notre incomparable Le Kain avait été à Ferney l'automne dernier, et avait joué plusieurs fois dans la troupe qui joue aux portes de Genève. Le vieux Sophocle lui avait fait présent des *Lois de Minos*, c'est-à-dire de ce que les représentations et l'impression pourraient produire à l'auteur. M. Le Kain, à son retour, a employé son crédit à mettre cette pièce au théâtre. Il a éprouvé beaucoup de difficultés, et peu de zèle de la part de ses camarades. Cela a duré plus de deux mois, l'impatience a enfin saisi le vieux Sophocle, et voilà la pièce imprimée à la fois à Genève et à Paris. Je crois que la perte que

M. Le Kain essuie par cette publication imprévue est
médiocre; je doute du moins que, malgré la magie de
son jeu, cette pièce eût obtenu un grand nombre de
représentations. Elle m'a paru encore bien plus faible
à l'impression, que lorsque je la lus en manuscrit le
printemps dernier. C'est un radotage qui, par des traits
vacillans et à moitié effacés, rappelle les caractères et
les beautés des anciennes tragédies de M. de Voltaire.
On retrouve dans Datame Zamore, dans Azémon
Narbas, mais crayonnés d'une main débile. Cette extrême faiblesse s'étend sur le style, sur les personnages,
sur les incidens, sur toute la contexture de la fable.
Mais pourquoi vouloir ôter au vieux Sophocle l'amusement de faire des tragédies? Pourquoi lui en savoir
mauvais gré? Cet amusement est nécessaire à la consolation de sa vieillesse, à la prolongation de sa vie.
Tant de chefs-d'œuvre, tant de productions immor-
telles ne lui auraient-ils pas acquis le droit d'amuser
ses derniers jours comme bon lui semble? et si nous
étions susceptibles de la moindre reconnaissance envers ceux qui ont bien mérité du genre humain, ne le
manifesterions-nous pas, en accordant un succès fort
au-dessus de leur valeur aux productions faibles de la
vieillesse d'un grand homme jusqu'à l'époque de sa
mort? Mais on dirait que le moment de l'affaiblisse-
ment d'un homme de génie soit un sujet de triomphe
pour son siècle, qui abandonne aux générations sui-
vantes le soin tardif et vain d'encenser ses cendres in-
animées. Oh! que le genre humain est hideux quand
on le regarde en masse et de près! Pour rendre la tragédie des *Lois de Minos* odieuse au public, on a dit

qu'elle n'était faite que pour prêcher le despotisme. On
peut la regarder, à la vérité, comme la satire de la constitution de Suède, abolie en dernier lieu, et de la constitution de Pologne, bonne à abolir ; il n'y a pas jusqu'au *liberum veto* qu'on ne trouve dans les *Lois de
Minos*, et l'auteur se déclare partout pour la puissance
monarchique et absolue.

<hr/>

DÉBUT DE MADEMOISELLE RAUCOUR [1].

Un phénomène aussi singulier qu'imprévu vient de
fixer et d'absorber toute l'attention de Paris. Mademoiselle Raucour, jeune actrice de seize à dix-sept ans,
grande, bien faite, de la figure la plus noble et la plus
intéressante, débuta le 23 décembre dernier, sur le
théâtre de la Comédie Française, dans les grands rôles
tragiques. Elle a joué sans interruption depuis ce moment avec un succès et des applaudissemens, dont il
est impossible de se faire une idée quand on n'a jamais
vu l'ivresse et l'enthousiasme de Paris. Elle est fille
d'un acteur de province, et on l'a vue, dans sa tendre
enfance, jouer de petits rôles sur le théâtre de Cadix.
Son père lui remarquant des dispositions heureuses, et

---

1. Il règne dans ce tableau de l'enthousiasme du public pour mademoiselle Raucour, une vivacité et une chaleur d'expression qui font de ce
brillant début une véritable époque historique sous le rapport des mœurs.
Grimm lui-même se montre électrisé par l'apparition de ce *phénomène*, au
point de partager le délire général. On a peine à reconnaître la gravité ordinaire de ses jugemens, et cela est d'autant plus remarquable, que, peu
de mois après, le phénomène n'était plus à ses yeux qu'une actrice très-mé-
diocre.

la voyant de jour en jour croître et embellir, la conduisit à Paris, et la mit entre les mains de M. Brisart,
acteur de la Comédie Française. Brisart n'a pas un
talent décidé, ni supérieur. Il est essentiellement froid,
il a peu de nuances et de variété dans son jeu; mais il
a la plus belle figure du monde, une belle voix, l'air
d'un honnête homme, avec des cheveux naturellement
gris, qui lui ont donné à trente ans un air vénérable,
et lui ont permis de se charger des rôles des vieillards
dans les tragédies. D'Alembert disait de lui « qu'il était
comme Samson, que toute sa force était dans ses cheveux. » Depuis, Brisart a prouvé ce que pouvaient
l'étude et le travail opiniâtre, et il est parvenu à jouer,
surtout les rôles de force et de véhémence, comme celui du vieil Horace, par exemple, avec le plus grand
succès. Mais, s'il n'est pas lui-même toujours acteur
sublime, je le crois très-capable de donner de bons
conseils sur son art, et d'aider avec beaucoup de bon
sens au développement des talens naissans. Celui de
mademoiselle Raucour lui fera vraisemblablement un
honneur immortel dans les fastes du Théâtre Français.
On prétend qu'il ne lui a jamais rien déclamé lui-
même, mais qu'il a borné ses soins à lui faire répéter
ses rôles d'après les différentes observations qu'il lui
faisait, à mesure que l'occasion s'en offrait, ne cessant
de la faire répéter que lorsqu'il ne voyait plus rien
à désirer dans son jeu. Je crois cette méthode bonne, et
très-préférable à celle d'endoctriner par son exemple,
qui ne me paraît guère propre qu'à former des perroquets, bien ou mal sifflés. Voilà pourquoi il ne m'est
pas démontré que les plus grands acteurs soient les plus

capables de former de grands acteurs. Brisart a pourtant désiré que son instruction fût saupoudrée de quelques leçons de mademoiselle Clairon, et c'est avec ce
sauf-conduit qu'il nous présenta sa jeune et charmante
élève dans le rôle de Didon, le 23 décembre. Il vint lui-
même haranguer le parterre avant la tragédie, lui demander son indulgence pour un talent naissant, et l'assurer que son élève, formée par les leçons du public,
serait un jour son ouvrage. Le parterre, qui aime à la
folie qu'on lui parle, et surtout qu'on lui dise qu'il est
l'arbitre du goût et des talens, applaudit avec chaleur
la harangue d'Achate Brisart. Mais lorsqu'on vit la plus
belle créature du monde et la plus noble s'avancer en
Didon sur le bord du théâtre; lorsqu'on entendit la
voix la plus belle, la plus flexible, la plus harmonieuse,
la plus imposante; lorsqu'on remarqua un jeu plein de
noblesse, d'intelligence et de nuances les plus variées
et les plus précieuses, l'enthousiasme du public ne con-
nut plus de bornes. On poussa des cris d'admiration et
d'acclamation; on s'embrassa sans se connaître; on fut
parfaitement ivre. Après la comédie, ce même enthousiasme se répandit dans les maisons. Ceux qui avaient
vu *Didon* se dispersèrent dans les différens quartiers,
arrivèrent comme des fous, parlèrent avec transport de
la débutante, communiquèrent leur enthousiasme à
ceux qui ne l'avaient pas vue, et tous les soupers de
Paris ne retentirent que du nom de Raucour. Il y a
près d'un mois que ces transports se soutiennent dans
tout leur feu; c'est un des plus forts et surtout des plus
longs accès d'enthousiasme que j'aie vus à Paris. Les
jours que mademoiselle Raucour jouait, les portes de

la Comédie étaient assiégées dès dix heurs du matin.
On s'y étouffait ; les domestiques qu'on envoyait retenir
des places couraient risque de la vie. On en emportait
à chaque fois plusieurs sans connaissance, et l'on prétend qu'il en est mort des suites de leur intrépidité. Les
billets de parterre se négociaient dans la cour des Tui-
leries jusqu'à six et neuf francs, par ceux qui les
avaient pu attraper au bureau pour vingt-quatre sous,
au risque de leur vie. J'entendis, un de ces jours redoutables, en traversant le foyer de la Comédie, le propos
d'une des matrones de ce spectacle, qui pouvait être
la mère de quelque danseuse. Elle vit par la fenêtre
l'horrible bagarre, pour s'arracher les billets, forcer
ensuite les portes et disputer une place au parterre. On
venait d'emporter quatre des plus braves champions
échevelés et sans connaissance; trois ou quatre cents
aspirans entassés, pressés, se poussant les uns sur les
autres, haletant et manquant de respiration en plein
air, retraçaient le tableau de ces ames en purgatoire,
dont chacune exprime un tourment particulier. « N'ayez
pas peur, dit la vieille matrone en regardant cet horrible spectacle, que s'il était question du salut de leur
patrie ils s'exposassent ainsi. » Ce propos me frappa,
et me fit faire quelques réflexions. La veille, mademoiselle Arnoud, témoin des prodigieux applaudissemens
avec lesquels on reçut mademoiselle Raucour, s'était
écriée : « Que de mains ! et pas un bras ! » Ces deux oracles de deux citoyennes me firent réfléchir sur le cas
qu'on doit faire d'un peuple qui se passionne à cet excès
pour un acteur, pour une actrice, pour des talens, si
vous voulez, agréables et rares, mais qui n'ont peut-

être aucune liaison avec la prospérité publique. Mais ces réflexions nous mèneraient trop loin de mademoiselle Raucour, et fourniraient au besoin la matière d'un long et profond traité de politique et de morale. Un corollaire immédiat qui en découle, c'est qu'une actrice telle que mademoiselle Raucour n'est pas un instrument indifférent entre les mains du gouvernement, et un ministre habile qui voudrait distraire l'attention du public d'une opération délicate et essentielle, chercherait inutilement, en ce pays, une ressource plus efficace que celle d'un début de ce fracas, ou de quelque autre événement de cette importance.

Vous jugez qu'on a fait mille récits plus intéressans les uns que les autres sur un objet qui a occupé le public avec tant de chaleur. On dit que cette charmante créature, si imposante au théâtre, est très-simple hors de la scène; qu'elle a toute la candeur et toute l'innocence de son âge; que, tout le temps qu'elle ne consacre pas à l'étude de son art, elle s'occupe encore des jeux de son enfance; que son père est si décidé de lui conserver ses mœurs et sa sagesse, qu'il porte toujours deux pistolets chargés dans sa poche, pour brûler la cervelle au premier qui osera attenter à la vertu de sa fille. On a fait des dissertations à perte de vue, pour découvrir métaphysiquement par quel prestige une fille si neuve et si innocente pouvait jouer au théâtre les transports et les fureurs de l'amour avec tant de passion. Son succès n'a pas été moins grand à la cour qu'à Paris. Le roi, qui n'aime pas la trag édie a été fort occupé de mademoiselle de Raucour. Sa Majesté lui a fait donner une gratification de cinquante louis. Elle lui a aussi fait présent d'un habit de théâtre. Madame la comtesse du Barry lui a laissé le choix ou d'un superbe habit de théâtre ou de trois belles robes de ville; la sage Raucour a choisi le premier, disant qu'elle ne sortait pas assez pour avoir de belles robes en ville. Ce n'est pas, par parenthèse, un petit contraste que de rencontrer la belle reine de Carthage qui vous en a tant imposé au théâtre, en petite robe modestement vêtue, la contenance timide et embarrassée, dans le coin d'un appartement de quelque grande dame de la cour. Madame la princesse de Beauvau, madame la princesse de Guémené, madame la duchesse de Villeröi, lui ont aussi fait présent de superbes habits. La plupart de ceux que les dames de la cour ont faits à l'occasion du mariage de M. le Dauphin iront enrichir la garde-robe théâtrale de mademoiselle de Raucour, qui se trouvera bientôt considérable.

Elle a joué successivement le rôle de Didon dans la tragédie de M. Le Franc de Pompignan, celui d'Émilie dans *Cinna*, celui de Monime dans *Mithridate*, celui d'Idamé dans *l'Orphelin de la Chine*, celui d'Hermione dans *Andromaque*, et enfin celui de Pulchérie dans *Héraclius*. Dans tous ces rôles, elle a montré les plus heureuses dispositions et annoncé les plus grands talens. Ceux qui ont pu préserver leur jugement de la contagion du fanastisme public, ce qui est bien plus difficile qu'on ne pense, diront que cette jeune actrice, avec tous les avantages de la figure et les dons extérieurs, n'a point le jeu formé; comment l'aurait-elle à son âge? qu'elle a joué inégalement tous ses rôles, mais qu'il n'y en a aucun où elle n'ait eu les instans les plus heureux et du plus rare talent ; que même dans les endroits qu'elle a manqués, ce n'est jamais faute d'intelligence, mais quelquefois par l'envie de vouloir trop bien frapper son coup, quelquefois pour n'avoir su régler son jeu avec assez de justesse ; qu'elle est restée en-deçà, ou qu'elle a été emportée au-delà du but qu'elle s'était proposé. Deviendra-t-elle avec le temps une actrice parfaite, un prodige de l'art? Qui oserait répondre à cette question? Les progrès et la perfection d'un talent, surtout dans une jeune actrice, dépendent de tant de hasards, d'un concours de tant de circonstances essentielles et frivoles, qu'il faut abandonner ses succès à venir à l'inévitable fatalité qui règle tout. Elle a un écueil bien dangereux à redouter, c'est de mettre trop d'apprêt dans son jeu ; elle y a de la disposition, et cette disposition peut dégénérer en manière. Il y a des personnes qui craignent qu'elle ne manque d'ame et d'entrailles. Je ne suis pas de leur avis ; mais je crois que les rôles de tendresse ne lui seront pas favorables ; la beauté de ses larmes ne répond pas à la sublimité de ses transports dans la passion. Toutefois, qui oserait prononcer qu'il y ait une qualité qu'une telle magicienne ne puisse acquérir? Ce qui fait concevoir les plus grandes espérances, c'est son jeu muet. Il est étonnant pour la justesse et la perfection. Tout ce que les discours de ceux avec qui elle est en scène doivent lui faire éprouver se peint sur son visage de la manière la plus énergique et la plus touchante. Aussi, « c'est lorsqu'elle ne parle pas qu'il faut l'écouter,» disait madame la princesse de Beauvau ; et une autre femme prétendait n'avoir jamais écouté aucun des récits tragiques qu'on faisait à mademoiselle de Raucour, mais de les avoir lus mot pour mot sur son visage.

Ce début brillant, qu'on ne pouvait prévoir, a suspendu toutes les pièces nouvelles à ce théâtre, et entre autres *les Lois de Minos.* Mademoiselle de Raucour sait vingt-deux rôles, qu'elle est en état de jouer ; mais elle a joué dix-huit fois de suite en un mois de temps, et elle a besoin de repos. Ses succès, les plus éclatans qu'on ait jamais vus, ont fait tort à la Comédie Italienne, qui a été fort négligée depuis la retraite de Caillot et le début de mademoiselle de Raucour. Madame Vestris aura aussi à en souffrir. Cette actrice a fait pendant quelques années l'unique ressource de ce théâtre. A force de travail et d'étude, elle était parvenue à soigner son jeu beaucoup ; la disette des sujets forçait le public d'encourager la seule actrice qui fît des progrès sensibles dans son art. Mais la voilà écartée en un moment par une enfant de dix-sept ans, et c'est une de ces aventures d'autant plus cruelles, qu'on n'en peut accuser que le sort.

Les hommages en vers et en prose n'ont pas manqué à mademoiselle de Raucour, et Messieurs du *Mercure* et de *l'Avant-Coureur* en régaleront sans doute le public. Je n'ai encore rien vu de joli ni de digne d'elle.

LES JÉSUITES , LE PAPE , ET LE ROI DE PRUSSE.

A Potsdam , le 13 septembre 1773.

Abbé Colombini ,

Vous direz à qui voudra l'entendre, pourtant sans
air d'ostentation ni d'affectation, et même vous cher-
cherez l'occasion de le dire au Pape, ou à son premier
ministre, que, touchant l'affaire des Jésuites, ma résolution est prise de les conserver dans mes États, tels
qu'ils ont été jusqu'ici. J'ai garanti au traité de Breslaw
in statu quo la religion catholique, et je n'ai jamais
trouvé de meilleurs prêtres à tous égards. Vous ajou-
terez que, puisque j'appartiens à la classe des hérétiques,
le Saint-Père ne peut pas me dispenser de tenir ma
parole, ni du devoir d'un honnête homme et d'un roi.
Sur ce, abbé Colombini , je prie Dieu qu'il vous ait en
sa sainte garde.   *Signé* FRÉDÉRIC.

On a vu dans quelques gazettes un fragment d'une
lettre du roi de Prusse à M. d'Alembert, concernant les
Jésuites. Cette lettre que j'ai vue est du 8 décembre.
Sa Majesté, après avoir dit un mot des affaires du
Nord, continue ainsi :

« Pendant ces diverses agitations, j'apprends que le
« Pape se dispose à détruire les Jésuites; mais ce qui
« vous étonnera, c'est que le général des Ignaciens m'a
« député un ambassadeur pour me demander ma pro-
« tection en faveur de sa société. Je lui ai répondu que
« lorsque Louis XV a réformé le régiment de Fitz-

« James, je n'ai pas cru avoir le droit d'intercéder pour
« ce corps, et qu'il me semblait que le Pape était le
« maître de faire dans ses États ce qu'il jugeait à propos,
« sans que les hérétiques s'en mêlassent. »

M. d'Alembert a communiqué ce fragment au ministre d'Espagne et à l'ambassadeur de Naples pour l'instruction de leurs cours. Ce dernier l'a envoyé immédiatement à Rome à son oncle, le cardinal Carraccioli. Le Nonce ici, ne pouvant donner un démenti au roi de Prusse sur le fait de l'ambassade, n'a pas du moins voulu accorder que le Saint-Père eût le dessein de détruire les Ignaciens. La situation critique de la compagnie de Jésus a donné lieu à la plaisanterie suivante :

LA PASSION DES JÉSUITES,

ou

DIALOGUE ENTRE LE PAPE ET LES PRINCES DE L'EUROPE.

LE PAPE.

En présentant le général des Jésuites aux souverains de l'Europe.

Ecce homo.

LE ROI DE PORTUGAL.

Tolle, tolle, crucifige.

LE ROI D'ESPAGNE.

Reus est mortis.

LE ROI DE FRANCE.

Vos dicitis.

LE ROI DE NAPLES ET LE DUC DE PARME.

Habemus legem, et secundùm hanc legem debet mori.

L'IMPÉRATRICE REINE DE HONGRIE.

Quid enim mali fecit ?

L'EMPEREUR.

Non inveni in eo caussam.

LE ROI DE SARDAIGNE.

Innocens ego sum a sanguine justi hujus.

LE ROI DE PRUSSE.

Quid ad me ?

LA RÉPUBLIQUE DE VENISE.

Non in die festo, ne fortè tumultus fiat in populo.

L'IMPÉRATRICE DE RUSSIE.

Non novi hominem.

LE PAPE.

Flagellabo eum, et castigatum ad vos dimittam.

LE GÉNÉRAL DES JÉSUITES.

Post tres dies resurgam.

LES GÉNÉRAUX DES AUTRES MOINES AU PAPE.

Jube ergò custodiri sepulcrum, ne veniant discipuli ejus, et furentur eum et dicant plebi : Surrexit à mortuis ; et erit novissimus error pejor priore.

LE PAPE aux moines.

Ite ergo, et custodite sicut scitis.

J'ignore ce que Clément XIV compte faire définitivement des Jésuites après trois ans d'incertitudes et de négociations; mais en attendant il est fort aimable avec les hérétiques. M. et madame de Saussure, de Genève, se trouvent dans ce moment-ci à Rome. Ils ont été recommandés à M. le cardinal de Bernis. Ils avaient grand désir de voir Sa Sainteté, et le Pape s'y est prêté, en se laissant rencontrer dans un jardin. Il a embrassé de la meilleure grace du monde madame de Saussure, qui est fort jolie, et lui a dit : «Je ne fais pas peut-être trop bien d'embrasser ainsi une hérétique; mais j'en demanderai ce soir l'absolution au cardinal de Bernis.» Cela me rappelle le trait de Benoît XIV de charmante mémoire. On lui nomma un jour les différentes personnes qui se trouvaient dans son antichambre. Il y avait des cardinaux, des prélats de toute espèce et un Génevois. «Faites entrer l'hérétique, dit le Pape; il doit s'ennuyer dans mon antichambre, tandis que les autres s'y sanctifient.» Benoît XIV, en s'entretenant avec M. le comte de Strogonoff, lui dit : «Vous êtes un peu schismatiques, vous autres Russes.—Pardonnez-moi, Saint-Père, lui répond M. de Strogonoff, nous sommes orthodoxes; c'est vous qui êtes schismatique. —Voilà la première fois, réplique le Pape en riant, que je me le suis entendu dire.» Remarquons en finissant que si quelqu'un avait prédit, il y a quinze ans, que vers la fin de l'année 1772 les Jésuites n'auraient d'autre ressource que de se recommander à la protection du roi de Prusse, il aurait indubitablement passé pour fou; tant on se trouve souvent tout contre de très-grands événemens sans en avoir le moindre soupçon.

DEUX LETTRES DE M. DE BUFFON.

EXTRAIT D'UNE LETTRE A M. LE COMTE D'ANGIVILLERS.

A Moulbar, ce 17 novembre 1773.

Ah! que vous avez un digne et respectable ami dans M. Necker! — J'ai lu deux fois son ouvrage. Je me trouve d'accord avec lui sur tous les points que je puis entendre. Ses idées sont aussi simples que grandes; ses vues saines et très-étendues, et tous les économistes ensemble, fussent-ils protégés par tous les ministres de France, ne dérangeront pas une pierre à cet édifice, que je regarde comme un monument de génie. Je n'ai regret qu'à la forme; je n'eus pas fait un éloge académique, qui ne demande que des fleurs, avec des matériaux d'or et d'airain. Colbert mérite une partie des éloges que lui donne M. Necker; mais certainement il n'a pas vu si loin que lui; d'ailleurs, l'auteur a ici le double désavantage d'avoir ses envieux particuliers, et en même temps tous ceux qui cherchent à borner l'Académie. En un mot, je suis fâché qu'un aussi bel ensemble d'idées n'ait pas toute la majesté de la forme qu'il peut comporter. Les notes sont admirables comme le reste; la plupart sont autant de traits de génie, ou de finesse, ou de discernement. Le style est très-mâle, et m'a beaucoup plu malgré les négligences et les incorrections, et les pitoyables plaisanteries que les femmes ne manqueront pas de faire sur les jouissances trop souvent répétées.

EXTRAIT D'UNE LETTRE A M. NECKER.

Même date.

Je n'avais jamais rien compris à ce jargon d'hôpital de ces demandeurs d'aumônes que nous appelons économistes, non plus qu'à cette invincible opiniâtreté de nos ministres ou sous-ministres pour la liberté absolue du commerce de la denrée de première nécessité. J'étais bien loin d'être de leur avis, mais j'étais encore plus loin des raisons sans réplique et des démonstrations que vous donnez de n'en pas être. J'ai lu votre ouvrage deux fois, je compte le relire encore, c'est un grand spectacle d'idées et tout nouveau pour moi, etc.

VERS DE LA CONDAMINE CONTRE LE SYSTÈME DE LA NATURE.

Unde? ubi? quò? D'où viens-je? où suis-je? où vais-je?
Je n'en sais rien; Montaigne dit, Qu'en sais-je?
Et sur ce point tout docteur consulté
En peut bien dire autant sans vanité.
Mais après tout de qui donc le saurais-je,
Moi qui d'hier dans l'univers jeté,
Ne suis rien moins qu'un être nécessaire?
Mais un tel être a toujours existé.
Il en faut un, soit esprit, soit matière,
Et ce point-là par nul n'est contesté.
Or, moi chétif, être très-limité,
Que tout étonne et convainc d'ignorance,
Malgré cela, je suis, je veux, je pense.
Je me propose un but en agissant,
Et je voudrais que l'Être tout-puissant,
Auteur de tout et de mon existence,
N'eût aucun but, aucune volonté;
Tandis qu'il m'a donné l'intelligence,
Qu'il n'en eût point lui qui m'en a doté.
Tu me diras: Mais la peste et la guerre,
Les maux divers, physiques et moraux,
La faim, la soif, et la goutte et la pierre,
Du genre humain trop souvent les bourreaux;
Mais les prisons, les affreux tremblemens,

Les tourbillons, les typhons, les volcans,
Tous les fléaux qui désolent la terre,
Sont-ce les dons d'un père à ses enfans?
Loin d'accuser la divine sagesse,
De ton esprit reconnais la faiblesse,
Homme superbe, atome révolté;
Le Tout-Puissant posa cette barrière
Pour contenir ta curiosité.
Peut-être il veut, par cette obscurité,
Humilier cette raison trop fière
D'avoir suivi quelque trait de lumière,
Qui te montra parfois la vérité.
Mais il manquait à ta félicité
Qu'il dévoilât à ta faible paupière
De l'univers la théorie entière;
Et pour te faire approuver ses décrets,
Dieu t'aurait dû révéler ses secrets.
D'où vient le mal? En vain je l'examine,
Et moins je vois quelle est son origine.
Que s'ensuit-il, sinon que mon esprit
Est, dans sa sphère, étroit et circonscrit.
Mais supposer qu'une aveugle matière,
De tout effet est la cause première,
A ma raison répugne et contredit?
Ici l'absurde, et là l'inexplicable.
Par deux écueils je me vois arrêté;
Il faut opter : l'absurde est incroyable.
Je m'en tiens donc à la difficulté
En te laissant à toi l'absurdité.

SUR LES MŒURS ET COUTUMES DES DIFFÉRENS PEUPLES
DE L'EUROPE.

S'il est si difficile de définir au juste le caractère d'un seul homme, quelle difficulté, dira-t-on, ne doit-il pas y avoir à définir celui de tout un peuple ? Au risque de soutenir un paradoxe, j'avouerai que de ces deux problèmes je ne sais pas encore quel est le plus difficile à résoudre. Dans un seul homme il y a des nuances si fines, si délicates, si personnelles, qu'il faut peut-être avoir encore plus de sagacité pour les saisir, et pour remarquer ce que tous les habitans du même climat peuvent avoir de commun et ce qui les distingue foncièrement de leurs voisins. Les mêmes traits souvent répétés sont plus faciles à noter que ceux qui sont uniques dans leur genre, èt qui ne peuvent souvent être aperçus qu'une seule fois. Le caractère de l'individu ne se peint que par des actions, qui varient à chaque instant et qui se cachent même le plus souvent sous l'ombre du mystère. Le caractère général d'une nation est nécessairement à découvert, il s'imprime dans des monumens exposés continuellement sous nos yeux ; nous pouvons l'étudier dans la nature de sa langue, de son gouvernement, de ses coutumes, de ses usages, de ses manières, de ses arts, de son climat. Je sens que cette étude est plus longue, plus étendue, mais je la crois aussi plus sûre ; je dirais presque moins impossible que la connaissance particulière des hommes. Il n'en a pas plus coûté à Tacite de peindre les Germains, les Anglais, le Juifs, qu'il ne lui en a coûté de peindre Séjan, Tibère, Agricola.

Pourquoi trouvons-nous donc si peu de justesse et de vérité dans la plupart des relations de nos voyageurs? C'est que la plupart de nos voyageurs n'ont eu ni assez de philosophie, ni assez de connaissances pour embrasser les objets qu'ils voulaient nous faire connaître; c'est que la plupart ont porté dans leurs recherches un esprit de système et de parti qui ne leur a permis de voir que ce qui convenait à leur but particulier; c'est qu'ils ont cherché à être amusans, au lieu d'être vrais, et que rarement ils ont donné à leur travail le temps nécessaire pour l'exécuter avec succès. Parmi les modernes qui ont travaillé dans ce genre, on ne peut guère citer que Chardin et Muralt; encore ce dernier a-t-il vu avec plus d'esprit que d'impartialité. On sent, comme dit Rousseau, combien il hait les Français, jusque dans les éloges qu'il leur donne.

Pour bien juger le caractère d'un pays, vaut-il mieux lui être étranger, ou en être citoyen? Il semble d'abord qu'un homme élevé au milieu de ses compatriotes, en supposant toutes les autres conditions égales, peut parvenir plus facilement à les connaître que ne le pourrait un étranger; cependant n'y a-t-il pas aussi quelques rapports qui rendent le point de vue où se trouve l'étranger, plus favorable? Pour bien observer, il faut éviter également les faux jours de la surprise et ceux de l'habitude. Nous passons trop légèrement sur les objets qui nous sont familiers, nous sommes trop étonnés de ceux qui nous sont absolument nouveaux. Dans le premier cas, nos observations risquent d'être plates et communes; dans le second, il est à craindre que nous ne nous laissions séduire par une fausse apparence de merveilleux.

Pour faire donc une relation aussi intéressante qu'instructive, un voyageur devrait, ce me semble, commencer par noter soigneusement toutes les singularités qui l'ont frappé au premier coup d'œil, mais ne se permettre d'en rendre compte qu'après avoir approfondi la langue, la religion, la constitution politique, les mœurs, les usages et le ton du pays qu'il veut observer.

Ce qui rend sans doute aujourd'hui la connaissance des différens peuples de l'Europe si difficile, c'est que l'on peut dire à peu près des nations entières ce qu'on a dit si souvent des hommes qui composent une même société. Tout s'est confondu, tout se ressemble; les mœurs, la politique, la philosophie, ont fait à peu près les mêmes progrès dans tous les États de l'Europe. Il y a un système commun à tous. L'esprit dominant des grandes capitales, le goût des voyages, celui des lettres et surtout le commerce, ont formé pour ainsi dire de tous les peuples de l'Europe un seul peuple. Hérodote trouverait aujourd'hui, dans toute cette partie du monde, moins de caractères, moins de variétés, que dans l'étendue bornée des pays qu'embrasse son Histoire.

Rien de plus vrai en général; cependant l'on se tromperait beaucoup de croire que toutes les circonstances qui ont pu rapprocher tant de nations aient absolument effacé leur caractère original, elles en ont seulement altéré quelques traits; et si, sous l'apparence

24

qui le cache, il est plus difficile à sàisir, il n'en existe pas moins. Plus la société s'étend, plus l'homme, sans doute, se dénature, mais il ne saurait changer entièrement son être. Semblable à Protée, il devient susceptible, de mille formes différentes. C'est au coup d'œil du génie à le fixer sous celle qui lui est propre. L'Italie même, malgré toutes les révolutions qu'elle éprouva sous l'empire des barbares, sous le joug humiliant du despotisme religieux, et durant les longues guerres de la France et de l'Empire, n'a-t-elle pas conservé longtemps cet esprit d'indépendance et d'ambition qui fit sa gloire dans les jours heureux de la république.

Le défaut de nos vues en morale, en politique, en philosophie, est d'être toujours ou trop générales, ou trop minutieuses ; mais s'il m'est permis de dire ce que je pense sur un sujet sans doute fort au-dessus de ma portée, je crois remarquer une différence sensible entre la manière dont on pouvait étudier les nations anciennes, et celle dont il faut étudier les nations modernes. Pour connaître les Grecs, les Romains et les anciens habitans des Gaules et de la Germanie, c'était beaucoup d'avoir acquis la connaissance de leurs lois, de leurs coutumes et de leur religion. On nous connaîtrait fort mal aujourd'hui, si l'on ne nous connaissait que par ces relations-là. Nos lois, nos coutumes, notre religion, nous sont devenues presque absolument étrangères. Nos mœurs et notre philosophie ont du moins affaibli beaucoup l'inflence qu'elles devraient avoir naturellement sur notre manière de penser et de sentir, et l'on en jugerait bien mieux par l'esprit de notre théâtre, par le goût de nos romans, par le ton de nos sociétés, par nos petits contes et par nos bons mots, que par nos lois, notre culte et les principes de notre gouvernement.

J'imagine qu'on ferait un ouvrage fort curieux en rassemblant sous certains titres les expressions proverbiales, les bons mots les plus caractéristiques de chaque nation. Est-il possible de ne pas reconnaître l'orgueil espagnol dans l'*Almenos du Page*, dont son maître avait la bonté de dire qu'il était aussi noble que le roi? Qui ne voit l'indifférence et la morgue philosophique d'un Anglais, dans la repartie du fameux Wilkes à un poète français qui, voulant réciter un poëme contre la fierté de ces insulaires, ne put jamais se rappeler que ce premier vers,

O barbares Anglais, dont les sanglans couteaux...

Eh! Monsieur, rien n'est plus aisé à finir :

Coupent la tête aux rois et la queue aux chevaux !

Le mot de madame de Tallard, qui ne voulait pas qu'on portât des jupons bordés de tresses d'or ou d'argent, parce que cela ne servait, disait-elle, qu'à écorcher le menton; ce mot si fou ne peint-il pas toute la pétulance française ? Je ne cite que les premiers traits qui s'offrent à ma mémoire; il en est mille autres qui ont plus de saillie, plus d'originalité, et surtout plus de vérité locale.

Nous avons cherché dans notre littérature à imiter tantôt les Espagnols, tantôt les Italiens, tantôt les Anglais; ils nous ont imités à leur tour : cependant ne les reconnaît-on pas tous, jusque dans leurs imitations, à des nuances très-marquées? L'Espagnol n'a-t-il pas essentiellement l'esprit ingénieux que doit produire la chaleur du climat et l'austère contrainte des mœurs publiques? l'Italien, celui qui tient à des sens délicats et à une imagination brillante et voluptueuse? l'Anglais, celui de la mélancolie et d'une méditation profonde? Et ce qui distingue particulièrement nos écrivains français, n'est-ce pas cet esprit facile et léger que donne l'usage et le goût de la société?

VERS DE SAURIN.

On assure que le censeur d'un recueil de je ne sais quelles pièces fugitives, qui s'imprime actuellement, n'a pas voulu laisser passer les vers que vous allez lire. Ce censeur est bien sévère, et c'est apparemment à quelque docteur de Sorbonne qu'on a commis le soin d'approuver les productions légères des muses françaises. Depuis les difficultés du censeur, ces vers se sont répandus dans Paris, et on les a attribués à M. de Voltaire, ce qui n'a pas nui à leur célébrité. Premièrement je ne les crois pas de M. de Voltaire, et je parierais qu'ils n'en sont pas. En second lieu, j'ai quelque idée confuse qu'ils ne sont pas nouveaux, et qu'ils ont déjà couru anciennement. Je les crois de M. Saurin.

ÉPÎTRE A UNE JEUNE VEUVE.

Jeune et charmant objet, à qui pour son partage
Le ciel a prodigué des trésors les plus doux,

Les graces, la beauté, l'esprit et le veuvage,
    Jouissez du rare avantage
D'être sans préjugés, ainsi que sans époux.
    Libre de ce double esclavage,
Joignez à tous ces dons le don d'en faire usage.
Faites de votre lit le trône de l'amour.
Qu'il ramène les ris bannis de votre cour
    Par la puissance maritale.
Ah! ce n'est point au lit qu'un mari se signale:
Il dort toute la nuit et gronde tout le jour.
    Ou s'il arrive, par merveille,
Que chez lui la nature éveille le désir,
Attend-il qu'à son tour chez sa femme il s'éveille?
Non, sans aucun prélude il brusque le plaisir.
Il ne connaît point l'art d'échauffer ce qu'on aime,
D'amener par degrés la volupté suprême;
Le traître jouit seul... si pourtant c'est jouir.
Loin de vous tout hymen, fût-ce avec Plutus même!
L'amour se chargera du soin de vous pourvoir.
Vous n'avez jusqu'ici connu que le devoir,
    Le plaisir vous reste à connaître.
Quel fortuné mortel y sera votre maître?
    Ah! lorsque d'amour enivré,
Dans le sein du plaisir il vous fera renaître,
Lui-même trouvera qu'il l'avait ignoré.

OBSERVATIONS SUR LES COMMENCEMENS DE LA SOCIÉTÉ.

Cet ouvrage fera, je crois, moins de sensation en France qu'il n'en a fait en Angleterre. Il ressemble peut-être à ces femmes dont on ne parle pas, précisément parce qu'on n'a rien à leur reprocher. Vous n'y trouverez ni singularités, ni disparates, ni paradoxes, aucun de ces caractères brillans qui décident aujourd'hui les grands succès. L'auteur, pour arriver à son but, suit la voie la plus simple et la plus unie. Il préfère le malheur de dire des vérités connues au plaisir de se livrer à des recherches hasardées, et le caractère de son style est aussi sage, aussi modéré que celui de son esprit. La traduction que nous avons l'honneur de vous annoncer est de M. Suard. Il ne l'avoue pas, à la vérité, mais on y reconnaît sans peine la manière d'écrire pure, élégante et facile du traducteur de Robertson.

L'objet que M. Millar se propose est d'éclaircir l'histoire naturelle du genre humain en découvrant les premiers progrès sensibles de l'Etat de société, et en montrant l'influence qu'ils ont sur les mœurs, les lois et le gouvernement d'une nation.

Il considère d'abord les changemens qu'ont subis dans les différens âges de la société, les idées des hommes sur le rang et la condition des deux sexes,

Dans l'état de barbarie et de pauvreté,

Dans la vie pastorale et dans la vie agricole,

Dans les révolutions produites par l'invention des arts et des manufactures de premier besoin,

Enfin dans celles que produit la culture des arts d'agrément, l'opulence et le luxe.

La condition des femmes devient meilleure à mesure que la société se perfectionne. Esclaves chez les peuples barbares et pauvres, opprimées chez les nations qui ne connaissent encore que les arts et les manufactures de première nécessité, elles ne jouissent de leurs avantages que chez les peuples adonnés à la vie pastorale, à la guerre, ou aux arts d'agrément. C'est dans l'âge d'or, dans les siècles de chevalerie, dans les beaux jours d'Alexandre, d'Auguste, de Léon, de Louis XIV, qu'il faut chercher le règne de la beauté. Le luxe qui commence, favorise les droits et la liberté des femmes. Mais lorsqu'il est porté à l'excès, il les fait retomber dans le mépris et dans la servitude. La polygamie chez les Orientaux, et la corruption des mœurs chez quelques-unes des nations modernes de l'Europe, détruisent tous les jours l'empire que la nature semble avoir réservé aux femmes.

Dans le second chapitre, notre auteur fait quelques observations sur l'autorité qu'un père exerce communément sur ses enfans dans les premiers âges de la société. Il examine ensuite les limites qu'apportent à la juridiction paternelle, les accroissemens de l'état social.

A la suite de l'examen du gouvernement domestique, l'auteur recherche dans le troisième chapitre quel est l'état d'une tribu, ou d'un bourg composé de plusieurs familles, pour découvrir l'origine du gouvernement d'un chef parvenu à la tête de cette société, et les différentes branches d'autorité que ce premier magistrat a dû exercer relativement aux différentes espèces de propriété que la communauté a pu acquérir.

Ces deux chapitres n'ont pas, ce me semble, tout l'intérêt dont ils étaient susceptibles. On désirerait d'y trouver plus de profondeur et plus de développement.

Le quatrième se divise en deux articles : le premier traite de la constitution politique qui dérive d'une simple confédération entre des communautés indépendantes; le second contient des remarques sur les changemens qu'entraînent dans la police et le gouvernement d'un pays, les progrès de sa population, de ses manufactures, de son commerce et de cette politesse de mœurs qui devient une suite naturelle de l'abondance et de la sécurité.

L'auteur nous annonce dans ce premier article son système sur l'origine de la législation féodale comme une découverte toute nouvelle. Je ne vois pas trop ce qu'elle ajoute à l'idée que nous en ont donnée l'abbé Fleuri, Robertson et quelques autres écrivains qui ont discuté la même matière. Voici le résultat des recherches de M. Millar.

« Les inférieurs, dit-il, attachés à chaque famille,
« furent vraisemblablement établis d'abord autour de
« la maison du chef qui les protégeait et dont ils étaient
« intéressés à défendre en toute occasion le pouvoir et
« la dignité. Quand ils devinrent très-nombreux, cette
« manière de vivre dut paraître incommode; alors le
« chef leur assigna des portions de terre séparées, qu'il
« leur permit de cultiver pour leur propre compte, à
« condition qu'ils continueraient de le servir à la guerre,
« et de remplir les différentes obligations qu'ils étaient
« censés avoir anciennement contractées comme mem-
« bres de sa famille, etc. »

Rien ne paraît plus probable; mais des vues si justes avaient-elles besoin de l'affiche de la nouveauté pour être bien reçues?

Après avoir considéré les distinctions de rang parmi les citoyens libres d'une nation, notre auteur examine l'état des habitans de la dernière classe, lesquels, pour se procurer la subsistance, sont obligés de travailler au service des autres, et qui forment le gros du peuple. Il suit les variations survenues dans cet état à proportion des progrès de la législation, et il finit par un tableau de la révolution singulière qui distingue honorablement à cet égard les lois de l'Europe.

Il l'attribue, ainsi que nos meilleurs auteurs, à l'espèce de gouvernement civil qui s'est introduit dans la plupart des pays de l'Europe, à mesure que les souverains ont senti les dangers de la puissance féodale et la nécessité de la détruire sans violence et sans éclat. On a donc vu les peuples forcés à vendre leur liberté pour acheter leur vie, et les rois vendre ensuite la liberté au peuple pour augmenter leur pouvoir et leurs richesses. La politique, de tout temps, n'a été qu'un trafic honteux des biens les plus propres à l'homme, et qui par conséquent devraient être les plus sacrés et les plus inaliénables.

M. Millar n'ayant cherché qu'à expliquer les causes des différences arrivées dans nos mœurs et dans nos coutumes, sans entrer dans l'examen des avantages ou des désavantages qu'elles ont occasionés, on sent que ses observations doivent former plutôt un ouvrage de philosophie que de politique. Il ne découvre point de vues nouvelles; mais il développe avec beaucoup de sagesse et de méthode une partie de celles que Jean-Jacques a jetées dans son *Discours sur l'origine et les fondemens de l'inégalité.*

Ce Discours est peut-être de tous les ouvrages de cet homme célèbre le plus original et le plus important. Il contient les germes de tout ce qu'il a écrit depuis. Il a produit en Allemagne et en France une infinité de bons et de mauvais livres, et l'on doit sans doute le compter dans le petit nombre de ceux qui ont ouvert une nouvelle mine à la curiosité avide de nos sages et de nos raisonneurs.

Tant que l'esprit théologique fut l'esprit dominant en Europe, c'est-à-dire au moins depuis Wiclef jusqu'au fameux Arnaud, la philosophie et l'histoire ne marchèrent que d'un pas timide et mal assuré. On craignait surtout alors de remonter à la première origine de nos institutions politiques et religieuses. Ce qu'on pouvait en apprendre dans le catéchisme était à peu près tout ce qu'il était permis d'en savoir. On expliquait toutes les sources de la corruption par le péché originel. On faisait dériver toutes les langues de l'hébreu, et l'invention de cette langue primitive passait pour une science infuse. La théocratie était regardée comme le modèle de tous les gouvernemens, et toutes les autres formes d'administration étaient soupçonnées de tenir plus ou moins de l'idolâtrie et de la superstition. On ne connaissait guère d'autres lois que celles des Juifs, ou l'on croyait du moins que tout ce qu'il y avait de bon dans les autres avait été emprunté chez eux. Enfin, l'on tâchait de nous persuader que l'Être-Suprême avait pris long-temps la peine d'élever lui-même le genre humain, et qu'à la fin lassé d'une tâche si ingrate, il l'avait abandonné à sa propre conduite, ou bien à celle des démons; et c'est ainsi qu'à force de vouloir étendre l'influence de la religion sur des objets qui n'ont aucun rapport avec ses véritables principes, souvent l'on a mis des entraves au génie, et souvent l'on est parvenu à faire mépriser le culte le plus respectable et le plus utile au bonheur de l'humanité.

Rien n'était plus propre à renverser tous les systèmes exclusifs de notre théologie moderne, que la découverte des deux Indes. Elle a servi surtout à répandre de grandes lumières sur les commencemens de la société; mais il n'y a guère plus d'un demi-siècle que la philosophie en a su profiter.

Ce n'est plus dans les traditions fabuleuses de l'antiquité, c'est dans l'histoire même des différens peuples de l'ancien et du nouveau continent, que nous pouvons observer aujourd'hui les progrès successifs de la civilisation. C'est en comparant notre état actuel avec celui où nous étions il y a trois ou quatre siècles, celui où nous étions alors avec l'idée que Tacite et César nous donnent de la condition de nos aïeux, et cette première époque de notre histoire avec les relations que les voyageurs nous ont fournies sur les nations sauvages de l'Amérique, que nous pouvons établir assez probablement l'origine et les progrès des premières sociétés.

L'idée qu'en avait le fameux Hobbès se rapporte parfaitement à celle des épicuriens.

. . . .
Atque ipsa utilitas, justi prope mater et æqui.
Quum prorepserunt primis animalia terris,
Mutum et turpe pecus, glandem atque cubilia propter
Unguibus et pugnis, dein fustibus, atque ita porro
Pugnabant armis, quæ post fabricaverat usus :
Donec verba, quibus voces sensusque notarent ,
Nominaque invenère : dehinc absistere bello ,
Oppida cœperunt munire, et ponere leges ;....
Jura inventa metu injusti fateare necesse est.

HORAT. *Sat.* I , 3.

Ceux qui ont voulu examiner quels ont pu être les premiers progrès de la civilisation, ne se seraient-ils point trop attachés à réduire l'origine des différentes sociétés à un même principe ? Les besoins de la nature, les circonstances si différentes du climat, et les jeux du hasard, qui influent si puissamment sur toutes nos actions, n'ont-elles pas dû en varier et en modifier les causes à l'infini ?

Si les hommes n'étaient pas nés pour vivre en société, sans doute qu'ils n'y auraient jamais vécu. Le germe des facultés qu'elle nous fait exercer dut toujours exister, puisqu'il a pu être développé une fois ; mais il ne l'eût jamais été sans le secours d'une révolution particulière.

L'homme livré à lui-même n'a que des besoins et des sensations. Il suffit que ses besoins excitent les premiers efforts de l'industrie, que le charme du plaisir ou celui de l'habitude prolonge ses sensations, en fixe le souvenir, en épure les jouissances, pour faire naître chez lui tous les sentimens que suppose l'état simple d'une société naturelle. Mais ce que nous appelons la société artificielle ou politique n'a pu être que l'ouvrage des grandes passions. Il y a dans cette machine immense des ressorts qui surpassent la portée commune de l'homme. Il faut que les premiers législateurs des sociétés, même les plus imparfaites, aient été des hommes surnaturels, ou des demi-dieux.

Les passions qui en sont le mobile, l'amour, l'avarice, l'honneur, le fanatisme, toutes ces passions factices, ressemblent à l'aimant artificiel, dont la force est infiniment supérieure à celle de l'aimant naturel, parce qu'il

est en quelque manière le produit, l'extrait, la quintes-
sence d'un grand nombre de forces particulières que la
nature avait laissées éparses, et que l'art a su concentrer.

ÉLOGE DE COLBERT, PAR M. NECKER. — PRIX
D'ÉLOQUENCE DE L'ACADÉMIE FRANÇAISE [1].

Septembre 1773.

Le 25 août, l'Académie Française se rendit, selon
l'usage, à la chapelle du Louvre pour entendre la
messe et le panégyrique de saint Louis. Il n'y a qu'une
seule circonstance qui ait fait parler de l'orateur, c'est
que M. le duc de Nivernais, qui l'année dernière fut directeur de l'Académie, et qui était chargé par conséquent de nommer un prédicateur, ne s'en est souvenu
que deux jours avant la fête. On a été dans le plus
grand embarras. Enfin, après beaucoup de recherches
inutiles, on a eu recours au père Mandart de l'Oratoire,
qui a bien voulu se prêter à la circonstance. Quelque
jugement qu'en puisse porter la critique, il faut avouer
que si le bon Père ne prêche pas fort bien, il prêche
au moins fort vite. Nous espérons que le saint roi lui
saura toujours gré de sa complaisance et de sa bonne
volonté.

L'après-dîner, l'Académie Française s'assembla pour
distribuer les prix, et pour faire la lecture des pièces
qui ont été couronnées. Le prix d'éloquence, dont le

1. Ce Discours, véritable monument historique, a commencé la haute
réputation de M. Necker. On y découvre sans peine, qu'en le composant,
son ambition ne se bornait pas à une couronne académique.

sujet était l'éloge de Colbert, fut donné au discours qui a pour devise : ··

Est modus in rebus, sunt certi denique fines
Quos ultra citráque nequit consistere rectum.

L'auteur de ce discours ne s'était pas encore fait connaître alors à l'Académie; mais personne n'ignore plus aujourd'hui que c'est M. Necker, ministre de la république de Genève.

L'assemblée fut une des plus brillantes, et surtout des plus nombreuses. Beaucoup de gens connaissaient déjà l'auteur de l'*Éloge de Colbert*, d'autres cherchaient à le deviner; ce double intérêt y attira une infinité de monde. La pièce couronnée lue fut par M. d'Alembert. L'*Éloge* eut tout le succès qu'il pouvait avoir dans un auditoire aussi nombreux et aussi mêlé; mais vous jugerez bien, en le lisant, que le vrai mérite de cette production n'était pas fait pour être saisi par le plus grand nombre des auditeurs.

L'*Éloge de Colbert* fait dans ce moment la plus grande sensation, et la postérité en parlera sans doute encore avec admiration, long-temps après qu'on aura oublié les clameurs que l'envie et l'esprit de parti excitent aujourd'hui contre lui.

Quoique la malignité ou l'imbécillité de ces hommes qui ne jugent que sur les apparences les plus vagues, ou sur les petits propos de la médisance, ait prétendu remarquer beaucoup de rapports entre la manière du panégyriste de Colbert et celle de M. Thomas, il est aisé de voir qu'au fond il n'y en a aucun. Ce n'est point ici le travail d'un homme de lettres qui s'est en-

fermé dans son cabinet, qui a feuilleté avec beaucoup
de peine et d'ennui tous les livres qui parlent de l'administration des finances, ou du ministère de Colbert;
c'est le résultat des méditations d'un citoyen et d'un
homme d'État qui a réfléchi profondément sur les devoirs d'un administrateur et sur le maniement des affaires,
qu'il a vues par ses yeux propres, et dont l'expérience
lui a fait connaître à fond plusieurs branches essentielles. Ce n'est point un homme qui, la tête échauffée
des grandes choses qu'il a lues dant les écrits de Plutarque ou de Platon, forme de beaux rêves sur le bonheur des gouvernemens et des États, dont il ne connaît
ni la vraie puissance, ni les véritables ressorts. C'est
un homme qui annonce de grandes vues, parce qu'il a
des connaissances réelles, et parce qu'il a saisi les objets qu'il a été à portée de voir, avec cette étendue qui
n'appartient qu'au génie et avec cet esprit de bienveillance universelle qui fut toujours le premier besoin d'une ame élevée et sensible.

Quelque raisonné que soit l'*Éloge de Colbert*, il
n'est bâti que sur peu de faits connus de tout le monde,
et ne suppose, pour ainsi dire, aucune espèce de recherches historiques. Si M. Necker a exposé avec tant
de justesse tout le système de l'administration de Colbert, c'est qu'il lui a suffi d'en apercevoir quelqués
chaînons pour en connaître tout l'ensemble. On dirait
qu'il a deviné l'ame de ce grand ministre sur la sienne,
et qu'il ne doit son succès qu'au rapport étonnant qui
s'est trouvé entre leurs manières de voir et de sentir.
S'il a quelquefois attribué à Colbert des motifs et des
vues qu'il n'eut vraisemblablement pas, c'est que depuis
Colbert la science du commerce et des finances a fait

de grands progrès. Ainsi, sans mêler au système de
Colbert des idées étrangères, il en a développé
les principes, comme ce ministre les eût développées et les eût éclaircies lui-même s'il eût vécu de nos
jours.

Nos orateurs vulgaires ne cherchent de grandes idées
que pour trouver de grands mots, et pour en imposer
ainsi par la pompe de leur langage. M. Necker n'est
éloquent que parce que ses idées et ses sentimens le
forcent à l'être. Sa langue semble manquer à tout moment à l'énergie de ses pensées; sans compter qu'il n'a
pas l'habitude de la manier avec la même facilité qu'un
homme qui se serait occupé des lettres depuis sa jeunesse, on voit que c'est surtout l'étendue et l'originalité
de son génie qui lui fait trouver cette langue trop faible
et trop stérile. S'il a recours à des tours et à des expressions insolites, c'est parce que ses idées sont souvent
toutes nouvelles, ou qu'il les a conçues du moins d'une
manière tout-à-fait neuve. On ne prendra peut-être
pas son style pour modèle; mais on admirera souvent,
en le lisant, l'écrivain qui pense et qui sent encore plus
qu'il ne semble exprimer. J'ai vu des gens prétendre
que cet *Éloge* n'était point français. Je soupçonne que
ces gens-là veulent bien plus de mal à leur langue et à
leur nation qu'aux talens de M. Necker.

Son discours est divisé en quatre parties. Dans la
première, il trace l'arrivée de Colbert au ministère des
finances. Il fixe l'attention sur l'importance de cette
place et sur les hautes qualités qu'elle exige. Premier
moyen de rendre hommage à celui qui l'a si bien remplie.

« On peut le dire, dans la constitution actuelle des
« sociétés, c'est à l'administration des finances que

« toutes les parties du gouvernement se rapportent et
« s'enchaînent. C'est elle qui doit indiquer à la marine
« et à la guerre la portion de richesse qu'on peut con-
« sacrer à la force. C'est elle qui doit enseigner à la
« politique le langage qui sera d'accord avec la puis-
« sance. C'est elle enfin qui enveloppe dans ses soins
« les intérêts de tout un peuple.

« Quelles sont les qualités nécessaires à l'administra-
« teur des finances ? La sensibilité lui donne le désir
« d'être utile aux hommes, la vertu lui en fait un de-
« voir, le génie lui en ouvre les moyens, le caractère
« les met en usage, et la connaissance des hommes
« adapte ces moyens à leurs passions et à leurs fai-
« blesses.

« L'homme doué de cet esprit peut avoir presque
« seul la conscience de ses forces. Il ne peut conduire
« les autres jusqu'aux bornes de ce qu'il voit, et sa gran-
« deur est une grandeur inconnue ; souvent du moins le
« secret n'en est confié qu'à la succession des âges. Il
« faut, pour ainsi dire, que l'univers se déploie devant
« lui. Il est quelques principes qui s'enchaînent, mais
« ils fléchissent à l'application ; les circonstances, le
« temps, tout les modifie. C'est le coup d'œil donné par
« la nature qui en fixe la mesure, et pour ce coup d'œil
« il n'est point de leçons, il n'est point de lois écrites,
« elles naissent et meurent dans l'ame des grands
« hommes.

« J'entends par le caractère cette puissance de l'ame,
« cette force inconnue, qui semble unir par une flamme
« invisible le mouvement à la volonté et la volonté à
« la pensée. Différent de l'esprit, qui s'accroît par l'in-

25

« struction et qui s'enrichit par les idées des autres, le
« caractère ne doit sa force qu'à la nature; il ne se
« prend ni ne s'inspire, il ne se donne ni ne se commu-
« nique. C'est par lui cependant que la vertu est active,
« et que le génie est bienfaisant. Oui, c'est le carac-
« tère ●i traduit les hautes pensées en grandes actions,
« par la constance dans le vouloir, et la fermeté dans les
« desseins. C'est par lui que l'homme s'élève et qu'il
« atteint à la véritable grandeur, au pouvoir d'agir et
« de faire, de poursuivre et d'exécuter, de résister et de
« vaincre.

« Quel homme, demande-t-on, peut atteindre à
« ces perfections? quel homme en approcha jamais?
« Colbert. »

Dans la seconde partie de son discours, M. Necker
montre l'état des affaires à l'entrée de Colbert dans le
ministère, et les succès de ses premiers travaux.

L'objet de la troisième partie de ce discours est de
chercher les principes de Colbert sur l'économie politique et de les comparer à sa conduite. C'est la plus
longue partie de l'ouvrage et sans doute la plus importante.

« Augmenter la force publique sans nuire au bon-
« heur des particuliers, voilà peut-être le but de l'ad-
« ministration des finances; mais il est difficile à rem-
« plir. Les moyens qui constituent la puissance de la
« société contrarient souvent le bonheur de ses mem-
« bres. L'une demande des sacrifices, l'autre ne veut
« que des jouissances.

« L'administrateur tempère ces oppositions sans pou-
« voir les détruire, et ses succès sont annoncés par

« l'accroissement de la population; car elle naît du
« bonheur, et c'est elle qui produit la force.

« L'agriculture est la base essentielle de la popula-
« tion, elle en serait même l'unique source dans une so-
« ciété où les biens de la terre seraient recueillis en
« commun et partagés également; mais, par l'effet des
« lois de la propriété, il est encore d'autres circon-
« stances qui concourent à l'accroissement de la popu-
« lation d'un État.

« Les métiers, les arts et les manufactures augmen-
« tent la population, en arrêtant sans contrainte les ex-
« cédans des subsistances que les propriétaires tiennent
« dans leurs mains, et dont ils ont le droit de disposer
« à leur gré.

« Si ces manufactures n'étaient agréables qu'aux
« membres de la société où elles existent, leur utilité
« serait imparfaite ; car les propriétaires qui désire-
« raient des productions d'un autre pays consacre-
« raient encore à les acquérir une partie des denrées de
« nécessité dont ils sont les maîtres, ce qui ne sera plus
« nécessaire si ces manufactures peuvent plaire aux
« nations étrangères et deviennent un objet d'échange.

« Mais les hommes occupés des arts, des manufac-
« tures, de la culture des terres, ne peuvent pas se dé-
« tourner de leurs occupations pour chercher loin d'eux
« des acheteurs.

« C'est ici que se présente la fonction des négocians;
« leurs moyens répondent aux besoins journaliers de
« l'industrie; et leur active intelligence, excitée par
« l'intérêt personnel, défend dans les échanges les pro-
« ductions nationales contre celles des étrangers.

« Ainsi l'agriculture, les manufactures et le com-
« merce semblent former une chaîne de bienfaits, et
« s'unir pour étendre la population. »

Ces principes posés, notre auteur jette un coup d'œil
rapide, mais vaste et profond, sur la manière dont
Colbert a favorisé ces trois sources importantes de la
prospérité du royaume. Il justifie ce grand ministre de
tous les reproches qu'on a faits depuis quelque temps au
plan de son administration, et s'arrête surtout aux
motifs qui l'ont empêché de permettre dans tous les
temps la sortie des blés sans mesure et sans limites. Ce
morceau est trop bien fait pour ne pas déplaire infiniment aux économistes. Depuis les *Dialogues sur le
commerce des blés* de l'abbé Galiani, leur système ne
reçut point d'atteintes plus terribles, si ce n'est celles
que la nation a payées si cher et dont elle souffre
encore.

Pour répondre à l'objection qu'on fait si souvent à
l'administration de Colbert de n'avoir fait qu'augmenter
le luxe en favorisant les arts et le commerce, son panégyriste, plus philosophe encore qu'éloquent, remonte
jusqu'à l'origine du luxe, et soutient avec beaucoup de
profondeur et de raison tout ce que M. de Voltaire a
dit avec tant d'agrément dans son *Mondain*.

« La loi des propriétés produisit des inégalités de
« fortune ; ces inégalités de fortune entraînèrent des
« inégalités de jouissances, et la supériorité des unes sur
« les autres fut exprimée par le mot de luxe. Ce luxe
« n'eût été susceptible d'aucun accroissement, si à cha-
« que génération les fruits de son travail périssaient
« avec elle ; mais un grand nombre de productions de

« la terre et de l'industrie subsistant au-delà de la vie
« des hommes, les richesses mobilières s'accumulent
« dans la société tant que des révolutions extraordi-
« naires ne viennent pas les détruire. Alors s'introduit
« un nouveau luxe qu'on pourrait appeler le luxe des
« siècles, et les disproportions deviennent plus frap-
« pantes. D'un côté, l'on voit cette multitude de ri-
« chesses entassées par le temps se joindre aux produc-
« tions de la génération nouvelle, et répandre leur faste
« au hasard par le mouvement des propriétés ; et de
« l'autre, on voit le plus étroit nécessaire demeurer le
« partage invariable de cette classe d'hommes qui, par
« leur nombre et leur rivalité, reçoivent la loi du pro-
« priétaire, et consacrent par leur pauvreté le souvenir
« de son avarice.

« Mais, dira-t-on, s'il est un luxe qui ne détruit pas
« le bonheur, il nuit toujours à la force nationale en
« amollissant les mœurs ; il soumit aux Grecs l'empire
« des Perses, il renversa la république romaine.

« Les temps sont bien changés ; Colbert l'avait sans
« doute aperçu. Il avait promené ses regards sur ces
« nombreuses armées qui s'élevaient en Europe ; et,
« réfléchissant profondément sur la discipline rigou-
« reuse qu'on établissait, et qui devait gouverner cent
« mille hommes par un seul mouvement et par une
« même volonté, il vit avec douleur que ces vieilles
« vertus de la Grèce et de Rome, l'amour de la patrie,
« le fanatisme de la gloire, ne seraient plus et ne pou-
« vaient plus être l'unique force des États.

« Oui, c'est la perfection de cette discipline guer-
« rière qui fit sentir à Colbert que l'argent, ce signe

« général des valeurs, le prix du service des hommes,
« deviendrait nécessairement le fondement essentiel de
« la puissance politique. »

Quelque triste que soit cette observation, ne ren-
ferme-t-elle pas le principe dominant de tous les États de
l'Europe? L'argent n'est-il pas dans nos gouvernemens
actuels ce que la force est chez les nations sauvages,
ce que sont les mœurs chez un peuple vertueux? Peut-
être faut-il se garder cependant de rapporter uniquement toutes les vues de la politique vers cet objet?
Quelque fondement qu'il puisse avoir, l'esprit de système est toujours dangereux. Lorsqu'on eut découvert
la circulation du sang, cette observation si importante
produisit la plus grande révolution dans la médecine.
Cependant l'opiniâtreté des médecins à dériver uniquement de ce principe toutes les règles de leur art, en
arrêta long-temps le progrès. N'aurions-nous pas la
même chose à craindre en politique, si l'on s'accoutu-
mait à regarder les finances comme l'unique source de
la puissance politique, en oubliant combien les lois,
les mœurs et l'esprit particulier du gouvernement peuvent y contribuer?

Dans la dernière partie de l'*Éloge de Colbert*, on
parle de ses soins pour la marine, les arts, les sciences
et les lettres, de sa mort, et de l'injustice de ses compatriotes.

« Colbert voyait avec plaisir que les écrits éloquens
« de son siècle serviraient son système économique en
« étendant la langue française et renversant la barrière
« qu'établit entre les hommes la différence des lan-
« gages.

« Peut-être aussi que ce ministre avait aperçu dans
« les chefs-d'œuvre des Racine et des Molière, et dans
« leur représentation journalière, une instruction dont
« l'industrie française profiterait sans y penser. Il avait
« présumé que l'habitude de distinguer de bonne heure
« ces fils imperceptibles qui séparent la grace de l'affec-
« tation, la simplicité de la négligence, la grandeur de
« l'exagération, influerait de proche en proche sur
« l'esprit national, et perfectionnerait ce goût qui fait
« aujourd'hui triompher les Français dans tous les ou-
« vrages d'industrie, et leur permet de vendre bien
« cher aux étrangers une sorte de convenance spiri-
« tuelle et fugitive qui ne tient ni au travail, ni au
« nombre des hommes, et qui devient pour la France
« le plus adroit de tous les commerces. »

A-t-on jamais mieux peint le caractère des Français
qu'il ne l'est dans ce morceau?

« Nation douce et sensible, que les plus faibles soins
« de la part de son prince émeuvent et transportent!
« Aimable nation à laquelle il est si doux de faire du
« bien! Avec une intelligence fine et rapide, elle a l'ame
« d'un enfant, et son cœur est ouvert à la reconnais-
« sance. Précieuse qualité qu'elle doit à son heureux
« naturel, et qui est peut-être entretenue par son gou-
« vernement; il n'est pas assez arbitraire pour faire
« perdre aux ames leur ressort, et il n'est pas assez
« libre pour que l'éloignement habituel de toute es-
« pèce de joug puisse faire haïr celui même des bienfaits.

« Oh! quel plaisir dans le recueillement de la soli-
« tude et dans le silence de la nuit, lorsque l'univers
« sommeille, hormis celui qui veille sur tous, d'élever

« son ame vers lui, de se dire à soi-même : Ce jour j'ai
« adouci la rigueur des impôts; ce jour je les ai sous-
« traits au caprice de l'autorité; ce jour, en les distri-
« buant plus également, je pourrai convertir un faste
« inutile au bonheur dans une aisance générale, qui
« fait à la fois la félicité de ceux qui en jouissent et de
« ceux qui la contemplent; ce jour j'ai tranquillisé vingt
« mille familles alarmées sur leurs propriétés; ce jour
« j'ai ouvert un accès au travail et un asile à la mi-
« sère; ce jour j'ai prêté l'oreille aux gémissemens fu-
« gitifs et aux plaintes impuissantes des habitans de
« la campagne, et j'ai défendu leurs droits contre les
« prétentions impérieuses du crédit et de l'opulence.
« Oh! quel superbe entretien! quelle magnifique con-
« fidence de l'homme au créateur du monde! Qu'il pa-
« raît grand alors! Il semble s'associer aux desseins de
« Dieu même..... »

L'*Éloge de Colbert* est suivi de notes. Ces notes ne
sont pas des recherches isolées sur quelques circonstances de la vie de Colbert ou sur quelqu'une de ses
opinions particulières; elles forment un système d'administration politique plein de vues utiles et, quoique
fort court, plus complet peut-être que tout ce que nous
avons vu dans ce genre. On croit lire une suite de *l'Esprit des Lois.* Le style de M. Necker est, à la vérité,
moins soigné que celui de Montesquieu; mais il est
tout aussi énergique, tout aussi profond, et la chaîne
de ses idées paraît même plus soutenue et plus serrée.

J'en demande pardon au siècle du grand Colbert,
mais je ne crois pas qu'on eût fait, dans ce siècle si
vanté, une seule page de ces notes. Il me semble

qu'il y a deux sciences nouvelles qui n'ont été créées pour ainsi dire que de nos jours, celle des mots et celle de l'argent. Il y a plus de, rapport qu'on ne pense entre ces deux espèces de signes, et leur métaphysique est à peu près également abstraite. Elle doit sans doute beaucoup aux progrès que les mathématiques ont faits depuis Leibnitz et Newton. Les mots sont les signes de nos idées comme l'argent est le signe de nos propriétés. Les mots facilitent l'échange de nos idées, comme l'argent celui de nos propriétés. La valeur des mots devient-elle incertaine ou arbitraire, les idées le deviendront aussi. Si la valeur de l'argent varie, celle des propriétés variera de même. Il est essentiel au progrès de la philosophie qu'il y ait une juste proportion entre le nombre des idées et celui des mots; la même proportion doit être observée entre l'argent et les propriétés réelles d'un État pour entretenir la circulation nécessaire à sa prospérité. Il serait aisé de pousser ce parallèle plus loin, mais peut-être avons-nous déjà été trop diffus.

Ceux qui sont étonnés que M. Necker, qui ne s'est presque jamais appliqué qu'aux affaires, ait pu écrire sans secours l'*Éloge de Colbert*, le seraient bien plus encore s'ils savaient une circonstance dont je suis parfaitement sûr, c'est qu'il n'avait pas encore tracé une ligne sur Colbert le 15 de mai. Cependant l'ouvrage a été fini et envoyé à l'Académie au commencement de juillet. C'est un effort de tête dont il y a sûrement très-peu d'exemples. Telle est cependant quelquefois la marche du génie, et tout le monde n'est pas fait pour y croire. On ne saurait trop méditer un ouvrage avant de l'entreprendre. On ne saurait trop le corriger après l'avoir fait; mais les traits les plus sublimes ne sont jamais que le fruit d'une composition vive et rapide.

RÉFLEXIONS D'UN IGNORANT APRÈS AVOIR LU L'ÉLOGE DE COLBERT.

Les États naissent, croissent, dépérissent et meurent comme les hommes ; serait-il possible de fixer le terme de leur accroissement ou celui de leur bonheur ? Ne dépend-il pas d'une suite de mouvemens et de révolutions dont l'assemblage ou le progrès est bien plus souvent l'ouvrage des circonstances et du hasard que celui des lois et du génie?

Puisque l'on peut prolonger en quelque sorte l'enfance de l'homme, ne peut-on pas prolonger de même celle d'un État, empêcher l'usage ou l'abus précipité de ses forces, retarder l'effet de leur développement, et se borner d'ailleurs à prévenir les causes extérieures de sa ruine ? La seule méthode qui puisse donner de la vigueur et de la consistance à notre être, est sans doute aussi la seule qui puisse assurer la force et la durée d'un État.

La science du gouvernement n'est peut-être que la science de l'éducation appliquée à l'établissement d'une société entière. Il me semble au moins que c'est sous ce point de vue que Lycurgue et Platon l'ont envisagée.

Si vous en exceptez la partie du commerce et des

finances, je ne vois pas que nous ayons aujourd'hui beaucoup plus de lumières sur la politique que n'en avaient les anciens. Cependant leurs principes ne peuvent plus guère servir à notre instruction ; ils se rapportent presque tous à des gouvernemens simples et d'une étendue fort bornée. Tout ce que nous savons des grands empires dont parle l'antiquité, c'est que la fortune et l'ambition en jetèrent les fondemens, que le caprice et l'intérêt du moment en réglèrent la conduite, et que tous ont fini par être la victime du luxe et la proie de quelque nation barbare.

Comme le régime qui convient à l'enfance ne peut plus convenir à l'âge mûr, les principes d'une société naissante ne peuvent plus être ceux d'une société qui, formée dès long-temps, s'est fortifiée et agrandie. La conduite du gouvernement doit donc varier à mesure que la révolution des temps modifie les forces, les mœurs et les besoins d'une nation.

Depuis que l'on a essayé de penser, il est démontré qu'il n'est point de théorie généralement sûre. Nos principes ne sont en effet que le résultat d'une multitude d'expériences, et l'expérience du passé ne nous répond jamais exactement du présent et de l'avenir. Il n'est donc qu'une science en politique comme en philosophie, celle de voir juste ; c'est vers ce but que nous devons diriger toutes nos lumières et toutes nos connaissances, si nous voulons qu'elles soient utiles.

En supposant l'état des choses tel qu'il est, la question la plus importante aujourd'hui, ce me semble, c'est de savoir comment on peut jouir sans abuser, ou bien comment l'on peut avoir du luxe sans misère.

Nos désirs, nos besoins se sont multipliés; est-ce un mal? est-ce un bien? Qu'importe? Le fait est que nous sommes arrivés à ce période, et que les circonstances qui disposent de nos destinées ont plus de pouvoir sur nous que les vains systèmes dont s'amuse notre imagination.

Il est clair qu'un peuple dont les besoins augmentent doit chercher aussi de nouvelles ressources pour augmenter sa richesse.

Mais qu'est-ce que la richesse, lorsqu'elle n'est pas le signe de la félicité publique, le gage et le produit de l'industrie et du travail? Tout l'or des deux Indes ne laisserait-il pas une nation dans la pauvreté, si elle ne l'employait pas à faire valoir son sol et les productions dont il est susceptible?

Ce n'est donc pas à proprement parler la richesse, c'est l'abondance et la facilité avec laquelle cette richesse circule proportionnellement dans toutes les parties de l'État, qui en fait la force et la prospérité.

Il n'est donc pas indifférent qu'elle passe par tels canaux plutôt que par d'autres, c'est-à-dire qu'elle se trouve entre les mains de telle classe de citoyens plutôt qu'entre les mains de telle autre.

Il est impossible qu'elle soit également abondante partout, mais elle ne doit manquer nulle part.

Ceux qui voudraient que tous les citoyens d'un État fussent de la même richesse ont oublié l'apologue de Ménénius. Le sang qui anime notre corps peut-il couler avec la même abondance dans ces veines imperceptibles et dans ces artères qui portent au cœur le mouvement et la vie?

On a raison de déclamer contre les maux qu'a produits l'inégalité des conditions; mais cette inégalité est nécessaire, et quoiqu'elle ne soit souvent que l'ouvrage des hommes, n'est-elle pas assez justifiée par les préférences même de la nature?

D'ailleurs dans les conditions qui sont privées des commodités du luxe, n'en est-on pas dédommagé par l'exemption de mille peines infiniment sensibles, par la force des sens, par toutes les jouissances d'une santé robuste et vigoureuse?

L'agriculture est la première source de la richesse, mais il n'y a que l'industrie et le commerce qui puissent rendre cette source abondante et féconde. L'aisance que la nature accorde d'elle-même au cultivateur lui suffit. Tout ce qu'il doit attendre d'un gouvernement équitable, c'est qu'elle lui soit assurée. Les manufactures et le commerce exigent une protection particulière et plus attentive. Si le souverain les encourage et les favorise, soyez sûr que les habitans de la campagne partageront infailliblement leur richesse, qu'ils en jouiront du moins autant que leur bien-être le comporte.

On a vu en France que les systèmes qui ont prétendu encourager la classe des laboureurs, n'ont enrichi en effet que les grands propriétaires, c'est-à-dire de tous les hommes ceux qui paient le moins à la société le bien qu'ils en reçoivent.

En Suisse, où l'administration peu compliquée a par-là même des rapports plus sensibles, plus rapprochés et plus frappans, on a remarqué que de tous les cantons, les mieux cultivés ce sont ceux où les manufactures ont fait le plus de progrès; qu'au contraire, les pays où l'on ne s'occupe encore que d'agriculture paient le moins de dîmes, et sont cependant non-seulement les plus pauvres, mais aussi les moins peuplés et les plus incultes.

Peut-être n'y aurait-il qu'un moyen d'arrêter les progrès de ce luxe qui s'accroît nécessairement de siècle en siècle : ce serait de ne laisser subsister les propriétés qu'à vie en constituant l'État héritier universel de tous les particuliers. Ce système réunirait, ce semble, tous les ressorts de l'intérêt personnel avec tous les avantages de la communauté des biens. Il faudrait cependant que dans une telle société l'éducation fût publique; il faudrait..... Mais quand j'aurais la plume de Jean-Jacques ou de Platon pour développer ce beau système, ne me dirait-on pas à la fin de mon discours : *Et puis vous vous réveillâtes.* Il en est temps.

ÉPIGRAMME DE ROBÉ

CONTRE LE CONTRÔLEUR-GÉNÉRAL TERRAY QUI A SUPPRIMÉ SA PENSION.

Sous les mains de Midas tout se changeait en or.
Si notre contrôleur opérait ces merveilles,
Pour la France épuisée il serait un trésor ;
Mais de Midas il n'a que les oreilles.

18 juillet 1777.

Il a regné pendant tout le séjour du comte de Gothland une grande aisance et beaucoup de gaieté dans
le commerce des deux têtes couronnées. Il y a eu aussi
beaucoup de présens de faits de part et d'autre. Catherine a commencé à son ordinaire. A mesure que le
roi a vu les différentes manufactures, il en a reçu des
échantillons; comme des tapisseries de haute lisse, des
services de porcelaine, un grand fourneau ou poêle de
porcelaine, une grande quantité d'étoffes riches des
fabriques de Moscou dont il s'est fait faire des habits
tout de suite, et qu'il a portés pendant son séjour ici.
Comme il désira d'avoir, en qualité de chevalier de
Saint-André, le second ordre de Russie, Alexandre
Newski, l'impératrice lui en donna les marques en diamans, dont une seule pierre est du prix de trente mille
roubles. Quelques jours après elle lui donna une canne
à pommeau de diamans avec une ganse de grosses perles,
terminée par une houppe de diamans. Cette canne, qui
fut donnée avec une tournure charmante, est une ba-
gatelle de soixante mille roubles. Il y a au-dessus du
pommeau aussi une pierre de vingt-cinq à trente mille
roubles. Le roi donna à l'impératrice, la surveille de
son départ, un rubis d'une grosseur unique et qu'il n'est
pas aisé d'estimer, et un souvenir avec son portrait

---

¹ Cette lettre ne se trouve dans les manuscrits qu'en *extrait*.

enrichi de diamans ; sur les tablettes il y a des vers
français de la main du roi. Madame la grande duchesse
a eu pareillement un souvenir avec son portrait, et
monseigneur le grand duc une bague avec son portrait.
Toute la suite du roi a eu de magnifiques présens de
l'impératrice ; les deux sénateurs de superbes boîtes,
avec le portrait, le même dont Sa Majesté m'a honoré,
tous les autres de superbes boîtes ; M. de Troll, général des galères, dans sa boîte une très-belle bague, et
l'impératrice lui fit dire que la bague était pour les soins
qu'il avait eus du roi pendant son voyage. L'équipage
du roi a eu de l'impératrice une gratification de mille
ducats. Le roi, de son côté, a donné aux princes Orlof
et Potemkin à chacun son portrait entouré de fort
beaux diamans. Il a donné de très-belles boîtes, ornées
de son portrait, aux principaux ministres ; et aux autres
officiers de la cour qui ont eu quelque service auprès
de lui, de très-belles bagues. Au dernier souper l'impératrice, et le roi seuls ne se sont pas mis à table ; ils
ont fait le tour derrière les chaises, et moyennant cela
je les ai eus long-temps, et à diverses reprises, derrière
la mienne. On ne soupe pas bien avec une telle *ter-
dirnüng*, mais heureusement je ne soupe pas. Le roi
voulait que l'impératrice m'ordonnât d'aller en Suède ;
l'impératrice dit qu'elle n'avait pas le droit de me rien
ordonner, et moi je dis que M. le comte de Gothland
m'avait attiré de l'impératrice une dureté et une humiliation d'autant plus injustes, que personne au monde
n'avait jamais eu plus de droit de me commander malgré
elle et malgré moi, ce qui est bien vrai à la tettre. Un peu
avant qu'on se levât de table, le roi s'éclipsa après avoir

à Oranienbaum pour s'embarquer tout de suite: il y trouva
M. de Soritz, un des flugel adjudans de l'impératrice,
qui lui présenta, de la part de Sa Majesté, une superbe
fourrure de renard noir, du prix de quinze mille roubles. Le roi fit le porteur sur-le-champ grand'-croix de
l'ordre de l'Épée. Il alla s'embarquer tout de suite sur
son yacht à Cronstadt. Le vent était bon, mais il devint
contraire dans la journée d'hier, et le soir on n'avait
pas encore perdu les bâtimens du roi de vue au port de
Cronstadt. Durant tout le mois que le roi a passé ici,
l'impératrice et le grand duc ont constamment porté
les marques de l'ordre des Séraphins, et le roi celles de
l'ordre de Saint-André.

Je viens, Monsieur, de faire le nouvelliste. Je devrais
actuellement ajouter ce qui a été dit souvent à table,
dans les conversations entre les deux têtes couronnées,
mais cela passerait les bornes d'une gazette et d'une
lettre................*...... L'impératrice a dérogé à
son habitude de se retirer à huit heures. Elle a fait
servir le souper alternativement dans les différens pa-
villons qui entourent Peterhof ou à Oranienbaum, et
sans s'y mettre à table elle y a toujours été d'une humeur charmante. Le roi m'a souvent dit ce que j'ai dit
à tout le monde depuis quatre ans, qu'on ne peut se faire
une idée de Catherine quand on ne l'a pas vue. A ces
soupers, l'impératrice créait ordinairement une hôtesse
parmi les dames de la cour, et le lendemain elle lui
envoyait un beau présent en diamans, pour la remercier
du bon souper qu'elle lui avait donné.

Actuellement j'ai fini; et si vous voulez, Monsieur,
à votre ordinaire, me donner une marque de bonté,

comme je suis écrasé d'affaires en ce moment-ci , j'oserais vous supplier de faire faire, par un secrétaire de confiance, un extrait de ces détails , et des copies pour les personnes ci-après nommées. Vous auriez la bonté de mettre en tête de ces détails , que ne pouvant leur écrire dans ce quart d'heure, j'ai eu recours à une personne inépuisable en bons procédés pour moi, pour leur faire passer ces détails tout de suite comme je les ai pu mander fort à la hâte et à la personne en question. . . . .

. . . . Heureusement ce griffonnage s'adresse à l'amitié indulgente, qui se contentera du style de gazetier broché très à la hâte, parce que huit jours plus tard cela n'aura aucun prix. J'ai oublié que le roi a fait donner quatre mille roubles à la livrée de la cour qui l'a servi.

SUR L'AMOUR.

Des causes et des remèdes de l'amour considéré comme maladie , par J. F. , médecin anglais , 1773. Quoi qu'en dise le titre de cette petite brochure, elle est plutôt un traité de métaphysique ou de morale que de médecine. Nous le pardonnerions volontiers à l'auteur s'il avait vu son objet d'une manière intéressante. Mais le plus sérieusement du monde il n'apprend rien, et c'est avoir trop de torts à la fois.

Il y a dans Montagne une longue liste des philosophes anciens qui ont écrit sur l'amour. Que de volumes les modernes n'ont-ils pas entassés sur le même sujet! Cependant a-t-il jamais été approfondi comme il méritait de l'être ? Cette passion qui l'emporte sur les premiers

besoins de l'homme sauvage, qui concentre tous les
désirs et tous les goûts de l'homme civilisé, se mêle à
tous nos sentimens, se modifie selon toutes les circonstances ou les modifie à son gré, cette passion si puissante et si singulière dans ses caprices, sera sans doute
encore long-temps au nombre de ces phénomènes dont
on parle le plus et qu'on connaît le moins.

Il y a, ce me semble, une analogie des plus frappantes entre l'amour et la superstition. Ces deux affections de notre ame n'ont peut-être qu'un même
principe, le sentiment secret de notre faiblesse, et le
besoin pressant d'étendre et de multiplier les forces de
notre être. Toutes deux sont également susceptibles de
mille formes différentes; toutes deux ont peut-être
également contribué à la perfection de la nature humaine et à sa plus grande dépravation ; toutes deux
tiennent leur empire de l'imagination et des sens. Ne
sont-elles pas encore l'une et l'autre une source d'héroïsme dans les grandes ames et de vices dans les
cœurs corrompus? Leur pouvoir n'est-il pas le premier,
mais aussi le plus dangereux ressort de la société? Ne
sont-elles pas enfin de toutes les modifications de notre
ame, celles qui nous éloignent le plus de la simplicité
de la nature, et celles, en même temps, qui nous en
rapprochent le plus immédiatement ? Pour achever ce
parallèle, n'est-ce pas encore par la même raison, que
leur véritable histoire nous est si peu connue ? Les
uns n'en ont parlé qu'avec cette obscurité mystérieuse
que produit l'enthousiasme, les autres avec cette légèreté qui ne croit rien parce qu'elle n'a rien examiné.
Il y a dans le culte de l'amour, ainsi que dans celui de

la superstition, des prêtres fanatiques et des libertins de.
mauvaise foi.

Notre auteur, pour n'être d'aucun parti, n'en est
pas plus philosophe. Il prétend que l'on ne doit pas
chercher les causes de l'amour dans les rapports qu'il
y a d'un être à un autre, puisqu'on voit des hommes qui
se ressemblent fort et qui se haïssent de même. Mais
n'est-ce pas là confondre deux idées absolument différentes, les rapports et la ressemblance? Si je ne voyais
dans les autres que les qualités qui me sont propres,
quel motif aurais-je de les aimer? Ce ne sont donc pas
des qualités uniformes ou semblables, ce sont les qualités qui peuvent suppléer aux nôtres, d'où résultent ces
rapports que suppose l'amour ou l'amitié. Nous cher-
chons dans les objets qui nous entourent ce qui nous
manque à nous-même, ce qui peut ajouter à notre
bonheur ou à nos plaisirs, et ce sentiment est ce que
nous appelons le besoin d'aimer, soit qu'il ait son principe dans notre ame, ou dans nos sens. C'est sans doute
là ce que Platon a voulu nous apprendre par cette
fable ingénieuse où il représente l'être-homme et l'être-
femme comme deux parties du même tout, qui se
trouvent séparées et qui se cherchent souvent toute
leur vie sans avoir le bonheur de se rencontrer.

Ces impressions subites, cet attrait invincible, ces
penchans involontaires et tous ces charmes mystérieux
de la sympathie, sont en morale ce que les qualités oc-
cultes sont en physique. On en parle souvent avec mépris, et la nature nous y ramène à tout moment malgré
nous. Le plaisir et la douleur, le désir et l'aversion
pénètrent dans notre ame par mille canaux qui lui sont

inconnus. Nos sens et notre instinct ont une sagacité que la réflexion la plus rapide ne saurait atteindre, et dont l'attention la plus soutenue ne se fera jamais qu'une idée très-imparfaite.

Quelque singulière que soit l'anecdote rapportée par M. de Saint-Foix sur l'occasion qui fit naître l'amour de Henri III pour la princesse de Clèves, en paraîtra-t-elle moins vraie à tous ceux qui ont médité sur les bizarreries du cœur humain? Cette princesse incommodée de la chaleur du bal passa dans la garderobe de la reine pour prendre une autre chemise. Il n'y avait qu'un moment qu'elle en était sortie quand le duc d'Anjou', qui avait aussi beaucoup dansé, y rentra pour raccommoder sa chevelure, et s'essuya le visage avec le premier linge 'qu'il trouva; c'était la chemise qu'elle venait de quitter. En rentrant dans le bal, il jeta les yeux sur elle et la regarda avec autant de surprise que s'il ne l'avait jamais vue. Son émotion était d'autant plus étonnante que, depuis six jours qu'elle était à la cour, il avait paru assez indifférent pour ces charmes qui dans ce moment faisaient sur son ame une impression si vive et qui dura si long-temps.

L'amour nous quitte quelquefois comme il nous prend. J'ai connu à Paris une femme pleine de graces, d'esprit, de raison, et qui avait surtout le caractère d'une vérité rare. Elle vivait depuis quelque temps dans la plus grande intimité avec un homme fort estimable. Un jour 'qu'il vint la voir, l'habit et la veste un peu déboutonnés à cause de la grande chaleur, elle aperçut qu'il y avait... une pièce à sa chemise. Cette ridicule circonstance éteignit tout à coup sa passion. « Je sens , disait-elle, que j'extravague, mais le fait est que cette puérilité a fait tomber le bandeau de mes yeux. Quoique je rende justice au mérite de mon ami, ce moment m'a fait apercevoir en lui mille petits défauts qui ont détruit toute l'illusion qui m'avait trompée en sa faveur.»

Il y a sûrement dans l'histoire des passions une infinité de traits aussi puérils, aussi bizarres que ceux-là, quoique les hommes qui en ont été la dupe n'aient pas eu tous assez de bonne foi pour s'en rendre compte. Après cela, laissons disserter les sages sur l'amour, sur les femmes et sur le cœur humain.

FRAGMENS.

Les droits respectifs de l'État et de l'Église, rappelés à leurs principes, forment une brochure de cent vingt-deux pages, écrite avec une apparente modération en faveur des prétentions du clergé. L'auteur se propose de décider par la raison et la saine philosophie le procès entre les deux puissances qui ne dure que depuis mille et tant d'années. Les résultats que la raison et la philosophie lui suggèrent sont tous favorables aux prêtres. Voilà une étrange raison et une philosophie toute nouvelle! Suivant la mienne, les droits de l'État consistent à gouverner, et ceux de l'Église à obéir. Voilà le vrai mieux possible que l'auteur prend à tâche de rechercher de bonne foi, à ce qu'il dit. La puissance de l'Église doit réserver son exercice tout entier pour l'autre monde; celui-ci ne mérite pas son attention. Quant aux biens périssables dont l'Église s'est si charitablement approprié la plus grande partie possible, l'auteur prétend que le mieux possible exige qu'elle les garde, et qu'on ne pourrait attaquer sa propriété sans intéresser celle des autres citoyens. C'est-à-dire que le clergé consent d'être traité en citoyen quant aux privilèges; quant aux charges et à la soumission, c'est autre chose. Mais je m'ennuie de réfuter de tels principes.

———

Les *Variétés d'un philosophe provincial,* par M. Ch..... le jeune, en deux parties in-12, consistent en réflexions morales, en observations critiques, portraits, caractères, allégories, fables, etc. Ce philosophe a tout varié dans ses deux petites parties, excepté la platitude et l'ennui qui sont partout les mêmes. Ses réflexions religieuses méritent le bonnet carré de Sorbonne, et à son ton on juge qu'il a très-bien fait de se décorer du titre de provincial.

———

*Justification de l'appel comme d'abus relevé par les religieux béné-
dictins de la congrégation de Saint-Maur, contre le régime actuel
de cette même congrégation,* par dom Emanuel Marie Limairac,
religieux bénédictin : volume in-12, de trois cents pages tendant à
prouver la justice de cette réclamation qui a si mal réussi. La maturité des moines qui est, comme vous savez, le moment de la chute,
sera beaucoup plus tardive que celle des jésuites ; ceux-ci la hâtaient
en se remuant sans cesse, au lieu que les moines n'en approchent que
lentement par une végétation longue et immobile.

———————

On a imprimé une *lettre de feu M. l'abbé Ladvocat, docteur et
bibliothécaire de Sorbonne,* dans laquelle il examine si les textes
originaux de l'Ecriture sont corrompus, et si la Vulgate leur est préférable : brochure in-8°, de 135 pages. L'auteur se déclare pour la
négative, malgré le respect que l'Église romaine ordonne de rendre
à la Vulgate. La raison qui décide M. l'abbé Ladvocat pour les textes
originaux, c'est que dans ces textes il n'y a que des fautes de copiste,
au lieu que dans la Vulgate il y a encore des fautes de traducteur.
Il est curieux de voir des hommes sensés discuter gravement de
pareilles questions. M. le proposant a certainement raison. Si ce
livre est divinement inspiré, il faut, pour mériter notre croyance,
qu'il ait été aussi divinement copié : car s'il y a une seule faute de
copiste, il peut y en avoir mille, et que devient le fondement de
notre foi ? Cependant saint Jérôme, saint Augustin et plusieurs
Pères de l'Église, conviennent que ces textes sont corrompus. Moi,
en ma qualité de fidèle, je soutiens que le Saint Esprit n'a pas seulement inspiré les auteurs des livres sacrés, mais qu'il a inspiré et
inspire encore tous les jours tous les copistes et imprimeurs qui en
multiplient les exemplaires, et que c'est bien le moindre miracle
qu'il puisse faire en faveur d'un livre nécessaire au salut éternel
du genre humain. M. l'abbé Ladvocat, qui, en sa qualité de docteur de Sorbonne, était athée, discute cette question en savant théo-
logien. Je me souviens de l'avoir fait mourir de la poussière avalée
dans la bibliothèque de la Sorbonne, mais cela n'est pas vrai, et il
n'était pas assez malavisé pour cela ; il est mort pour avoir négligé des
hémorrhoïdes auxquelles se sont jointes une inflammation et la gan-
grène.

———————

M. Changeux vient de publier un *Traité des extrêmes, ou Elémens de la science de la réalité*, en deux gros volumes in-12. M. Changeux, dont j'ignorais jusqu'à la réalité de l'existence, nous apprend qu'il a entrepris ce Traité à l'occasion de l'article *Réalité* qu'il destinait pour l'*Encyclopédie*. Il nous apprend encore qu'il a distingué la réalité de la vérité, et que, en sa qualité de Descartes du dix-huitième siècle, il a voulu faire avec la première comme l'autre Descartes a fait avec la seconde, et par conséquent créer une science toute nouvelle qui est celle de la réalité; science, suivant l'assertion de l'inventeur, plus utile que celle de la vérité, avec laquelle on ne pourra plus la confondre. Or, à force de se creuser la tête, M. Changeux a trouvé que sa science de la réalité porte sur un principe unique, et ce principe, c'est que les extrêmes se touchent sans se confondre, et que la réalité ne se trouve que dans le milieu entre ces extrêmes. C'est sur ce beau principe, si neuf qu'il est déjà devenu proverbe, que M. Changeux établit son superbe corps-de-logis de la réalité. Il s'imprime d'étranges sottises et d'insignes platitudes en ce dix-huitième siècle. Si vous avez le courage de lire un peu du Traité des extrêmes, vous y verrez que la vie et la mort ne sont pas des extrêmes; et dans le fait elles ne peuvent être que des milieux en vertu du principe unique découvert par M. Changeux, sans quoi on ne naîtrait, ni ne mourrait plus réellement. Ce que je sais, c'est que si les extrêmes se touchent sans se confondre, M. Changeux doit se trouver nez à nez contre Leibnitz, Newton et Locke.

Discours sur l'histoire des juifs, depuis le commencement du monde jusqu'à la destruction de Jérusalem par les Romains, pour faciliter aux jeunes personnes de l'un et de l'autre sexe, l'intelligence des figures de la Bible et de l'Histoire-Sainte; par M. Perrin des Chavanettes; volume in-12. Ne mettez pas entre les mains de la jeunesse les pauvretés de M. Perrin des Chavanettes. Tenez-vous-en, quant à l'histoire des Juifs, au Discours de M. Bossuet sur l'histoire universelle, car cette Histoire universelle n'est que cela, c'est-à-dire un précis de l'histoire juive. Mais du moins, en lisant Bossuet, vos jeunes gens liront un homme éloquent, dont le style noble et élevé peut servir de modèle, quoiqu'il ennoblisse souvent des pauvretés, parce qu'il est impossible à un prêtre qui veut faire l'historien, et qui veut arranger l'architecture de l'univers sur l'architecture de sa sacristie, de s'en tirer autrement.

Le Voyage de Robertson aux Terres Australes, traduit sur le manuscrit anglais, volume in-12 de près de 500 pages. C'est encore un
présent qui nous vient de pays étranger. C'est un roman politique
qui nous représente une espèce d'utopie ou de gouvernement idéal.
Tout cela est à pleurer d'ennui. On a fait un assez plaisant carton
à ce roman. Il y avait, dans la feuille qui commence page 145, une satire assez forte des parlemens qui embarrassent les vues du gouvernement par leurs continuelles remontrances. On a supprimé cette
feuille, et on lui en a substitué une autre qui contient une sortie
contre les philosophes et contre ce qu'on appelle encyclopédistes en
France. Il est vrai que cette philippique ne va plus avec le reste de
l'ouvrage, où tout le bien qui arrive au peuple chimérique que l'auteur dépeint est opéré par les philosophes ; mais à la faveur de cette
incartade, l'ouvrage a eu la permission de se débiter, et l'on s'est
peu soucié de savoir si le reste tenait ou non. Je plains ceux qui
profitent de la permission de lire ce Voyage imaginaire avec ou sans
carton.

───────

On vient de traduire de l'anglais les *Mémoires de James Graham,
marquis de Montrose*, contenant l'histoire de la rébellion de son temps.
Deux volumes in-12. L'auteur de ces Mémoires est le docteur Wizard
qui les a d'abord composés en latin ; mais les derniers chapitres et le
récit de la mort de Montrose sont d'une autre main. Si l'éditeur n'avait
pas eu soin de le remarquer, on ne s'en serait pas aperçu. Ce docteur Wizard est plat et ennuyeux, et c'est dommage ; le marquis de
Montrose méritait un meilleur historien. On lit sans aucun intérêt
une histoire qui en comportait un très-grand. Tout le premier volume est rempli de détails militaires rapportés d'une manière insipide, et le second, où l'on trouve les revers et la fin tragique du
héros, n'est pas plus intéressant que le premier. Montrose servit toute
sa vie avec beaucoup de zèle la cause du malheureux Charles Ier,
roi d'Angleterre. Son sort fut pareil à celui de son maître. Il
perdit la tête sur un échafaud, peu de temps après le supplice
du roi et après avoir couru inutilement dans le Nord, en Allemagne,
en France et en Hollande, pour chercher des vengeurs à Charles Ier
et des défenseurs à son fils Charles II. Montrose avait montré de
grands talens pour la guerre en défendant la cause du roi en Écosse
contre les Covenantaires ; mais si la cause qu'il défendait était bonne,
il faut convenir qu'il avait épousé les intérêts d'un trop mauvais
joueur. L'historien de Montrose s'étend souvent sur les vertus et sur

la bonté de ce Charles Ier, mais c'est qu'il ne sait pas qu'un bon homme et qu'un bon roi sont deux bonnes gens qui ne se ressemblent guère. Enfin, il est des causes justes que la faveur publique ne seconde jamais; c'est qu'il ne suffit pas d'avoir raison, il faut encore autre chose. Tout le monde admire Cromwell; on plaint Charles Ier, mais d'une pitié bien froide. On n'a qu'à voir combien le sentiment qu'on éprouve au récit du supplice du roi d'Angleterre est différent de celui que fait naître l'assassinat de Henri IV par Ravaillac. C'est que Henri était un grand et un excellent homme, et Charles était un pauvre homme. Montrose a souffert jusque dans sa réputation, qui aurait été bien autrement brillante s'il avait servi une cause soutenue par la faveur publique.

M. de Saint-Foix, auteur des *Essais historiques de Paris*, de la petite comédie des *Graces*, de celle de *l'Oracle* et d'autres ouvrages moins connus, vient de publier une *Histoire de l'ordre du Saint-Esprit*, en deux petites parties in-12 qui seront sans doute suivies de quelques autres. L'auteur prend le titre d'historiographe des ordres du Roi; c'est apparemment une place que l'on a créée pour lui. L'histoire de l'ordre du Saint-Esprit, ainsi que celle de tous les ordres d'honneur et de décoration, est fort courte; quand on a parlé de son institution, de ses statuts et de ses cérémonies, tout est dit. Aussi M. de Saint-Foix expédie tout cela dans la première partie. La seconde contient les principaux traits de la vie des chevaliers de la première promotion faite par Henri III. Les parties qui suivront serviront sans doute à parcourir la vie de tous les chevaliers qui ont été successivement décorés de cet ordre. L'auteur ne se propose point de donner un précis de leur vie, il se borne d'en rapporter les traits les plus remarquables; et il faut convenir que son choix est presque toujours bien fait. On lit cet ouvrage avec beaucoup de plaisir; il est écrit d'une manière naturelle, concise et intéressante. Son plan plus étendu aurait pu former cette école militaire dont M. l'abbé Raynal n'a rempli l'idée que très-imparfaitement. J'avoue que je préfère de telles lectures à tous les *Bélisaires* du monde, et voilà les cours de morale que je voudrais mettre entre les mains de la jeunesse.

L'auteur, en parlant de la loi salique, tombe dans une erreur qu'il faut relever ici. Il prétend que ce qui distingue supérieurement nos princes du sang de France, c'est que la couronne leur appartient so-

lidairement, leur droit à cet égard étant transmis, répandu, certain
dans toute la famille, au lieu qu'il n'en est pas ainsi dans les pays
qui ne connaissent point la loi salique, et que le droit à la couronne est incertain dans les familles royales où les filles peuvent hé-
riter du trône. M. de Saint-Foix ne sait ce qu'il dit. Il aurait dû savoir
que dans les pays où les femmes ne sont point exclues du trône,
elles ne succèdent cependant qu'au défaut de mâles, et que si à la
mort de l'empereur Charles VI, il avait existé une branche cadette
et apanagée de la maison d'Autriche, le rejeton mâle de cette branche
aurait indubitablement recueilli la succession à l'exclusion de la fille
de Charles VI. Cette loi de la succession des femmes n'a qu'un inconvénient, c'est qu'il faudrait que de droit, au défaut de mâles,
la succession appartînt toujours à la femelle la plus proche du dernier mort, comme en pareil cas c'est toujours le descendant mâle
le plus proche du défunt qui succède. Ce droit reconnu et établi
en Europe anéantirait une foule de prétentions, semences éternelles
de discorde et de guerres. Il paraît injuste dans le droit et presque
toujours fort difficile dans le fait, de dépouiller une princesse de
l'héritage de son père, en faveur de descendans étrangers d'un mariage fait il y a deux ou trois cents ans; mais avec ce droit reconnu,
je trouverais cet ordre de succession bien préférable à celui de la
loi salique.

Au milieu de la sévérité avec laquelle la police cherche à empêcher
le débit de tous ces livres dont le nombre grossit de jour en jour, on a
vu vendre ici publiquement une brochure intitulée : *Discussion intéres-*
sante sur la prétention du clergé d'être le premier ordre d'un État. Brochure
in-12 de 164 pages. Cet écrit est de M. le marquis de Puységur, cordon
rouge et lieutenant-général des armées du roi. On s'aperçoit aisément à un style lourd et pesamment entortillé, que l'auteur n'est
pas du métier, et qu'il n'y est pas accoutumé. La brochure est
formée d'une correspondance entre M. *** et M. l'abbé de ***, qui
s'est aussi adjoint un prieur de Béhédictins pour défendre la cause
du clergé. M. *** qui l'attaque, ne trouve aucune raison valable
pour que le clergé forme un ordre dans l'État, encore moins le premier ordre. Cela est aisé à démontrer : il ne faut que du bon sens
pour cela. Les deux prêtres défendent leur cause comme ils peuvent
et finissent par des menaces suivant la règle, et M. *** cède le champ
de bataille sans réplique, bien sûr d'avoir gagné sa cause dans l'es-

prit de tous ceux qui sont sur ce point sans prévention et sans intérêt. Il est vrai que l'éditeur de cette correspondance, qui joue un troisième rôle, a ajouté, principalement à la dernière lettre, beaucoup de notes qui ne sont pas ce qu'il y a de moins hardi dans cette brochure. Elle a étonné par sa franchise et par sa hardiesse, et ce qui a encore plus surpris, c'est que l'auteur l'a avouée, qu'il en a fait les honneurs à Paris et à Versailles, et que le débit en est public et toléré, tandis que des brochures qui touchent le moins du monde aux prétentions du clergé, sont défendues avec une extrême sévérité. Il est vrai que l'embarras et la pesanteur du style n'ont pas permis au public d'abuser de la permission qu'on lui a accordée de s'empoisonner avec les principes de M. ***. M. le marquis de Puységur est aussi un peu entiché des principes de messieurs les économistes ruraux, qui sont faits pour réussir, même par leur creux, auprès d'un certain ordre de gens à qui on pourrait disputer ce que M. de Puységur dispute au clergé, s'ils en avaient par hasard la prétention. Au reste, c'est une belle chose que la justice. Si un de nos philosophes s'était avisé d'écrire une ligne de cette discussion intéressante, elle aurait eu sans doute plus de vogue; mais bien loin d'être tolérée, je suis persuadé que l'auteur aurait joué gros jeu et risqué une persécution violente de la part du clergé, dont Dieu veuille préserver M. de Puységur et tout honnête penseur!

Dissertation physique sur l'homme, dédiée au roi de Prusse, traduite du latin, composée et soutenue aux écoles de médecine de Montpellier, pour le grade de bachelier, par M. Lansel de Magny. Cette petite dissertation traite d'abord du mécanisme de la conception et de la génération. Ensuite l'auteur ébauche un traité des tempéramens, et enfin, dans la dernière partie, il fait l'histoire des impressions de l'ame sur le corps et du corps sur l'ame. M. Lansel de Magny n'a qu'à rendre grace à la platitude de son style pédantesque, qui l'a garanti de la célébrité malgré l'hommage rendu au philosophe couronné. Sans cette heureuse obscurité, si ledit M. Lansel eût été éventé par un seul chien courant de la Sorbonne, toute la meute se serait mise à ses trousses à cause du fumet de matérialisme dont il est infecté.

Histoire de France depuis l'établissement de la monarchie jusqu'au règne de Louis XV, à l'usage des jeunes gens de qualité. Deux volumes grand in-8°, chacun d'environ 4oo pages. Le nom de ce nouveau compila-

teur nous est inconnu. Le titre dit que son livre est imprimé à Franc-
fort-sur-le-Mein, mais je le crois fabriqué et imprimé en France; il
est même assez platement fait pour mériter de paraître avec appro-
bation et privilège. L'auteur se plaint de l'insuffisance des abrégés
où l'on ne trouve que des dates. Son Histoire de France est par
demandes et par réponses, mais il fait répondre à ses écoliers des
choses bien plates et très-répréhensibles aux yeux d'un philosophe.
Il insiste dans sa préface sur la nécessité d'avoir égard aux mœurs
et aux lois plutôt qu'aux dates, il dit que l'étude de l'histoire doit
surtout avoir pour but de nous rendre meilleurs; mais il peut
compter que la sienne ne fera pas cet effet-là, à moins qu'un maître
éclairé et honnête, ne s'en serve pour montrer aux jeunes gens
dans quel détestable esprit l'histoire moderne a été traitée jusqu'à
présent, et combien les platitudes de nos lâches historiens sont ve-
nimeuses.

---

*De l'autorité du Clergé, et du pouvoir du Magistrat politique sur
l'exercice des fonctions du Ministère ecclésiastique; par M. **, avocat
au parlement; deux volumes in-12.* Un avocat au parlement qui entreprend de juger le procès qui subsiste depuis tant de siècles entre le
clergé et le magistrat politique, ne peut décider qu'en faveur du magistrat; c'est ce qu'a fait le nôtre. Aussi le clergé a-t-il sollicité et obtenu
à la cour un arrêt du conseil d'état du roi qui supprime l'ouvrage
de l'avocat. On dit cet ouvrage bien fait; mais la doctrine des deux
puissances dans l'État est si absurde, si contradictoire, si remplie de
subtilités et de sophismes, que je défie le meilleur esprit de s'en dé-
pêtrer sans rejeter entièrement l'usurpation des prêtres et cette
puissance prétendue spirituelle qu'ils s'arrogent. Je défie aussi tout
gouvernement qui tolère et reconnaît chez lui une puissance ou juridiction spirituelle, de n'être pas continuellement harcelé par des
disputes, et d'oser se promettre un instant de repos. Pour être tranquille alors, il faut, ou secouer le joug des prêtres et les subjuguer,
ou se soumettre en silence à leur despotisme.

---

*Exposition de la doctrine de l'Église gallicane par rapport aux préten-
tions de la cour de Rome, trois petits volumes.* Voilà le titre d'un ouvrage posthume de M. Dumarsais, bon métaphysicien, profond
grammairien; et d'ailleurs célèbre par son incrédulité. Vous voyez
que son peu de foi ne l'empêchait pas de traiter des matières ecclé-

siastiques. M. de Voltaire a fait l'éloge de Dumarsais dans le dernier volume de son Histoire universelle. Il y a très-bien peint une sorte de philosophes dont Paris est rempli. J'ai ouï dire un jour à Dumarsais, que la résurrection de Lazare n'était pas une chose possible, par quinze raisons auxquelles il n'y avait point de réponse. La première, c'est que les morts ne ressuscitaient point. On lui dit qu'après celle-là, il pouvait se dispenser d'alléguer les quatorze qui restaient.

. Je conseille à nos historiens modernes, grands faiseurs de portraits, qui savent si bien peindre des gens qu'ils n'ont jamais connus, je leur conseille de lire ce que M. de Voltaire dit à ce sujet, et de prendre pour modèle de leurs portraits celui qu'il a fait de Louis XI. Ce morceau m'a paru admirable. M. de Voltaire oppose encore dans ce volume les principes sur le despotisme à ceux de M. de Montesquieu. On ferait une dissertation assez intéressante pour concilier ces deux grands hommes. Le gouvernement despotique n'a point de principe dans la nature ni dans la raison; mais il existe dans le fait. De ce qu'il ne devrait pas exister, M. de Voltaire conclut qu'il n'existe pas, et parce que le grand-seigneur ne peut pas tout, il nie que son pouvoir soit arbitraire. De ce que le despotisme ne peut pas tout, il faut seulement conclure que le gouvernement despotique est contraire à la nature de l'homme, et que les principes poussés à un certain point produisent nécessairement l'anarchie et la révolution. Il me semble que M. de Voltaire a tort dans le fond; mais que M. de Montesquieu a laissé des nuages sur les principes que je crois vrais..... Je suis bien obligé à M. de Voltaire de tout le bien qu'il dit de mes Suisses; ils parlèrent avec humilité, dit-il, et se défendirent avec courage. Je savais bien que ces grands hommes n'échapperaient point à l'admiration d'un écrivain qui ne s'est jamais mépris sur la véritable grandeur, ni sur le sentiment.

Le sort de tous les hommes dont l'existence est honorable et utile pour l'humanité, sera toujours d'être persécuté. N'est-ce pas là une récompense bien douce de leurs travaux. L'*Encyclopédie* s'avance au milieu des contradictions de toute sorte d'espèce. Celles des dévots sont les plus bêtes, mais en même temps les plus redoutables en ce qu'elles compromettent le repos et la tranquillité des philosophes.

Jamais philosophe n'a causé aucun désordre dans l'État; cependant l'acharnement de leurs ennemis consiste à les rendre odieux et suspects au gouvernement, et cette lâcheté réussit toujours plus ou moins. Un janséniste d'une bêtise peu commune, M. de Chaumeix, vient de publier deux volumes intitulés *Préjugés légitimes contre l'Encyclopédie*, qui seront suivis de plusieurs autres dans lesquels on compte aussi attaquer M. Helvétius auteur du livre de l'*Esprit*. Il ne dépend pas de M. Chaumeix que tous les philosophes de notre siècle ne soient sur un bucher. Il y mettrait le feu avec un grand plaisir, pour la plus grande gloire de Dieu et de la religion. Un autre écrivain de cette trempe, M. B..., a publié un recueil de pièce philosophiques et littéraires dans lequel M. de Voltaire, M. Diderot et d'autres philosophes sont mis en pièces.

On vient de réimprimer l'*Histoire du christianisme dans les Indes*, par La Croze, bibliothécaire du roi de Prusse; deux volumes. On voit entre autres dans cet ouvrage toutes les menées des jésuites pour l'établissement du christianisme dans ces contrées éloignées. On y lit aussi avec grand plaisir la morale admirable de ces Indiens, tirée de leurs livres religieux. Quand on voit de tels morceaux, on s'étonne de la vanité que nous tirons de la beauté de la morale chrétienne. Il n'y a point de peuple au monde, quelque sauvage qu'il soit, qui ne pût prouver la divinité de son culte par les principes de sa morale si cette induction était d'une certaine validité. M. Mallet, professeur à Copenhague, nous a donné il y a quelques années une Histoire du Danemarck. Vous trouverez dans le second volume, des monumens des anciens scandinaves qui sont autant de morceaux admirables de poésie et de morale. On dirait, à entendre nos théologiens, que la morale est une chose arbitraire parmi les hommes, et qu'elle a besoin d'une révélation pour leur être transmise; comme s'il pouvait jamais y avoir un peuple qui regardât le vice comme bon et la vertu comme mauvaise.

FIN.

www.ingramcontent.com/pod-product-compliance
Lightning Source LLC
Chambersburg PA
CBHW071956270326
41928CB00009B/1454